46인의
여성독립운동가
발자취를 찾아서

*

이윤옥 지음

도서출판 **얼레빗**

이 기록은 생존 여성독립운동가 오희옥(1924~생존)지사를 찾아뵌 2009년 초부터 제주 출신의 여성독립운동가인 강평국(1900~1933) 지사의 발자취를 찾아 나섰던 2019년 11월까지 약 10여 년간 발로 뛴 '여성독립운동가'에 관한 기록이다. 《46인의 여성독립운동가 발자취를 찾아서》에 수록된 여성독립운동가들은 오희옥 지사처럼 중국에서 활약한 분들을 포함하여 국내외에서 활약한 46인의 여성독립운동가들이 활동한 지역을 찾아가 취재한 내용으로 이뤄져 있다.

국내의 경우에는 일본 유학생이었던 강평국 지사가 활약한 제주를 시작으로 부산, 목포, 안동, 광주, 대구, 춘천, 안산, 화성 등에서 활약한 여성독립운동가들의 발자취를 찾아 나섰다. 나라 밖의 경우에는 일본 도쿄 2.8 독립선언에 참여한 김마리아, 차경신 등의 발자취를 시작으로 하와이, 미국본토, 러시아, 중국 등지로 발걸음을 넓혀 나갔다. 특히 중국의 경우에는 워낙 광활한 지역인지라 남자현 지사 등이 활약한 만주 일대와 임시정부가 활약한 상하이로부터 자싱, 항저우, 난징, 창사, 광저우, 류저우, 치장, 충칭에 이르는 곳 등을 여러 번 나눠서 찾아 나섰다.

사실, 여성독립운동가라고 하면 '유관순 열사'를 흔히 떠올리지만 2019년 12월 현재 국가보훈처로부터 서훈을 받은 여성독립운동가는 유관순 열사를 포함하여 472명이다.(남자 15,353명) 그러나 유감스럽게도 우리는 유관순 열사 외의 인물에 대해 잘 모른다. 아쉬움은 거기에서 끝나지 않는다. 유관순 열사 외의 여성독립운동가에 대해 알려주는 책도 별로 없고 알려주는 사람도 없다. 이 부분에 대해 아쉽게 생각하다가 직접 여성독립운동가들이 활동하던 곳을 찾아 나서기로 했다. 사실 필자는 일본문학이 전공이어서 그 관계로 수십 년 동안 일본에 드나들었고 그 과정에서 1919년 2.8도쿄 독립선언이 일어났던 도쿄YMCA를 방문하게 되었는데 당시 김마리아와 같은 여성독립운동가들이 2.8도쿄 독립선언에 함께 했다는 사실을 알게 되었다. 그렇다면 다른 여성독립운동가? 이라는 스스로의 질문 앞에 그만 얼어붙은 듯 멈춰 서고 말았다. 이후 틈만 나면 자료를 찾고 여성독립운동가들의 기록이나 활동지가 있으면 찾아 나섰다. 그곳이 어디든 간에 말이다.

"제가 스무 살 되던 무렵 외할머니(차인재 지사, 1895~1971, 2018 애족장 추서)가 돌아가셨습니다. 어린 시절 외할머니는 제가 한국말을 익히도록 LA에 있는 한글학교에 입학시켰습니다. 그뿐만 아니라 고국의 명절에 맞춰 색동 치마저고리를 만들어 입혀주시곤 했지요. 이화학당 출신인 외할머니는 미국에 건너와 평생 슈퍼마켓 등의 일을 하며 억척스레 돈을 벌어 상해 임시정부에 독립자금을 많이 보냈습니다. 한국에서 외할머니의 독립운동을 취재하러 온 사람은 이 선생님이 처음이십니다."

이 이야기는 3년 전 미국 LA지역의 여성독립운동가를 찾아 나섰다가 만나게 된 차인재 지사의 외손녀 윤자영(70살) 씨가 한 말이다. 그는 독립운동을 하다 세상을 뜨신 외할머니에 대한 이야기를 나눌 사람을 처음으로 만나서 기쁘다며 외할머니의 자료를 필자에게 듬뿍 내놓았다. 말이 10여 년이지 호주머니를 털어 세계 각 곳에서 활동했던 여성독립운동가들의 발자취를 찾아다닌다는 것은 여간 고달픈 일이 아니었다. 하지만 이 시대, 누구 하나쯤은 이런 일을 해야하지 않을까하는 생각에서 이 일에 매달려 왔다.

"한 명의 한국 여인이 1천 명의 중국 장병보다 더 우수하다."
- 중화민국 총통 장제스(장개석) -

이 말은 여자광복군 1호인 신정숙(1910~1997, 1990.애국장)지사를 보고 한 말이지만 이처럼 일제침략기에 한국의 여성들은 우수했다. 머리만 똑똑한 게 아니라 불굴의 투지로 똘똘 뭉쳐 국난 극복의 최일선에서 뛰었던 점도 높이 살 일이다. 그런데도 이들에 대한 변변한 기록이 없다는 것은 독립운동사에 부끄러운 일이다. 《46인의 여성독립운동가 발자취를 찾아서》는 그런 현실의 안타까움으로 시작한 결실의 하나다. 이 책으로 여성독립운동가들의 활약상이 모두 드러나는 것은 아니다. 하지만 이 기록이 발판이 되어 목숨까지 내건 헌신으로 조국 광복의 횃불을 높이 든 여성독립운동가들의 삶이 밝은 해 아래로 드러나는 계기가 되길 바란다.

3.1만세운동 101돌, 2020년 3월
이윤옥 씀

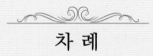

차 례

1장 - 3.1만세운동으로 활약한 여성독립운동가

5장 – 미주방면에서 활약한 여성독립운동가

6장 – 문화활동·의병·해녀출신 여성독립운동가

1장

*

3.1만세운동으로
활약한
여성독립운동가

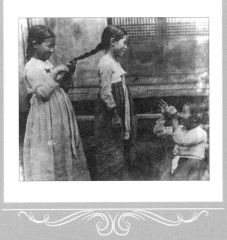

1 근우회서 활동하다 33살로 요절한 "강평국"

"슬프다. 시대의 선각자요, 여성의 등불인 그는 삼일운동 때 피 흘려 청춘을 불살랐고 청운의 뜻을 품고 일본으로 건너갔으나 품은 이상 이루지 못한 채 애달픈 생애 딛고 여기 길이 쉬노니 지나는 손이여. 비 앞에 발 멈춰 전사의 고혼(孤魂)에 명복을 빌지어다. 여기 뜻있는 이 모여 정성들여 하나의 비를 세우노니 구천에 사무친 외로운 영이여 고이 굽어 살피소서."

이는 제주시 황사평 천주교 공원묘지에 세워져 있는 강평국(姜平國, 1900~1933) 지사의 추도비에 새겨져있는 글이다. 2019년 11월 8일(금) 낮 1시, 강평국 지사의 추도비를 찾아간 제주의 하늘은 더없이 맑고 푸르렀다. 추도비가 있는 곳은 공원묘지 입구에서 정면으로 나있는 조붓한 길을 걸어가면 나오는데 중간에 성모상이 서 있고 그 뒤를 조금 더 걸어가면 '황사평 순교자묘역'이라는 커다란 봉분이 나온다. 바로 그 봉분 왼쪽 편에 강평국 지사의 추도비가 작고 아담한 모습으로 서 있다. 추도비에는 '아가다 강평국 선생 추도비'라는 글귀가 빗돌에 새겨져 있다. 아가다는 강평국 지사의 세례명이다.

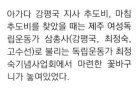
아가다 강평국 지사 추도비. 마침 추도비를 찾았을 때는 제주 여성독립운동가 삼총사(강평국, 최정숙, 고수선)로 불리는 독립운동가 최정숙기념사업회에서 마련한 꽃바구니가 놓여있었다.

강평국 지사는 1900년도 제주읍 일도리에서 아버지 강도훈과 어머니 홍소 사의 둘째딸로 태어났다. 강평국 지사의 부모는 천주교인으로 강평국 지사가 태어나고 1년 뒤인 1901년 신축교난(辛丑教難, 1901년 제주도민들 사이에 경제 적 이해 대립관계와 종교적인 갈등, 일본인 수산업자들과 프랑스 선교사 세력들의 대 립이 복합적으로 작용하여 발생한 사건)의 소용돌이에 휘말려 순교하는 불운을 겪었다. 고아가 된 강평국 지사는 오빠 강세독과 천주교의 보호 아래 자라 '아가다'라는 이름의 세례를 받았다.

고수선, 강평국, 최정숙 지사의 어린시절(왼쪽부터, 고수선 지사 아드님 김률근 선생 제공)

고수선, 강평국, 최정숙 지사는 제주신성여학교 1회 동창으로 오랫동안 우정을 나눈 사이이다. (고수선 지사 아드님 김률근 선생 제공)

강평국 지사는 제주 여성독립운동가 삼총사로 불리는 고수선, 최정숙 지사와 함께 일찍이 개화의 눈을 떠 제주 신성여학교를 1회로 졸업(1914년)했다. 이들은 어린 시절부터 고향 제주에서 친자매처럼 친하게 자랐다. 더욱 놀라운 것은 당시 여자에게 교육을 시키지 않았던 시절임에도 삼총사는 신성여학교를 졸업하고 모두 서울로 유학을 떠났다는 점이다.

이리하여 삼총사는 경성여자고등보통학교 사범과(1918년)를 나와 교육자의 길을 걷는다. 그러나 삼총사는 모두 얼마 안 돼 다시 의학공부에 전념한다. 의사가 되어 헐벗고 가난한 동포를 돌보고자하는 꿈이 있었기 때문이다. 그 뒤 삼총사 가운데 최정숙, 고수선 지사는 경성여자의학전문학교를 졸업하여 의사가 되었고 강평국 지사는 동경여자의학전문학교로 유학을 떠났다.

강평국 지사(아가다, 1900~1933), 최정숙 지사(베아트리체, 1902~1977), 고수선 지사(엘리사벳, 1898~1989)는 모두 신심이 깊은 천주교 신자들이었으며 나이는 고수선 지사가 위였고 강평국 지사에 이어 최정숙 지사 순이다. 이들은 서울 유학시절 3.1만세운동에 적극 참여하였다. 그러나 독립운동 사실을 인정받아 정부로부터 포상을 받은 이는 고수선(1990.애족장), 최정숙(1993,대통령표창) 지사뿐이었다. 강평국 지사는 33살의 나이로 요절하는 바람에 서

강평국 지사의 후손은 없으며 그 대신 절친했던 고수선 지사의 아드님 김률근 선생이 어머니(고수선 지사)로 부터 들었던 강평국 지사에 관한 이야기를 자세히 들려주었다.

훈이 늦어져 2019년에 가서야 독립유공자로 인정받았다. 고수선, 최정숙 지사의 포상 연도에 견주면 28년이나 늦은 것이다.

이에 대하여 강평국 지사와 절친했던 고수선 지사의 아드님인 김률근 선생은 "어머니는 늘 강평국 지사께서 독립유공자로 서훈을 받지 못한 것을 안타까워했습니다. 3.1만세 운동에 참여했을 뿐 아니라 동경여자의학전문학교 유학시절에도 강평국 지사께서 독립운동에 앞장섰다는 말씀을 어머니를 통해 들었습니다. 강평국 지사는 1927년 동경조선여자청년동맹 초대 집행위원장을 맡으셨고 또한 1928년에는 동경에서 근우회를 창립하여 도쿄지회 의장으로 활약하신 분이십니다."라고 증언했다.

일본에서 의학전문학교를 다니면서 근우회 등에서 조국 독립운동을 펼쳤던 강평국 지사는 그러나 일본에 건너간 뒤 늑막염이 심해지는 등 건강에 빨간 불이 켜졌다. 그러한 몸을 이끌고 학업에 정진하면서 한편으로는 동경조선여자청년동맹과 근우회를 창립하는 등 쉬지 않고 뛰었다. 그러나 점점 악화되는 건강 때문에 아쉽게도 학업을 포기하고 귀국길에 올라야했다. 하지만

오른쪽 큰 봉분은 천주교 순교자 묘역이고 왼쪽 나무 옆에 작은 추도비가 강평국 지사 추도비다.

1933년 1월, 광주에서 비밀결사 활동을 하던 일이 발각되어 강평국 지사는 광주로 끌려갔다. 조사를 마치고 다시 고향으로 돌아왔을 때는 이미 몸이 만신창이가 되어 있었고 그 길로 일어나지 못하고 1933년 8월 12일 그만 세상을 뜨고 말았다. 강평국 지사 나이 33살 때였다.

일본 유학을 떠나기 전 강평국 지사는 전라남도와 고향인 제주의 대정공립보통학교 교편을 잡은 적이 있는데 그 때 독립운동에 관여했던 일을 가지고 일제는 끝끝내 강평국 지사를 죽음으로 몰아넣었던 것이다. 한편 강평국 지사가 제주에서 교편을 잡은 것은 여성으로서는 강평국 지사가 처음이다. 당시 강평국 지사 밑에서 공부한 제자들은 스승에 대해 다음과 같이 증언했다.

> "3.1만세 운동 당시 최정숙 선생님은 종로로 나가다 붙잡혔고 강평국 선생님은 일본 기마병에 쫓길 때 어느 집으로 들어가 병풍을 치고 앉아 머리를 쪽지고 앉았다고 해요. 그래서 새색시처럼 보여 붙잡히지 않았던 것이지요"
>
>   - 제자 김서옥(89년 당시 81살)

> "그때 1학년 담당이었던 강평국 선생님이 너희들은 훌륭한 국민이 되어야한다고 항상 일깨줬지요. 그러던 어느 날 나와함께 공부하러 갔던 김소제가 와서 선생님이 학교에서 쫓겨났다며 울음을 터뜨렸어요. 학생들에게 조선글을 알아야 한다며 〈유년필곡〉을 가르치던 강평국 선생님이 같은 학교 직원의 밀고로 잡혀갔던 것이지요"
>
>   - 제자 한여택(89년 당시 91살)

한편, 제주에서 교편을 잡고 있을 당시 강평국 지사는 최정숙 지사와 함께 여자장학회(1920년)를 조직하여 가정 형편이 어려운 학생들에게 학업의 길을 열어 주었다. 이 장학회를 토대로 이들은 1921년에는 여수원(女修院)을 설립하였다. 여수원은 1922년 명신학교의 모태가 되었는데 이곳은 여성 교육과 여성 계몽의 필요성을 절감하여 문맹퇴치 강습소 역할을 하였다. 그런가 하

1901년 비극의 신축교난 때 숨진 분들이 묻혀 있는 이곳은
현재 천주교 제주 교구 순례길 가운데 한 코스다.

면 강평국 지사는 삼총사였던 최정숙, 고수선 지사와 함께 1925년 12월, 제
주에서 조선여자청년회를 조직한다. 조선여자청년회는 여성의 의식향상과
권익보호를 위해 세운 것으로 근대민족여성운동을 주도한 단체로 성장했다.

제주에서 죽마고우로 자라나 신성여학교를 1회로 졸업한 삼총사는 서울로
유학을 떠나 의학전문학교를 다녔다. 이때가 1920년대였으니 선각자 가운
데 선각자였다고 해도 지나친 말이 아니다. 최정숙 지사와 고수선 지사는 서
울에서 의사가 되었고, 강평국 지사는 도쿄에서 의학전문학교를 다녔으니
33살에 요절하지 않았다면 분명 명의가 되어 삼총사가 끝까지 제주에서 아
름다운 생을 마감했을 것이다. 그러나 운명의 신은 가혹했다.

안타까운 것은 제주에서 33살에 숨진 강평국 지사의 무덤을 찾을 길이 없다
는 사실이다. 1933년 숨졌을 때 현재의 황사평 천주교 공원묘지에 안장했지

만 당시 묘비를 세우지 못한 관계로 현재까지도 무덤을 찾지 못하고 있다. 다만 죽마고우였던 고수선 지사를 비롯한 장시우, 김정순, 한려택, 김소아, 김계숙 등 친구와 동지, 후배, 제자 16명이 강평국 지사의 유지를 받들어 1981년 11월 10일, 이곳 황사평 순교자 묘역 안에 '추도비'를 세운 것은 다행스런 일이다.

1981년 11월 10일, 강평국 지사와 절친했던 고수선 지사 등 친구, 후배, 동료 등 16명이 함께 강평국 지사 추도비를 세우고 찍은 사진(고수선 지사 아드님 김률근 선생 제공)

1933년, 강평국 지사가 숨졌을 때 이 곳(제주시 황사평 천주교 공원묘지)에 묻었지만 표시를 해두지 않아 현재까지 무덤을 찾지 못하고 있다. 다만 순교자 묘역 한쪽에 추도비만 세워져 있다.

강평국 지사의 추도비가 있는 이곳 황사평 천주교 공원묘지는 1903년, 신축교난(辛丑敎難) 당시 숨진 이들을 위해 조성된 무덤으로 1983년부터 공원묘지화를 시작하여 1990년대에 천주교 제주교구 100주년 사업의 한 고리로 성역화 하였다. 지금은 '천주교 제주 교구 순례길' 코스다.

다행히 강평국 지사 사후 86년만인 2019년 3월, 삼총사 가운데 뒤늦게 강평국 지사가 정부로부터 독립유공자(애족장)로 포상 받은 것은 그나마 기쁜 일이다. 황사평 천주교 공원묘지 안의 강평국 지사 추도비를 찾았던 11월 8일(금)은 유난히도 제주의 하늘이 높고 푸르렀다. 이 아름다운 땅 제주의 하늘아래서 오래도록 잊고 지냈던 여성독립운동가 강평국 지사! 이제 3.1만세운동 100돌을 보내고 새로운 100년의 원년인 올해(2020년)부터는 자주 그의 이름을 불러주는 우리가 되었으면 하는 바람으로 추도비 곁에서 오래도록 고개 숙여 강평국 지사의 명복을 빌었다.

한편, 2019년 8월 15일 현재, 정부로부터 독립유공자로 포상 받은 제주 출신의 여성독립운동가는 강평국 지사와 더불어 고수선(1898~1989,1990.애족

강평국 지사 추도비를 찾은 날도 순례자들의 발걸음이 계속 이어졌다. 순례자들 앞쪽의 나무가 우거진 곳에 순교자 묘역 봉분이 보이고 그 왼쪽에 강평국 지사 추도비가 있다.

사후 86년만인 2019년 애족장을 추서 받은 강평국 지사 추도비 앞의 필자

장), **최정숙**(1902~1977, 1993. 대통령표창), **부춘화**(1908~1995, 2003. 건국포장), **부덕량**(1911~1939, 2005. 건국포장), **이갑문**(1913~모름, 2018, 건국포장) 등 모두 6명이다.

2 일제판사를 호령한 열여섯 소녀 "곽영선"

"어머님(곽영선 지사)은 여장부셨습니다. 어머님은 숭의학교 시절 만 열여섯 살 나이에 만세운동에 참여하신 그 정신을 평생 지니고 사셨지만 딸들에게는 크게 자랑하지 않았습니다. 어머님은 평생 아버님과 함께 이웃을 챙기고 베푸는 삶을 사셨습니다. 아버님이 의사였지만 돌아가셨을 때는 무료 진료하신 외상 장부 40권만 남기고 돌아가셨을 정도였으니까요."

이는 곽영선(1902.3.1.~1980.4.8.) 지사의 따님인 장금실(80살) 여사의 말이다. 2018년 8.15 광복절을 맞아 국가보훈처는 25명의 여성독립운동가를 새롭게 독립유공자로 선정했으며 곽영선 지사(애족장, 추서)는 그 가운데 한 분이다. 필자는 2018년 9월 20일 낮 2시 무렵 경기도 광주에 살고 있는 곽영선 지사의 따님인 장금실 여사를 만났다.

약속 시간에 맞춰 찾아간 장금실 여사 댁은 창문 너머로 지리산을 떠올리게 하는 푸른 숲이 가득한 조용한 아파트였다. 이곳에 미리 와서 기다리던 동생 장연실(76살) 여사와 셋이서 마주앉은 필자는 99년 전 어머니 곽영선 지사의 숭의학교 시절을 시작으로 이야기를 풀어나갔다.

"어머니가 돌아가신 것은 1980년입니다. 아버지가 그 1년 뒤에 돌아가셨지요. 그때만 해도 우리는 어머니의 독립운동한 사실이 '훈장'을 받을 일이었는지 조차 모르고 있었습니다. 어머니가 돌아가신 뒤 38년 만인 올해서야 독립유공자 훈장을 받게 된 것이지요"

60년 전 곽영선 지사 가족의 단란한 모습 / 부모님 왼쪽이 동생 장연실 , 오른쪽이
장금실 여사의 학생시절

곽영선, 장우근 부부의 결혼사진

팔순에 이르는 두 자매는 뒤늦게 국가로부터 받은 훈장에 대해 몹시 감격스러워했다. 하지만 이 조차도 사실은 '국가에서 알아서 발굴하여 포상한 게 아니라' 장금실 여사의 아들(전태섭 씨), 그러니까 곽영선 지사의 손자가 수많은 증빙자료를 갖춰서야 가능했다고 했다. 똑똑한 손자가 아니었다면 팔순의 두 자매가 독립유공자 서훈 신청을 하기에는 역부족이었을 성 싶다. 곽영선 지사는 남편 장우근 선생과의 사이에 모두 2남 5녀를 두었는데 이날 필자가 만난 분은 장금실(80살), 장연실(76살) 자매였다.

"사실 저는 조카가 할머니(곽영선 지사)를 독립유공자로 신청한다고 동분서주하고 있다는 소식을 듣고 언니에게 '복잡하게 뭘 그런 고생을 하냐'고 말했던 적이 있어요. 그러나 조카가 아니었다면 어머니가 어린나이에 목숨을 걸고 만세운동에 참여해서 1년여의 징역을 살고 나온 사실을 세상 사람들은 까마득히 몰랐을 거예요. 조카의 노력이 큽니다." 곽영선 지사의 둘째따님인 장연실 여사의 말이다.

어머니(곽영선 지사)에 대한 이야기를 나누면서 팔순에 이르는 두 자매의 눈시울이 붉어짐을 느꼈다. 순간 부끄러움도 치솟았다. 우리는 왜 이렇게 모든 것이 늦고 지지부진했던 것일까? 특히 여성독립운동가들의 발굴이 뒷전으로 밀려났던 사실이 못내 안타까웠다. 곽영선 지사가 살아생전에 이 찬란한 '훈장증'을 품에 안을 수 있었다면 얼마나 좋았을까? 아쉬움이 크다. 아직도 이러한 집안이 쌔고 쌨을 것이란 생각에 안타까움은 더 커진다.

곽영선 지사는 만 열여섯 나이인 1919년 3월 24일, 평양 숭의여학교 재학 중에 태극기를 만들어 3월 27일, 신천읍 장날을 이용하여 만세시위에 뛰어들었다. 이 일로 2년형을 언도받았으나 상급심에서 8개월을 선고받고 1년여의 수감생활을 했다. 이때 곽영선 지사는 법정에서 "인도정의, 민족자결에 의해 조선인민의 인성으로 만세운동에 참여한 것이며, 참여한 이유는 일본에 반항하는 게 아닌, 자유를 원하기 때문이다"라고 당당하게 말해 일본인 판사

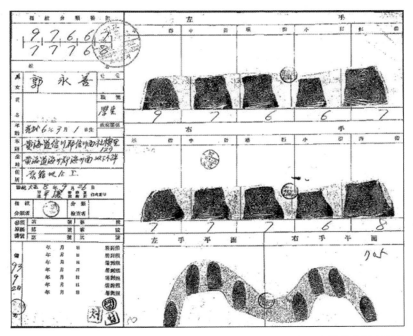

곽영선 지사가 평양감옥에 수감될 당시 찍었던 양손 지문이 선명하게 남아있는 '신분장지문원지' (국가보훈처 제공)

를 당혹하게 했다는 유명한 일화가 있다.

평양숭의여학교는 이화여학교, 배화여학교, 정신여학교 등과 함께 우리나라를 대표하는 여성근대교육기관으로 신사참배 거부 등 항일운동을 실천한 기독교계 민족 교육기관이었다. 특히 평양숭의여학교는 독립운동사에서 빠지지 않고 등장할 정도로 평양사범학교, 광성학교, 평양고등보통학교 등과 더불어 독립운동사에서 차지하는 비중이 크다. 1913년 평양숭의여학교의 교사였던 황애덕, 김경희, 박현숙 등을 중심으로 결성된 송죽결사대는 숭의여학교를 항일민족 교육의 성지로 자리매김하였으며 곽영선 지사 역시 선배들의 투철한 항일정신을 새기며 민족의 거사인 3.1운동 만세시위에 앞장섰던 것이다.

한편, 곽영선 지사의 아버지 곽임대(다른이름 곽태종, 1885~1971)지사 역시 독립운동가다. "외할아버지는 미국에서 도산 안창호 선생의 제2인자로 활약하신 분입니다. 외할머니는 안중근 지사의 5촌 고모인 안태희 여사이십니다. 외할아버지는 국내에서 활동하시다가 미국으로 건너가서 흥사단에 가입하여 큰활약을 하셨고 1920년 캘리포니아 윌로스지방에서 노백린 장군이 비행사양성소를 설립할 때 관여하는 등 57년간 미주에서 혁혁한 독립운동을 하신 분입니다. 이후 57년간 가족들은 외할아버지와 떨어져서 사셨던 것입니다."

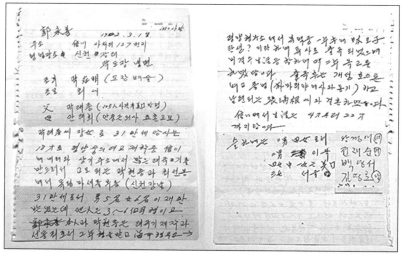

곽영선 지사가 돌아가신 뒤 남편인 장우근 선생이 곽 지사의 독립운동 사실을 메모하여 자녀들에게 남긴 문서

곽영선 지사의 두 따님은 외할아버지의 미주활동을 어제 본 듯이 생생하게 증언했다. 곽영선 지사 나이 12살 때 아버지가 미국으로 독립운동을 떠나고 나서 고국에 남은 가족들의 생활고는 묻지 않아도 짐작이 간다. 남겨진 가족의 이야기를 듣고 있자니 백범 김구 선생의 어머니인 곽낙원 지사가 상해 뒷골목에서 배추 시래기를 주워 생활을 연명하다 생활고에 시달려 두 손자를

데리고 귀국길에 올랐던 이야기가 생각났다. 이 시기 독립운동가 가족들이 겪어야했던 궁핍과, 가족 간의 헤어짐의 역사가 영화의 한 장면처럼 뇌리를 스치고 지나갔다.

이처럼 망국의 한을 안고 독립운동에 뛰어들었던 집안치고 온 가족이 한곳에서 함께 정상적인 생활을 이어간 집은 많지 않다. 가장인 남편이 홀로 독립운동 최전선지에서 뛰게 되면 가족은 따로 남아 생활고를 해결해야 한다. 이때 어머니인 여성은 가장 아닌 가장으로 자녀양육을 도맡았으며 본인 역시도 여러 애국단체를 만들어 독립운동에 적극 뛰어들었던 것이 당시 '독립운동가' 집안의 전형적인 모델이었다고 해도 지나친 말은 아니다.

곽영선 지사 집도 여기서 크게 벗어나지 않았다. 그러한 환경에서 곽영선 지사의 어머니인 안태희(안중근의사의 5촌 고모)여사는 딸들의 교육에 전념하게 된다. 곽영선 지사는 여자도 배워야한다는 신념을 가졌던 어머니 밑에서 평양의 숭의학교에 다닐 수 있었으며 이곳에서 조국 독립을 위한 만세운동에 뛰어든 것이다.

곽영선 지사의 아버지인 곽임대(다른이름, 곽태종) 지사는 황해도 신천 출신으로 일찍이 평양 숭실전문학교를 나온 지식인이었다. 1909년 평북 선천에 있는 신성학교 교사로 근무하던 중 1911년 11월, 조선총독 데라우치(寺內正毅) 암살을 기도했다고 일제가 조작한 이른바 105인 사건은 데라우치 총독암살미수사건을 말하는 것으로, 제1심 공판에서 105명이 유죄판결을 받았다고 하여 '105인 사건'이라고도 한

곽영선 지사, 70대 중반 모습

다. 1910년 무렵 신민회와 기독교인들을 중심으로 독립운동이 퍼지고 있을 때 일제는 이를 막기 위해 여러 사건을 조작하여 애국계몽운동가들을 탄압했다. 이때 신민회를 탄압하기 위해 105인 사건을 조작했으며 암살미수죄에 해당한다고 혐의를 뒤집어씌웠고, 곽임대 지사 등 전국적으로 600여 명이 검거되었다.

곽영선 지사의 아버지 곽임대 지사는 미국 캘리포니아 윌로스 지방에서 노백린 장군과 함께 한인 비행사양성소를 운영하면서 조국 독립의 기틀을 마련한 분이다. 그 뒤 57년간 미국에 머물면서 한인단체의 대표로 독립운동에 관여하였다. 그러나 미국에서 가족과 떨어져 홀로 활동해야했던 그 고초는 고스란히 가슴에 묻고 지내야했을 것이다.

"1970년 6월 17일, 나는 57년 만에 그리던 고국에 돌아왔다. 와 보니 내 조국은 말 그대로 상전벽해가 된 느낌이요, 마치 외국에 온 듯한 느낌을 맛보게 했다. 말을 절반 밖에 못 알아 들을 정도로 모든 게 격변하여

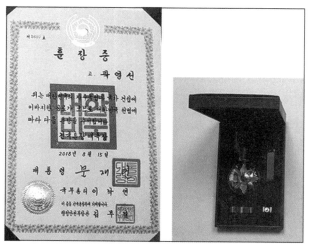

평양숭의여학교 시절 만세운동 이후 99년 만에 인정받은 곽영선 지사의 영예로운 훈장증과 훈장

어머니 곽영선 지사의 훈장증을 대신 수령한 따님 장금실 여사가 훈장증을 품에 안아 보았다.

내 자신이 이방인으로 여겨지기도 했다. 그러나 자녀들이 여기에 있고, 어언 환갑을 맞은 흥사단도 건재해 있으므로 차츰 정이 들어 비교적 화평한 말년을 보내게 된 것을 하느님께 늘 감사드리고 있다."

– 재미투쟁반세기사《못잊어 화려강산》곽임대 지음, 가운데 –

곽영선 지사는 2018년 73주년 광복절에 애족장(추서)을 받음으로써 미국에서 큰활약을 한 곽임대(1993년 애국장 추서) 지사의 따님이라는 사실이 드러났다.

"어머니의 고귀한 독립운동이 3.1운동 99주년을 1년 앞둔 올해서야(2018년) 인정받게 되어 기쁩니다. 살아생전에 어머니께서 훈장증을 받으셨더라면……여학생들이 저항하며 피흘려 되찾은 나라가 대한민국임을 기억하는 우리가 되었으면 합니다." 라고 말하는 두 따님 장금실, 장연실 자매의 눈에는 눈물이 고여 있었다.

99년만에 어머니 곽영선 지사의 독립운동을 말하는 두 따님, 장연실(76살), 장금실(80살) 그리고
필자(왼쪽부터)

곽영선 지사는 1980년에 돌아가신 뒤 화장하여 지리산 청학동 근처에 모시
고 있는데 이번에 국가보훈처로부터 국립대전현충원에 안장해도 좋다는 허
락을 받았다며 두 자매는 '승인서류(경기동부보훈지청 보훈과 5408)를 필자에
게 내보였다. 어머니 곽영선 지사의 이장은 10월 중순 무렵 좋은 날을 잡아
국립대전현충원에 모실 예정이라고 했다.

여장부셨던 어머니 곽영선 지사의 흑백사진을 팔순의 두 자매는 고이 간직
하고 있다가 필자에게 보여주었다. 그 모습을 보면서 마치 살아생전의 곽영
선 지사를 만난 듯 필자 역시 감격스러웠다. 늦었지만 두 따님과 99년 전 평
양숭의여학교의 만세운동에 적극 참여했던 '곽영선 지사의 나라사랑 정신'
을 되새겨 볼 수 있어 기뻤다. 특히 언니인 장금실(80살) 여사보다 건강이 안
좋은 동생 장연실(76살) 여사의 건강이 어서 회복되길 바라는 마음으로 대담
을 마쳤다. 돌아오는 길 내내 두 자매가 자랑스러워하던 어머니 곽영선 지사
의 '훈장증'이 뇌리에서 어른거렸다. 3.1운동 100돌을 1년 앞둔 터라 가족에
게나 필자에게 더 의미 깊은 시간이었다.

3 유달산 묏마루에 태극기 높이 꽂은 "김귀남" (1)

지난(2019) 2월 28일 목요일, 필자는 한 여성독립운동가 후손으로부터 장문의 메일 편지 한 통을 받았다. 10년 동안 꼬박 여성독립운동가의 삶을 기록하는 작업을 하고 있지만 후손으로부터 이렇게 긴 편지를 받은 적은 없던 터라 단숨에 읽어 내려갔다. 자신을 김귀남(金貴南, 1904.11.17. ~ 1990.1.13.) 지사의 외손녀인 문지연이라고 소개한 편지글은 다음과 같이 시작되었다.

"느닷없는 메일로 놀라셨겠지만, 전부터 꼭 한번은 인사드리고 싶었습니다. 용기가 나지 않아서 그동안 좀 주저하고 있었습니다."

문지연 씨의 사연은 이러했다. 필자가 쓴 여성독립운동가를 기리는 《서간도에 들꽃 피다》(5권)에 실린 외할머니(김귀남 지사)를 위한 헌시와 독립운동 기록을 지난해서야 알게 되었고 이 책을 계기로 수년 만에 외할머니의 유품들

20대의 김귀남 지사

을 다시 챙겨보는 계기가 되었다고 했다. 그동안 유품은 후손이 간직해야 한다는 생각으로 외할머니의 각종 유품들을 집에서 보관하고 있었지만, 말이 보관이지 사실상 자신을 포함한 가족들은 하루하루 현실을 살아가는 일상에만 집중해서 일 년에 한두 번 정도 밖에 할머니의 유품들을 들여다 볼 시간이 없었는데 사실상 집안에 묵혀두고 있었다고 하는 것이 솔직한 심정이라고 했다.

그러면서 "문갑 안에서 점점 빛바래고 망가져가는 외할머니의 유품들을 정리하면서, 이렇게 간직한다는 게 과연 의미가 있는지 고민을 거듭하던 참에 외할머니(김귀남 지사)를 위한 헌시(獻詩)를 쓰고 외할머니의 독립운동을 세상에 알리고 있었던 이 선생님을 생각하니 감사함 이전에 죄송함과 부끄러움이 점점 커져왔습니다. 보이지 않는 곳에서 여성독립운동가들의 역사를 세상에 펼치고 영원히 남기기 위해 고군분투하시는 분이 계시는데, 정작 후손은 현실에 치여 일상을 살아가기 바쁘다는 핑계로, 그저 외할머니의 제사와 명절을 챙기고, 일 년에 한두 번 하는 성묘 정도로 기본 도리를 다했다고 생각하며 또 다시 일상으로 돌아가 버리는 우를 반복하고 있어서 부끄러웠습니다." 라고 했다.

결론적으로 가족들과의 협의 끝에 외할머니의 유품을 출신학교인 목포정명여자중고등학교(당시 정명여학교)에 기증하기로 결정했다는 것이었다. 필자는 김귀남 지사의 외손녀 편지에 그만 눈물이 왈칵 솟았다. 아! 이런 후손 분이 계시는구나. 그리고 보니 5년 전 김귀남 지사에 대한 헌시(獻詩)와 그의 독립운동을 기록하던 순간이 떠올랐다.

> 동포들아 자유가 죽음보다 낫다
> 목숨을 구걸치 말고 만세 부르자
> 졸업장 뿌리치고 교문 밖 뛰쳐나온
> 열일곱 소녀

무안거리 가득 메운 피 끓는 심장소리
뉘라서 총칼 겁내 멈춰 서랴

항구의 봄바람
머지않아 불어오리니
삼천리 금수강산에 불어오리니

동무들아
유달산 높은 곳에 태극기 꽂자

그 깃발 겨레 얼 깊은 곳에
영원히 펄럭이리니.

– 유달산 뫼마루에 태극기 높이 꽂은 "김귀남" –

외손녀의 이야기는 편지에서 계속 이어졌다.

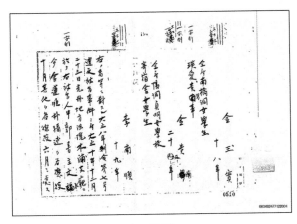

김옥실, 김귀남, 이남순의 판결문(오른쪽부터)

목포북교초등학교 졸업 사진(둥근 표시 속이 김귀남 지사)

"외할머니 김귀남 지사는 남편 서인식과 사이에 서정규, 서혜경 자매를 낳았는데 아들은 20대에 요절하였고 한 점 혈육인 딸 가족과 살았습니다. 그러나 외할머니가 1990년에 돌아가시고 한 달 뒤에 암 투병 중이던 따님(필자에게 편지를 쓴 외손녀의 어머니)마저 세상을 떠나셨지요. 천주교 신자였던 모녀(김귀남 지사와 딸 서혜경)는 경기도 광탄에 있는 '바다의 별 천주교 불광동 성당 공동 묘지'에 27년 간 함께 모셨다가 재작년 이장하는 과정에서 불광동 성당 유해봉안소와 전남 영암으로 유해를 나눠 모시게 되었습니다." 라는 이야기를 했다.

유해를 불광동 성당 유해봉안소와 전남 영암 두군데에? 그게 무슨 말인가 싶어 장문의 편지를 쓴 김귀남 지사의 외손녀인 문지연 씨에게 연락하여 지난 2018년 3월 8일 금요일 낮 2시 문지연 씨가 살고 있는 불광동 집에서 만났다. 이 집은 김귀남 지사가 90세로 생을 마감할 때까지 살던 집으로 집에는 사위 문영식(85세) 선생이 반갑게 필자를 기다리고 있었다. 대뜸 유해에 관해서 물으니 독실한 천주교 신자였던 김귀남 지사와 따님 서혜경 씨의 유해는 화장한 뼈 한 조각을 성당내 유해봉안소에 모시고 나머지 유해는 화장하여 사위 문영식 선생의 선산인 전남 영암에 모셨다는 것이었다.

천주교 불광성당 내에 있는 유해봉안소에는 김귀남 지사(오른쪽)와 딸 서혜경(왼쪽) 씨의 유해가 나란히 봉안되어있다.

"장모님(김귀남 지사)은 어린 나이에 독립운동을 하신 분입니다. 국방의 의무도 없는 어린 중학생들이 나라를 되찾겠다고 독립운동을 한 것은 매우 중요한 일입니다. 그러나 장모님은 매우 과묵하셔서 당신이 독립운동하신 것을 주변에 잘 알리지 않았습니다. 서훈에 관한 것도 친일 정권하에서는 서훈을 받고 싶지 않다고 하셔서 돌아가신 뒤에서야 서훈 신청을 해서 1995년(1990년 작고)에 대통령표창을 받게 되었지요."

김귀남 지사의 사위인 문영식 선생은 과거 장모님과 관련된 많은 자료를 필자에게 보여주었다. 또한 김귀남 지사가 어린 시절 목포북교초등학교를 거쳐 목포정명여학교(현 목포정명여자중고교) 시절 만세운동으로 옥고를 치루고 서울로 상경하여 배화여학교와 경성제일공립고등여학교를 나온 인텔리였으며 돌아가시기 전까지 올곧은 철학으로 국가관이 투철한 분이었음을 자세히 말해주었다.

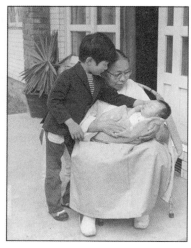

김귀남 지사의 남편 서인식 교수는 독립운동으로 5년 간 대구형무소에서 복역했으나 출옥 뒤 함흥에 사는 형 을 만나러갔다가 귀국하지 못하고 가족과 생이별을 해 야했다.

말년에 손자녀들과 행복한 한때를 보내던 김귀남 지사

외손녀가 정성껏 내온 딸기와 차 한 잔을 마시며 김귀남 지사의 사위인 문영 식 선생과 대담이 이어졌다.

"장모님(김귀남 지사)은 서기 1901년 11월 17일(음력) 목포시 남교동 13번지 에서 아버지 김윤언과 어머니 이윤옥 사이에서 일남 일녀 중 막내로 태어났 습니다. 목포북교초등학교를 졸업하고 정명여학교에 재학 중이던 1921년 11월 14일, 10여명의 학생들과 함께 대한독립 만세시위를 펼치다가 일경에 잡혀 징역형(6월)을 선고받고 대구형무소에서 옥고를 치렀지요.

만세시위로 정명여학교에서 퇴학당한 뒤 서울로 올라와 사립학교인 배화여 학교(4년제)에 편입하여 동교를 우수한 성적으로 졸업한 뒤, 일본 유학을 위 해 다시 경성제일공립고등여학교(5년제)에 편입, 동교를 1년 만에 졸업하고 일본 교토에 있는 동지사대학에 유학하였습니다. 이 무렵 오빠 김영식의 친구인 서인식(와세다대학 재학)과 자유 결혼하여 슬하에 서정규, 서혜경 두 남매를 두었습니다.

한편 남편인 서인식이 유학 중에도 항일운동을 계속하였기 때문에 김귀남 지사도 이에 동조하여 다시 항일 독립운동에 매진하였으며 이 소식을 전해들은 부모는 딸(김귀남 지사)의 안전을 위해 즉시 귀국시켜 가사에 종사케 하여 학업을 계속할 수 없어 결국 청운의 꿈을 접어야 했지요. 그러나 서인식과의 결혼 의지는 확고하여 두 사람의 결혼은 뜻대로 성사되었습니다.

남편 서인식은 와세다대학 철학과에서 2년 수료 (이후 중퇴)후, 경성제대(현 서울대)에서 명예 철학교수로 재직 중 일경에 잡혀 중형을 선고받고 대구형무소에서 5년 형기를 마친 뒤 석방되었습니다. 이후 1947~1948년 무렵 큰 형님을 뵙고자 고향인 함흥에 갔다가 남하하지 못하였습니다.”고 했다.

사위 문영식 선생의 장모님(김귀남 지사) 이야기는 구체적이고 자세했다. “장모님(김귀남 지사)은 천성이 온후하고 외유내강의 여성이었으며, 가톨릭 신앙

문영식 선생은 필자를 위해 장모님인 김귀남 지사의 학창시절 자료를 빠짐없이 보여주었다.

외할머니 김귀남 지사의 사연을 장문의 편지로
보낸 문지연 씨와 필자

생활에 몰두하였습니다. 평소에 성경, 신문, 소설 등 독서에 열중하였고 과묵하였으며, 자신의 공적을 내세우지 않아서 독립운동에 대한 숨은 얘기들을 많이 듣지 못하였지요. 그러나 불의에 대해서는 단호하였습니다. 이승만, 박정희, 전두환 등 권위주의 정권을 향한 비판은 언제 어디서든 거침없었지요.

사회활동은 일체 하지 않고 자녀 교육에 전념하였으나, 불행히도 큰아들 서정규(문태고 졸업)가 군입대 후 휴가 중 급사하여 충격을 받고 모녀가 함께 천주교에 의지하게 되었습니다. 장모님은 남편 서인식과 함께 일경에 쫓겨 다녔고, 광복 후에는 남북 분단으로 이산가족이 되어서 어려운 생활을 하였지요. 어린 시절 부유한 가정에서 태어나 일본 유학까지 갔던 여성(장모님)이 항일운동, 대학 중퇴(타의에 의해), 이산의 아픔과 아들의 급사 등 비극적인 삶의 연속으로 좌절과 체념의 세월을 보내기도 하였지만, 신앙생활에 전념하면서 마침내 지난날의 모든 아픔과 상처를 극복하여 생을 마감할 때까지 강한 의지를 지켜나갈 수 있게 되었습니다.

말년에는 딸, 사위와 외손자들의 사랑과 보살핌 속에 편히 여생을 보내다가 딸 서혜경의 중병설을 듣고 대성통곡 하신 지 사흘 만에 노환으로 작고하였지요. 향년 90세로 서기 1990년 1월 13일 13시 45분에 운명하였습니다."고 장모님의 생을 말해주는 사이 필자도 눈가에 눈물이 핑 돌았다.

일제강점기에 여학교와 일본유학(동지사대학 유학 기록은 확인 못한 상태)을 한 김귀남 지사는 풍부한 문학적 소양을 갖추었고, 독서와 음악 감상을 즐겼으며, 수예에 능하였다고 했다. 여학교 때의 졸업장과 상장, 졸업앨범과 관련된 학생시절의 유품과 손수 수놓은 수예품등은 지난해 목포정명여자중고등학교에 모두 기증했다.

필자는 목포정명여자중고등학교(중학교 박형종 교장, 고등학교 정종집 교장)에 기증된 김귀남 지사의 유품과 김귀남 지사가 영면하고 계신 영암 소재 무덤에 가기 위해 외손녀 문지연 씨와 문지연 씨의 작은 아버지 문홍식 선생과 함께 지난(2019) 4월 3일 아침 7시 40분, 서울역에서 목포행 KTX에 몸을 실었다.

유달산 묏마루에 태극기 높이 꽂은 "김귀남" (2)

2019년 4월 3일 수요일, 서울에서 이른 새벽부터 나서서 목포정명여자중고등학교를 찾은 시각은 10시 40분으로 이곳은 김귀남 지사가 다니던 학교다. 이날 이곳에 함께 한 이는 김귀남 지사의 외손녀인 문지연 씨와 작은 아버지 문홍식 선생이었다.

KTX목포역에서 택시로 기본요금 거리에 있는 학교 정문에 도착하니 교문에는 4.8만세운동 100주년 '제19회 4.8독립만세운동 재현행사'라는 글귀가 적힌 펼침막이 높이 걸려있었다. 이날은 미세먼지가 없어 유독 하늘이 높고 푸르렀다. 교문 옆에는 국가보훈처에서 현충시설로 세운 '정명여학교 3.1운동 만세 시위지·학생운동지'라는 커다란 선 간판이 놓여 있어 당시 목포지역 만세운동의 열기를 느끼게 했다.

학교 방문에 앞서 목포정명여자중학교 박형종 교장 선생님께 시간 약속을 미리 해 놓은 터라 교장실에는 박형종 교장 선생님과 교감 선생님 등이 우리를 기다리고 있었다. 차 한 잔을 마시며 외손녀 문지연 씨가 "유품을 잘 관리해주셔서 고맙습니다. 외할머니께서도 기뻐하실 겁니다. 비록 100년 전 일이기는 해도 이 학교 학생들이 선배들의 독립정신을 이어가는 일에 앞장섰으면 좋겠습니다." 라고 먼저 말을 꺼냈다.

이어 우리는 100년 전 목포정명여학교(현, 목포정명여자중고등학교 전신) 학생들의 4.8만세운동에 대한 이야기를 나눴다. 박형종 교장 선생님은 "우리 학교는 1919년 4월 8일 만세운동과 1921년 11월 14일, 그리고 1929년 11월 광주학생독립운동 때에 대대적인 학생들의 참여가 있었습니다. 특히 1983

필자, 목포정명여자중학교 박형종 교장 선생님, 김귀남 지사 외손녀 문지연 씨 (왼쪽부터)

년 2월, 중학교 교실 보수작업 시에 천장에서 한 뭉치의 독립운동자료가 나와 세상을 놀라게 했지요. 그 자료들은 기념관에 모두 전시중입니다."라고 했다.

천장에서 한 보따리 쏟아져 나온 독립운동 자료 속 인물 가운데 곽희주, 김나열, 김옥실, 박복술, 박음전, 이남순, 주유금 지사는 2012년 8월 15일 독립유공자로 서훈을 받았다. 한 학교에서 7명이 한꺼번에 서훈을 받은 일은 드문 일이다. 그러나 이들 보다 앞서 서훈을 받은 이가 있다. 바로 김귀남(1995년 대통령표창) 지사다. 김귀남 지사는 1921년 11월 14일, 워싱턴 군비감축회의에서 거론될 한국 독립문제에 대한 한국인의 독립의지를 세계만방에 널리 알릴 목적으로 천귀례, 곽희주 등 10여명의 학생들과 사립영흥학교 학생들이 힘을 합쳐 함께 만세시위를 펼치다가 일경에 잡혀 징역 6월을 선고받고 대구형무소에서 옥고를 치렀다.

우리는 김귀남 지사를 포함한 이 학교 출신의 여성독립운동가 이야기를 나눈 뒤 곧바로 교장실을 나와 '100주년기념관'으로 발걸음을 옮겼다. 기념관으

'100주년기념관'에는 김귀남 지사가 기증한 유품들이 진열장 안에 전시되어 있다.

각종 사진과 수예품, 놋그릇 세트. 특히 놋그릇 세트는 기미년 만세운동 때 헌신한 공로로 1949년, 목포부(현 목포시)로부터 표창장과 함께 받은 선물로 김귀남 지사는 이를 사용하지 않고 고이 간직해 온 것을 후손들이 이곳에 기증했다.

김귀남(다른 이름 김영애) 지사가 학생시절에 수놓은 보자기

로 쓰는 이 건물은 1912년에 지어진 것으로 목포에 들어선 최초의 서양식 석조 건축물이다. 2001년 내부 공사를 마치고 현재는 '100주년기념관'으로 김귀남 지사의 유품 등을 비롯한 지난 100여년의 역사를 알 수 있는 귀중한 자료들을 모아 전시 중이다.

"이것은 외할머니(김귀남 지사)가 표창장과 함께 선물로 받은 놋그릇 세트입니다. 기미년 만세운동에 헌신하신 공을 인정받아 1949년(단기4282), 목포시(당시 木浦府)로부터 받은 것입니다만 외할머니는 이 놋그릇을 쓰시지 않고 소중히 보관하셨습니다."

김귀남 지사의 외손녀인 문지연 씨는 기념관 중앙에 진열되어 있는 외할머니의 유품들을 일일이 소개했다. 지난해 가족회의 끝에 출신학교인 목포정명여학교(현 목포정명여중고)에 기증한 유품들은 깔끔한 유리 진열장 안에 정리되어 있었다.

유품 가운데는 사립배화여학교 시절의 졸업증서와 우등상장, 경성제일공립고등여학교 시절의 상장과 졸업증서는 물론이고 만세운동으로 퇴학당해 졸

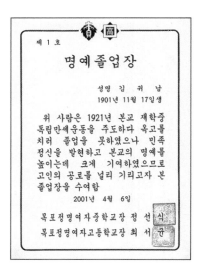

만세운동으로 퇴학당해 졸업장을 받지
못하고 있다가 2001년 제1호로 받은
명예졸업장.

목포정명여학교 시절, 만세운동으로 6개월간 형무소 생활을 마치고 서울로
올라와 사립배화여학교를 우수한 성적으로 졸업한 김귀남 지사의 우등상장.

업장이 없는 목포정명여자중고등학교 제1호 명예졸업장(2001년), 그리고 손
수 한 땀 한 땀 수놓은 수예품 등 귀한 유품들이 살아생전 굴곡진 역사를 보여
주는 듯 전시되어 있었다.

김귀남 지사 외손녀 문지연 씨, 정문주 전 교장 선생님, 박형종 현 교장 선생님이 김귀남 지사의 유품을 살피고 있다.(왼쪽부터)

특히 일제강점기 학교를 다닌 김귀남 지사의 졸업장에는 단기나 서기가 아닌 일본의 연호로 표기 되어 있고 졸업장이나 상장 등의 발행인이 일본인으로 되어 있어 당시 조선이 일제치하였음을 한눈에 알 수 있었다. 김귀남 지사가 졸업한 경성제일공립고등여학교 졸업장의 경우도 대정(大正 15년, 1926) 연도 발행으로 교장 이름이 오가타 도모스케(尾形友助)였다. 졸업장 한 장에서도 일제침략의 뼈저린 상황을 엿볼 수 있는 귀중한 자료를 김귀남 지사 후손들은 출신학교에 기증하여 후학들의 귀감으로 삼고자 한 것이다.

'100주년기념관'을 가기 위해 교장실을 나올 무렵 필자가 2012년에 이 학교에서 만나뵈었던 당시 정문주 교장 선생님께서 우리 일행을 보기 위해 단걸음에 달려와서 함께 '100주년기념관'으로 향했다. 필자는 2012년에 이곳을 방문하여 이 학교 출신 여성독립운동가인 김나열 지사 등 7명을 취재하여 《서간도에 들꽃 피다》(3권)에 실은 적이 있다. '100주년기념관'에서 김귀남 지사의 유품을 둘러보고 우리는 유달산으로 향했다. 유달산에 있는 김귀남

유달산 중턱에 있는 3.1운동탑. 이 탑에는 이 지역 독립운동가 이름이 새겨져 있으며 김귀남 지사는 김영애라는 이름으로 새겨져있다.

지사 등 독립운동가 추모탑을 보기 위해서였다. 정식 이름은 '3.1운동탑'으로 유달산 중턱에 1983년에 세운 탑이었다. (목포시 죽교동 유달산 체육공원 내) 탑으로 올라가는 길은 개나리와 흰목련꽃이 유달산을 물들이고 있었다.

탑에는 3.1독립운동 목포열사라고 새겨져 있었으며 강석봉, 정우영 지사 등의 남성들과 함께 김귀남(김영애로 새겨짐) 지사를 비롯하여 곽희주, 이남순, 박음전, 주유금 지사 등 목포정명여학교 출신의 독립유공자 이름이 빼곡하게 새겨져 있었다.

오전 10시 40분, 목포정명여중고를 방문하여 '100주년기념관'과 목포 유달산의 3.1운동탑을 둘러볼 때까지 목포정명여자중학교의 박형종 교장 선생님은 직접 차를 운전하여 교통편이 불편한 우리 일행을 안내해주었다. 목포만세운동을 선도한 유서 깊은 학교의 교장 선생님답게 그 자부심과 열정 넘치는 모습이 100년 전 정명여학교를 이끈 선생님들을 떠올리게 해 흐뭇했다.

전남 영암읍 농덕리 산 4-2번지에 있는 김귀남 지사의 묘비석.

김귀남 지사 묘비석 바로 옆에 김귀남 지사를 위해 필자가 쓴 시를 새겨두어 필자도 깜짝 놀랐다.

이어 마지막 여정인 김귀남 지사가 잠들어 계신 영암으로 향했다. 성묘를 마치고 서울로 상경해야 하는 빠듯한 일정이라 우리는 목포역에서 영암의 무덤을 거쳐 나주까지 함께할 택시를 전세 내었다. 차창 가에 펼쳐지는 진달래, 개나리, 목련, 벚꽃의 향연은 봄이 무르익어 가고 있음을 실감케 했다. 목포

에도 미세먼지가 끼는 날은 서울과 다름없지만 우리가 영암을 향해 가던 날은 마침 미세먼지가 걷힌 날이라 더없이 화창하고 맑은 날이었다. 김귀남 지사의 무덤은 월출산이 발아래로 내려다보이는 곳에 있었다.

김귀남 지사는 교토 동지사 대학 유학시절 만난 남편 서인식 교수와의 사이에 1남 1녀를 두었으나 남편은 북한의 형을 만나러 가서 남하하지 못했고, 외아들(서정규)은 20대에 요절하는 불운을 겪었다. 남은 딸(서혜경)의 가족과 평생을 지내다가 1990년, 90세의 나이로 숨졌다.

한 점 혈육이었던 딸 역시 한 달 뒤에 암으로 세상을 떠나자 천주교 신자였던 모녀(김귀남 지사와 딸 서혜경)는 경기도 광탄에 있는 '바다의 별 천주교 불광동 성당 공동묘지'에 함께 묻혔다. 이곳에서 27년 간 있다가 재작년 이곳 영암으로 모시게 된 것이다.

김귀남 지사가 잠들어 있는 영암읍 농덕리 산 4-2번지는 숨진 딸의 시댁 선산이지만 딸의 시댁 문중에서 모녀가 함께 이곳에서 영면할 수 있도록 유택을 마련해주어 현재 이곳에 영면해 있다. 김귀남 지사의 경우 국립현충원에 모실 수 있지만 한 점 혈육 따님과 헤어지는 것이 아무래도 마음에 걸려 사위인 문영식 선생 등 문중에서 이곳에 모시게 되었다고 했다.

봄 진달래가 곱게 핀 무덤은 2차선 도로에서 5분 정도 올라간 곳에 자리하고 있었다. 외롭지 않도록 따님인 서혜경 씨의 무덤을 비롯하여 마음씨 고운 사돈 일가와 함께 소나무향기가 오롯한 곳에서 잠들고 계신 김귀남 지사 무덤에 묵념의 예를 갖췄다.

김귀남 지사 무덤 표지석 바로 곁에는 필자가 김귀남 지사를 위해 쓴 헌시(獻詩) '유달산 묏마루에 태극기 높이 꽂은 "김귀남"'이 까만 빗돌에 새겨져 있었다.

선산을 내려오면서 솔숲 사이로 불어오던 바람 한 자락이 볼을 스쳤다. 100년 전 목포정명여학교의 어린 여학생들의 함성이 솔바람소리 속에 들리는 듯했다. 그 한가운데 김귀남 지사가 있었다.

4 꽃다운 열여섯 무등산 소녀회 "김귀선"

"어머니는 16살 때 광주공립여자고등보통학교(현 전남여고)에 입학한 이듬해 소녀회를 결성하여 독립운동에 뛰어든 일을 평생 자랑스럽게 생각하셨습니다. 그리고 언제나 정직한 사람이 되라고 말씀하셨지요."

2017년 11월 16일, 김귀선 지사 (1913.12.19. ~ 2005.1.16.)의 큰아드님(김윤수, 77살)이 사는 전남 순천의 한 아파트를 찾았을 때 그가 한 말이다. 큰아드님은 이어서 "어머니는 92살로 돌아가시기 전 2개월 정도 치매를 앓으셨는데, 그때 날마다 독립만세를 부르셨으며, 일본 순사가 잡으러 온다고 하시면서 마루 밑으로 들어가시곤 했습니다."라는 말을 하며 눈시울을 붉혔다. 순간 필자도 가슴이 뭉클했다.

얼마나 가슴 속의 응어리가 컸으면 치매 상태에서 독립만세를 외쳤으며, 얼마나 일제 순사가 무서웠으면 마루 밑으로 숨는 행동을 했을까? 시대의 아픔을 겪지 않은 필자지만 가슴 저 밑바닥에서 꿈틀거리는 그 무엇을 느꼈다.

큰아드님 김윤수 씨는 김귀선 지사의 판결문과 공판에 회부된 소녀회 조직원 11명의 사진이 실린 동아일보 기사(1930.9.30.), 전남여자고등학교의 명예졸업장 (1972.5.25.), 건국포장증서 (1993.4.13.) 등과 함께 푸른 옥색 한복을 곱게 차려입은 어머님의 사진 한 장을 필자 앞에 내어 놓았다.

흰 머리에 눈이 쑥 들어간 모습의 김귀선 지사는 89살 때 되던 해인 1993년에 독립운동을 인정받아 국가로부터 건국포장을 받았는데 그때 옥색 한복 차림에 붉은 색 훈장을 단 모습의 사진을 찍은 것이었다. 생의 마지막 기로에서 받은 훈장이나마 그의 파란만장한 삶을 위로했을 듯싶어 필자는 김귀선 지사의 옥색 한복차림의 사진을 오래도록 손에서 놓지 못했다.

하지만 국가에서 좀 더 일찍 독립운동에 앞장서다 감옥살이 끝에 병든 육신을 이끌고 고단한 삶을 이어온 기나긴 세월을 보살펴 주었더라면 하는 아쉬운 생각이 든다.

옥색 한복을 곱게 차려입은 김귀선 지사 (89살 때)

전남 벌교 출신인 김귀선 지사의 아버지 김용국은 일제강점기 일본 메이지대학에 유학한 실력파로 귀국하여 법관이 되는 길을 마다하고 상업의 길로 들어섰다. 당시 법관으로 진출한다는 것은 제 동포를 심판해야하는 일이라는 것을 잘 알기에 법관보다는 상업으로 큰돈을 벌어 독립운동 자금을 대고자 하는 뜻이 있었다.

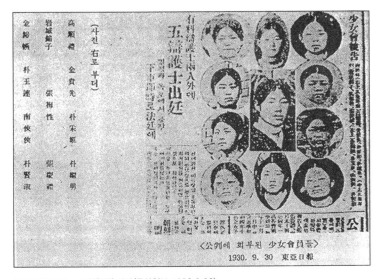

'공판에 회부된 소녀회원들' 기사(동아일보,1930.9.30)

인텔리 집안의 김용국과 강보성의 귀한 첫딸이라는 뜻으로 이름도 귀선(貴善)으로 지은 아버지는 "여자도 배워야 한다"며 딸을 광주로 유학시켰다. 적당히 태어난 동네에서 바느질이나 익혀 시집을 보내던 시절에 광주 유학의 길은 파격적인 선택이었으며 그러한 아버지의 뜻을 이어받아 김귀선 지사는 '판사'를 꿈꾸는 소녀로 성장했다.

하지만 유학지인 광주여고보 (현 전남여고)의 생활은 아버지와의 약속대로 판사의 길을 걷기에는 너무나 동떨어진 상황이었다. 김귀선 지사는 광주여고보 재학 중이던 1929년 5월 비밀결사 소녀회 (少女會)에 가입하여 빼앗긴 나라를 되찾고자 하는 독립운동에 적극 가담하게 된다.

소녀회는 1928년 11월, 당시 광주지역 학생 비밀결사운동의 지도자적 위치에 있던 장재성 (張載性)의 누이동생인 장매성 (張梅性)의 주도로 민족독립과 여성해방을 취지로 하여 조직된 비밀결사대였다.

이들은 1929년 11월 3일 조선인 여학생에 대한 일본인 학생의 희롱이 발단이 되어 광주에서 대대적인 학생항일운동이 일어나자 이에 가담하여 적극 활

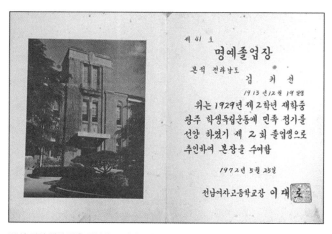

59살 되던 해에 받은 전남여고 명예 졸업장

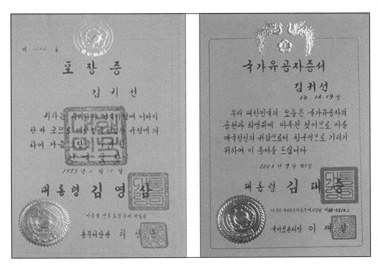

김귀선 지사의 건국포장(왼쪽), 국가유공자증서

동하였으며, 시위항쟁의 주동학생들이 구속되자 이에 항의하여 시험을 거부하는 백지동맹 (白紙同盟)을 단행하였다.

이 일로 1930년 1월 15일 김귀선 지사는 동급생 1명과 함께 일경에 잡혀 같은 해 10월 6일 광주지방법원에서 이른바 치안유지법 위반으로 징역 1년에 집행유예 5년을 받았다. 딸을 광주까지 유학시킨 아버지와 어머니는 딸을 포함해 줄줄이 포승줄에 묶여 법정으로 들어서는 어린 여학생들을 그저 바라다보아야만 했으니 그 심정이란 이루 말할 수 없는 고통이었을 것이다.

이 일로 김귀선 지사는 학교로부터 퇴학 처분을 받았으며 감옥에서 받은 고문으로 만신창이가 된 몸을 추스르기 위해 고향으로 돌아가야 했다. 당시 고문의 강도는 죽음에 이를 정도로 가혹했다. 그 예로 이선경 (1902.05.25. ~ 1921.04.21.) 지사의 경우는 경성여자고등보통학교 3학년 재학 중 비밀결사 조직인 구국민단 (救國民團)에 참여하다 잡혀가 고문 끝에 19살의 나이로 숨지는 등 일제의 고문은 악명 높은 것이었다.

대담하는 김귀선 지사의 아드님 김윤수 씨

판사가 되리라던 소녀는 퇴학처분으로 학업의 길을 중단하였지만 식민지하에서 교육의 중요성을 깨닫고 1936년부터 1945년까지 9년 동안 순천시 매곡동에서 야간학교를 세워 민족의 얼과 문맹퇴치에 앞장서게 된다. 김귀선 지사가 다니던 광주여고보는 훗날 전남의 명문 전남여자고등학교로 승격하게 되는데 1972년 5월 25일, 이 학교에서는 김귀선 지사에게 감격의 명예졸업장을 수여하였다. 김귀선 지사 나이 59살 때 일이다.

김귀선 지사는 2남 3녀를 두었으나 33살에 청상과부가 되어 보따리장사 등 갖은 고생 끝에 자녀들을 훌륭히 키워내야 했다. 그러한 어려움 끝에도 아이들은 반듯하게 자라 큰아들인 김윤수 (77살) 씨는 순천시 의회의원과 의장을 지내기도 했다.

2017년 11월 16일 대담을 위해 만난 김윤수 씨는 얼굴에 수심이 가득한 모습이었다. 본인의 건강도 좋지 않은데다가 김귀선 어머니를 평생 모신 아내가 췌장암으로 서울 병원에서 죽음을 앞두고 있다고 했다. 서울에서 전화가 걸려오면 곧바로 상경하려고 가방까지 싸놓은 상태라 전화기에 촉각을 곤두세우고 있는 경황인데도 어머니의 이야기를 듣고자한다는 필자의 방문을 기꺼이 허락해주었다.

어스름 저녁, 어머니의 독립운동 이야기를 다 듣고 일어서려는데 굳이 몸도 불편한 분께서 30여분 거리에 있는 순천버스터미널까지 손수 운전을 해서 데려다 주는 모습에 코끝이 찡했다. 순천터미널로 가는 차안에서 그는 말했다.

"저는 어머니가 독립운동에 뛰어든 사실이 무엇보다 자랑스럽습니다. 집안이 가난하여 비록 제가 초등학교밖에 다닐 수 없었지만 언제나 정직하게 살라는 말씀을 새기며 살아왔습니다. 일제강점기의 열악한 상황에서도 애국정신을 실천하신 어머님은 제 삶의 원동력이었습니다."

독립운동가의 후손으로 비록 가진 것은 없고, 많이 배우지는 못했어도, 거짓과 위선으로 가득한 사회를 고발하고 오로지 정의와 정직을 삶의 지표로 살아온 그의 삶은 순천시 의회의장을 역임한 사실이 여실히 증명해주고 있었다.

낡은 차를 손수 운전하여 순천버스터미널까지 필자를 데려다 주며 흔드는 그의 손 너머에는 푸른 옥색 치마저고리를 곱게 차려입은 그의 어머니, 김귀선 지사도 함께 환한 얼굴로 필자를 향해 미소 짓고 있었다.

5 댕기머리 열네 살 소녀가 외친 목포의 함성 "김나열"

터졌고나 죠션독입셩
십년을 참고참아 이셰 터젓네
삼쳘리의 금수강산 이쳔만 민족
살아고나 살아고나 이 한소리에

피도 죠션 뼈도 죠션 이피 이뼈는
살아죠션 죽어죠션 죠션것이라
한사람이 불어도 죠션노래
한곳에셔 나와도 죠션노래

위 노래는 목포정명여학교(현, 목포정명여자중·고등학교)학생들의 독립가다. 김나열 지사를 비롯한 7명의 여성독립운동가를 배출한 목포정명여자중학교를 찾아 나선 길은 2012년 10월 16일(화) 오후 2시였다. 미리 약속하고 나선 길이라 정문주 교장 선생님은 반갑게 필자를 맞이하면서 "이 독립운동가는 1983년 2월 중학교 교실 보수작업 중에 발견된 것입니다. 바로 이 건물 천장에서 발견된 것인데 보관상 어려움이 따라 현재 천안 독립기념관에 가있으며 우리 자료관에는 복사본이 있습니다." 라며 필자를 자료관으로 안내했다.

정명여자중고교의 독립자료관으로 쓰고 있는 곳은 1903년에 지은 건물로 당시에는 선교사 사택으로 쓰던 곳이다. 이 건물은 화강암으로 지은 목포의 석조건물 가운데 가장 오래된 것으로 지정(등록문화재 제62호)되어 있으며 현재는 이 안에 이 학교 출신 독립운동가들의 다양한 자료가 전시되어 있다.

목포정명여자중·고등학교 자료실

전라남도의 3.1만세운동 시작은 3월 3~4일에 걸쳐 목포·광양·구례·순천·
여수·광주 등지에 <독립선언서>가 배포되고, 10일부터 광주 읍내에서 최
초의 시위가 시작되었다. 그 뒤 영광·해남·담양·무안·순천 등지에서 시위가
뒤따랐으며 보통학교 학생들이 주도한 시위가 많았다. 목포의 경우에는 3월
3일 <독립선언서>가 읍내에 배포된 뒤 4월 8일 영흥학교와 정명여학교 학
생들이 중심이 되어 150여 명이 만세시위에 적극 참여하였다.

1903년 설립된 목포정명여학교는 1919년 4월 8일 목포지역의 독립만세운
동을 주도적으로 이끈 학교로 그 어느 곳보다 민족정신이 투철한 곳이다. 국
가보훈처는 이 학교 출신 7명을 광복 67주년인 2012년 8월 15일자로 포상
했다. 한 학교에서 7명이 독립유공자로 포상 받는 일은 매우 드문 일이다.

이들은 김나열(14살) 지사를 비롯하여 곽희주(19살), 김옥실(15살), 박복술(18
살), 박음전(14살), 이남순(17살), 주유금(16살)으로 1921년 11월 13일 전남
목포의 정명여학교 재학 중 독립만세시위를 감행할 것을 협의하고 태극기를
제작하였으며, 다음 날 목포 시내에서 조선독립만세를 부르며 만세운동에 참
여하다가 체포되어 각각 징역 6~10개월을 선고받고 옥고를 치렀다.

1903년 당시 근대식 석조건물과 당시 정명여학교 모습

나라를 빼앗긴 울분 속에 지내던 뜨거운 피의 낭자들은 1차 세계대전 후 세계열강 사이에 동아시아 질서 재편 등을 논의한다는 워싱턴회의 소식을 듣고 조선의 독립문제가 상정되도록 촉구하는 마음에서 태극기를 들고 교문을 뛰쳐나갔던 것이다.

> "(전략) 아! 우리 동포들아 기회는 두 번 다시 오지 않으니 때를 당하여 맹렬히 일어나 멸망의 거리로부터 자유의 낙원으로 약진하라. 동포들아 자유에 죽음이, 속박에 사는 것보다 나으리라, 맹렬히 일어나라!"
>
> – 1983년 천장 공사 중 발견된 격문 '우리 이천만 동포에게 경고함' 가운데 –

격문을 읽고 있노라면 피가 끓는다. 이천만 조선인 그 누구의 가슴에도 끓어올랐을 피! 그것도 나 어린 여학생들이 앞장섰음을 역사는 영원히 기억해야 할 것이다. 그래서 2012년으로 12회째 목포에서는 4·8 독립만세운동 재현 행사를 하고 있으며 목포정명여자중고등학교 학생들이 주축이 되어 그날의 함성을 새기고 있다.

1922년 1월 23일 동아일보 기사

구한말 격동의 시기인 1903년 9월 9일, 미국 남장로교 한국선교회에서 설립한 이 학교는 1910년 6월 보통과 1회 졸업생을 배출한 이래 2011년 2월, 81회로 327명의 졸업생을 냈으며 이 학교 출신 졸업생은 모두 21,439명이다. 현재(2012년) 23대 교장인 정문주 선생님은 "1937년 9월 2일 일본의 신사참배 강요를 거부하여 정명학교는 폐교의 길을 선택했습니다. 그 뒤 10년의 세월이 지난 1947년에 다시 재 개교를 하는 바람에 독립운동하신 분들의 자료가 많이 손실되었습니다."라며 안타까움을 나타내었다. 한편 독립운동사에 커다란 획을 그은 정명여학교에 근무하게 된 것을 큰 자랑으로 여기며 지사들의 삶을 학생들에게 열심히 전하고 있다고 했다.

오래된 아름드리 팽나무와 느티나무 속에 자리 잡은 자료관을 둘러보고 아담한 학교 교정을 거닐어 보는데 바다가 가까워서 인지 푸른 가을하늘에 살랑대는 바람이 몰고 온 짭조름한 바다 내음이 항구도시 목포를 실감케 했다. 지금도 목포는 서울에서 먼 곳인데 91년전 이 땅의 여학생들이 왜경의 총칼을 두려워 않고 빼앗긴 나라의 광복을 찾고자 만세운동을 주도 했다는 사실에 필자는 가슴이 찡해왔다.

잘 정돈된 아담한 교정을 걸어 나오는데 운동장에서 체육 수업 중인 학생들의 씩씩한 목소리가 들렸다. 마치 91년 전 여자의 몸으로 조국의 자유와 독립을 외치던 댕기머리 소녀들인 듯 하여 필자는 다시 교정으로 고갤 돌렸다. 그 자리엔 청명한 가을 하늘이 눈부시게 푸르른 모습으로 정명여학교를 내려다 보고 있었다.

한편 김나열 지사의 따님인 장경희 여사와 가까스로 연락이 닿아 평소 어머님에 대한 질문을 메일로 주고받았다. 장경희 여사께서는 마침 미국 여행을 앞두고 있어 메일로라도 답을 하겠다고 친절히 필자의 질문에 답을 보내왔다. "다음과 같이 저희 어머님에 대한 자료를 보내드립니다."로 시작되는 편지를 그대로 가감 없이 소개한다.

1) 어머님이 지금까지 독립유공자 포상을 신청하지 않은 까닭은?

어머님은 늘 당시의 기미년 3.1 만세운동 때의 공적을 신청하시지 않은 이유에 대해 말씀하시길 나와 똑 같은 처지에 있었던 조선 사람이라면 누구나 만세운동에 주동자로서 참석하지 않을 조선 사람이 어디 있었겠

정명여학교 보통과 제9회(1922년) 졸업생들

1922년 3월11일 대구복심법원 판결문 속에 김나열 지사의 이름이 보인다.

느냐고 하셨다. 누구나 해야만 할 일을 당연이 했는데 무슨 큰일을 했다고 보상을 받겠냐 하시면서 겸양의 덕을 보이셨다.

2) 대구 형무소에서의 가장 가슴 아팠던 어머님의 기억

당시 함께 수감 됐던 어머님이 언니로 모시는 천규녀 여사에 대한 쓰라린 기억이다. 대구 형무소에서 얼마나 갈증이 났던지 천규녀 여사 앞으로 따라준 물 컵의 물마저도 어머님이 재빨리 마셨다. 그러자 천규녀 여사가 펑펑 우시면서 네가 얼마나 갈증이 났으면 내 물마저도 마셨느냐 하시면서 도리어 어머님을 위로 하셨던 그 장면은 어머님이 일생을 두고 잊지 못 할 쓰라린 기억이라고 늘 자식들에게 말씀 하셨다.

3) 일생을 요통으로 고생하셨다

목포정명여고의 3·1 운동 주동자로 왜경에게 체포당할 당시 왜경이 어머님의 머리채를 낚아채고 구둣발로 허리를 찬 것이 원인이 되어 일생을 요통으로 어머님은 고생을 하셨다. 어머님이 체포당할 당시의 나이 불과 14살의 어린 소녀였다.

4) 해방 직후의 어머님의 활동

전라남도 애국부인회 회장, 광주 YWCA 회장 등을 역임하시면서 많은 군중집회에서 연설을 하실 기회가 있었다. 그 때마다 자신이 3 · 1 운동 당시 왜경에 의해 체포되어 옥고를 당하셨다는 말씀은 한 마디도 하시지 않으면서 우리 정부가 무능했고 국민이 일본국민보다 개화하지 못 해서 일제에 합병을 당하는 치욕을 당했으니 이제부터는 우리 국민도 교육에 힘쓰며 단결해야만 한다는 취지의 연설을 하셨다.

5) 백범 김구 선생이 아끼셨던 어머님

백범 김구 선생님은 광주에 내려오시면 늘 우리 집에서 주무셨다. 그리고 김나열 우리 어머님을 사랑하시고 많은 교훈이 되시는 글을 필묵을 가져오라 하시면서 써 주셨다. 6. · 25 전쟁으로 불탄 것이 너무나 가슴 아프다.

6) 미국에서도 겸양의 생활

미국의 뉴욕 한인회 주최 3 · 1절 기념행사 때는 늘 어머님께 독립선언문 낭독을 부탁하시면 적극 사양하시다가 할 수 없이 낭독을 하게 되면 늘 겸양의 자세를 취하시는 것을 잊지 않으셨다.

6 독립운동가 3대 지켜낸 겨레의 딸, 아내 그리고 어머니 "김락"

기미년(1919) 3·1만세운동 당시 김락(金洛, 1863. 1. 21~1929. 2.12) 지사는 쉰일곱이었다. 결코 적지 않은 나이에 김락 지사는 안동 예안장날 만세시위에 나섰다가 일경에 잡혀 고문 끝에 두 눈을 잃고 말았다. 불행은 이어져 남편 이중업은 1919년 11월, 파리강화회의에 제출할 한국 유림들의 독립의사를 적은 독립청원서를 중국에 전하기 위해 출국을 앞두고 사망하는 불운을 당했다. 이에 앞서 시아버지 향산 이만도는 1895년 을미의병 때 예산의병장으로 활약한 분으로 1910년 8월, 국권침탈이 알려지자 단식 순절한 어른이시다. 그런가 하면 두 아들 이종흠, 이동흠 역시 독립운동에 뛰어들었다가 잡혀가 고초를 겪는 등 김락 지사 집안의 독립운동사는 곧 대한민국의 독립운동사라 해도 지나치지 않다. 시댁 식구들만 독립운동에 관여한 것은 아니다.

친정 집안 역시 시댁 못지않은 독립운동가 명문 집안이다. 1911년 1월, 전 가족을 이끌고 서간도 유하현(柳河縣)으로 망명한 친정 오라버니 김대락은 이상룡·이동녕·이시영 등과 뜻을 같이하여 항일투쟁을 펼친 인물이다. 특히 초대 임시정부의 국무령(대통령)을 지낸 이상룡은 김락 지사의 형부다. 오라버니 김대락 지사는 만삭의 손자며느리까지 모두 데리고 망명길에 올랐는데 며느리가 망명길에 산기를 느끼자 일제가 짓밟은 땅에서 출산할 수 없다 하여 압록강을 넘어 출산하도록 했을 정도로 민족의식이 투철한 분이었다. 이처럼 양가의 절절한 독립 투쟁사를 몸소 겪어야 했던 김락 지사는 본인 스스로 만세시위에 참여하다 두 눈을 잃고 68세로 눈을 감을 때까지 11년 동안 앞 못 보는 한 많은 삶을 마감했지만 안타깝게도 안동 밖에서는 김락 지사를 아는 이가 많지 않다.

석주 이상룡 선생은 김락 지사의 형부다

2010년 5월 12일 수요일, 김락 지사의 발자취를 찾아 나선 끝에 안동독립운
동기념관(2015년, 경상북도독립운동기념관으로 승격)에 들러 김락 지사의 활약
상을 살펴보았다. 기념관에서는 김락 지사의 일대기를 짧게 구성한 애니메이
션을 계속 틀어 놓고 있었다. 대부분의 독립운동가들의 기록이나 유물이 남
아 있지 않듯이 김락 지사 역시 안타깝게도 얼굴 사진 한 장 남아 있는 게 없
었다. 그러다 보니 당시 상황을 알기 쉽게 애니메이션 동영상으로 틀어주는
수밖에 없었을 것이다. 쉼 없이 돌아가는 애니메이션 영상 속에서는 일제의
강제 조선 병탄에 항거하여 스무나흘 동안 곡기를 끊고 단식 투쟁하는 향산
이만도 시어른의 방이 비춰진다. 그리고 그 앞에 김락 지사가 밥상을 차려 올
리고 온 가족이 무릎을 꿇고 있는 모습이 상영되고 있었다. 사람이 가장 고통
스러운 것이 단식으로 인한 죽음이라고 한다. 무려 스무나흘 간 물 한 방울도
안마시고 계시는 시어른 방 앞에서 온 가솔들이 꼬박 지켜보고 있는 모습은
비록 애니메이션이지만 실제 상황은 더욱 더 비극적이었을 것이란 생각이다.
쏴한 그 무엇이 가슴을 휘젓는다. 혼절할 정도로 기진맥진한 단식 투쟁 속에
서도 선열들은 꼿꼿하게 일제의 극악한 국토강탈을 준엄하게 꾸짖었던 것이

김락 지사의 친정 오라버니 김대락 지사가 살던 집 백하구려(白下舊廬)로 '백하(白下)'는 김대락 지사의 호이며, 1910년 만주로 독립운동을 하러 떠날 때 까지 이 집에서는 근대식학교인 협동학교를 운영했다.

다. 뿐만 아니라 국운이 기운 뒤에는 남녀노소 가리지 않고 빼앗긴 조국을 되찾기 위해 온 몸을 던져 투쟁했던 것이 대한의 독립운동사였다는 사실을 새삼 김락 지사의 발자취를 찾으며 느꼈다.

기념관을 나와 머지않은 곳에 김락 지사의 무덤이 있다는 소식을 듣고 찾아가보려니 주변에 무덤을 알고 있다는 사람이 없다. 기념관 쪽에서도 김락 지사의 무덤을 모르고 있었다. 수소문 끝에 김락 지사의 친정 오라버니가 살던 내앞마을(천전리) '백하구려' 집을 찾아가서 후손인 김시중 선생의 소개로 관리인을 앞세우고서야 겨우 찾아갈 수 있었다. 얼마나 관리가 안되었는지 몇 번이고 쓰러진 소나무 등걸이 발끝에 치여 넘어질 뻔했다. 가까스로 찾은 김락 지사는 남편 이중업 지사와 함께 묻혀 있었다.

그러나 시아버지인 향산 이만도를 비롯한 두 아들은 김락 지사 부부 무덤과는 떨어진 봉화군 재산면 동면 바드실 마을에 있다고 했다. 들리는 말로는 머지않아 김락 지사 부부 무덤도 바드실 마을로 옮길 것이라고 했다. 이장을 할 때 하더라도 먼 곳에서 김락 지사의 무덤이나마 보고 싶어 찾아가는 길손을 위해서라도 현재의 장소를 찾아가기 쉽게 작은 이정표라도 세워주면 좋겠다는 생각을 해보았다. 또한 무덤에 이르는 오솔길의 쓰러진 소나무 등걸도 치우고 무덤 앞에서 절이라도 할 수 있게 상석 자리도 약간 넓혀주었으면 하는 바람을 가져보았다. 웃자란 나무들로 햇볕도 잘 들지 않는 안동 유수의 독립운동가 김락 지사 부부 무덤을 안동시에서는 좀 더 신경을 써서 관리해줄 수는 없는 것일까?

쓰러진 소나무 등걸을 헤치며 찾아간 안동의 김락, 이중업 부부 독립지사 무덤에서

나라의 녹을 먹고도 을미년 변란 때 죽지 못하고
을사년 강제 조약 체결을 막아 내지 못했다며
스무나흘 곡기를 끊고 자결하신 시아버님

아버님 태운 상여 하계마을 당도할 때 마을 아낙 슬피 울며
하루 낮밤 곡기 끊어 가시는 길 위로 했네

사람 천석 글 천석 밥 천석의 삼천 석 댁 친정 큰 오라버니
백하구려 모여든 젊은이들 우국 청년 만들어
빼앗긴 나라 찾아 문전옥답 처분하여 서간도로 떠나던 날
내앞 마을 흐르던 물 멈추어 오열했네

의성 김 씨 김진린의 귀한 딸 시집와서
남편 이중업과 두 아들 동흠 중흠 사위마저
왜놈 칼 맞고 비명에 보낸 세월

쉰일곱 늘그막에 기미년 안동 예안 만세운동 나간 것이
무슨 그리 큰 죄런가
갖은 고문으로 두 눈 찔려 봉사 된 몸
두 번이나 끊으려 한 모진 목숨 11년 세월
그 누가 있어 한 맺힌 양가(兩家)의 한을 풀까

향산 고택 툇마루에 걸터앉아
흘러가는 흰 구름에 말 걸어본다
머무는 하늘가 그 어디에 김락 여사 보거들랑
봉화 재산 바드실 어르신과 기쁜 해후 하시라고
해거름 바삐 가는 구름에게 말 걸어본다.

- 필자가 지은 김락 지사 시 -

* 백하구려(白下舊廬): 안동 임하면 내앞마을(천전리) 고택 이름으로 김락 지사의 큰 오라버니인 독립운동가 김대락 선생이 1885년에 지은 집이다. 이 집은 이 지역 최초의 근대식 학교인 협동학교로 쓰였으며 김대락 선생의 호를 따라 백하구려로 불렸다.
* 봉화 재산 바드실: 김락 지사의 시아버지인 향산 이만도 선생의 무덤이 있는 곳이다. 현재(2010) 김락 지사와 남편 이중업은 이곳에 묻혀있지 않다. 3대에 이르는 독립운동가 가족임을 고려할 때 여기저기 흩어져 있는 무덤을 어서 한 곳에 잘 모셔서 일반인들도 쉽게 찾아갈 수 있게 해야 할 것이다.

7 수원의 논개 33인의 꽃 "김향화"

하얀 소복 입고 고종의 승하를 슬퍼하며
대한문 앞 엎드려 통곡하던 이들
꽃반지 끼고 가야금 줄에 논다 해도 말할 이 없는
노래하는 꽃 스무 살 순이 아씨
읍내에 불꽃처럼 번진 만세의 물결
눈 감지 아니하고 앞장선 여인이여
춤추고 술 따르던 동료 기생 불러 모아
떨치고 일어난 기백
썩지 않은 돌 비석에 줄줄이
이름 석 자 새겨주는 이 없어도
수원 기생 서른세 명
만고에 자랑스러운 만세운동 앞장섰네.

이는 기생 출신으로 독립운동을 한 김향화(金香花, 1897. 7. 16 ~ 모름) 지사를
위해 필자가 지은 시다. 필자가 김향화 지사를 알게 된 것은 10년도 더된 일로
그때 기생들도 만세운동에 참여했다는 사실을 알고 놀라움 보다는 부끄러움
이 앞섰다. 한두 명도 아니고 수원 기생 33명이 만세 운동에 앞장섰음에도 그
사실 조차 까마득히 모르고 있었다는 자괴감이 엄습했다. 그래서 김향화 지사
라도 알리자고 시작한 것이 여성독립운동가를 기록하는 작업의 시작이었다.

2019년 5월 8일 오후, 수원 기생 김향화 지사를 비롯한 '수원 여성의 독립운
동' 전시회가 열리고 있는 수원박물관을 찾았다. 김경표 학예연구사와 미리

수원의 여성독립운동가들 / 박충애, 나혜석, 김향화, 이선경, 이선경의 언니 이현경, 문봉식, 최경창, 홍종례, 차인재, 이그레이스,전현석 지사(위 왼쪽부터 시계방향, 수원박물관 제공)

1919년 덕수궁 앞에서 망곡례를 올리는 수원 기생들 〈덕수궁 국장화첩〉 속에서(수원광교박물관 제공)

연락을 해둔 덕에 전시관을 비롯한 수원의 여성독립운동가에 대한 자세한 안내를 받을 수 있었다.

수원박물관 기획전시실에서 열리고 있는 전시회는 모두 4개의 방으로 꾸며져 있었는데 1) 일제 식민지배와 수원사람들의 항거 2) 수원 기생 만세운동

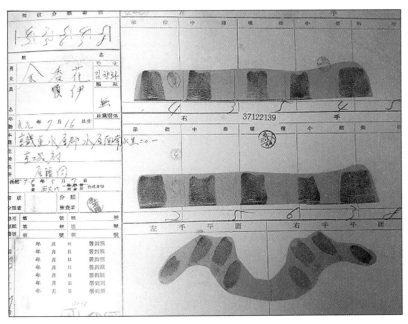

김향화 지사의 지문이 찍힌 신분장지문원지(1919),(국가기록원 제공)

의 주역 김향화 3) 구국의 선봉에 나선 학생 이선경 4) 수원여성의 독립운동으로 구성되어 있었다.

기생 출신의 김향화(2009년 대통령표창) 지사와 구국국민단에서 활약한 수원의 잔 다르크 이선경(2012년 애국장) 지사는 별도의 방을 만들 정도로 그 활약이 눈부신 분들이다. 특히 필자가 10년 전 김향화 지사의 글을 쓸 무렵만 해도 참고 될 만한 사진이라고는 《조선미인보감, 1918》 정도 밖에 없었는데 이번 수원박물관 전시에서는 김향화 지사와 관련된 희귀한 사진들이 공개되어 감회가 남달랐다.

그 가운데서 특히 김향화 지사가 하얀 소복차림의 동료 수원기생들과 서울로 올라와 덕수궁 대한문 앞에서 망곡례(望哭禮)하는 모습, 김향화 제적부, 만세운동을 불렀던 자혜병원 모습, 김향화의 지문을 찍은 신분장지문원지(1919) 등의 사진 앞에서 필자는 마치 김향화 지사를 만난 듯 오랫동안 발걸음을 떼지 못했다. 스무 살! 꽃다운 나이의 기생들이 구국의 일념으로 만세운동을, 그것도 단체로 뛰어든 것은 놀라운 일이다. 수원예기조합 출신의 33명은 그래서 더 그 이름이 고귀하다.

> 김향화, 서도홍, 이금희, 손산홍, 신정희, 오산호주, 손유색, 이추월, 김연옥, 김명월, 한연향, 정월색, 이산옥, 김명화, 소매홍, 박능파, 윤연화, 김앵무, 이일점홍, 홍죽엽, 김금홍, 정가패, 박화연, 박연심, 황채옥, 문롱월, 박금란, 오채경, 김향란, 임산월, 최진옥, 박도화, 김채희
>
> — 만세운동에 참여한 33인의 수원기생 —

매일신보 1919년 3월 29일치에 따르면 "수원은 3월 25일 이후 4월 4일에 이르는 동안 읍내를 비롯하여 송산, 병점, 오산, 발안, 의왕, 일형, 향남, 반월, 화수리 등 군내 각지에서 연이어 시위가 있었는데 대체로 수백 명이 모였으며 더욱 장날을 이용한 곳에서는 천여 명이 넘었다. 일경의 발포로 수십 명이 사상되고 수백 명이 체포되었는데 29일 읍내 만세 때는 기생일동이 참가하였고 기생 김향화가 구속되었다."라는 기사가 눈에 띈다.

행화(杏花), 순이(順伊)라는 이름으로도 불린 김향화는 3월 29일 경기 수원군 자혜병원 앞에서 기생 30여 명과 함께 독립만세를 불렀으며 수원 기생조합 출신으로 건강검진을 받으려고 자혜병원으로 가던 중 동료와 함께 준비한 태극기를 흔들며 독립만세를 주도하여 의기(義妓)로서 기상을 높였다. 서슬퍼런 일제 강점기에 경찰서 앞에서 독립만세를 주도했다는 것은 강심장이 아니고는 행동에 옮기기 어려운 일이다. 김향화가 속한 기생조합은 1914년 이후 일제에 의해 일본식 명칭인 '권번'으로 바뀌게 되었는데 권번은 파티나 연회장에서 시중을 드는 사람들을 부르는 말에서 유래한다. 이것은 일본내 기생

기생의 몸으로 독립운동에 앞장선 김향화
(수원박물관 제공)

들의 기관이자 기생학교였던 '교방'의 기능을 민간에서 모방한 것으로 대정
(大正, 1912~1926) 기간에 일본에서 예기들의 조합을 줄여서 '칸반(券番)'이라
고 하였고, 조선총독부는 그 한자음을 따와 '권번' 시대를 열어갔다. 권번은
어린 기생들에게 노래와 춤을 가르치고 요릿집 출입을 지휘하는 역할을 하였
는데 김향화는 특히 검무와 승무를 잘 추고 가야금을 잘 뜯던 으뜸 기생이었
다. 수원기생들은 고종 황제가 돌아가셨을 때 장례에 맞춰 하얀 치마저고리
를 입고 수원역에서 기차를 타고 서울로 올라가 대한문 앞에서 망곡 (국상을
당해 대궐 문 앞에서 백성이 모여 곡을 하는 것)을 하였던 것이다.

한편, 필자가 수원의 잔 다르크라고 이름을 붙여 헌시(獻詩)를 쓴 적이 있는
제2전시방의 주인공 이선경(李善卿, 1902~1921) 지사는 19살에 순국의 길을
걸은 분이다. 경기도 수원면 산루리 406번지(현 수원시 팔달구 중동)에서 태어
나 삼일여학교를 졸업한 이선경 지사는 〈구국민단〉에서 구제부장(救濟部長)
을 맡아 활동하다가 그만 일제 경찰에 발각되어 옥고를 치르던 중 혹독한 고
문을 이기지 못하고 19살의 나이에 순국하였으니 애달프기 짝이 없다.

이선경 지사(수원박물관 제공)

열아홉 값진 목숨 / 극악한 고문으로 / 쓸쓸히 떠났건만
오래도록 찾지 않아 / 무덤조차 잊힌 구십 성상
임이여! 조국의 무관심을 용서하소서 / 조국의 비정함을 용서하소서

- 필자 '다시 살아난 수원의 잔 다르크 이선경' 시 가운데 일부 -

이선경 지사는 "한일병탄을 반대하고 조선독립을 계획할 것과 독립운동으로 감옥에 들어간 가족을 구제" 하기 위해 〈구국민단〉에 가입하였다. 이 일로 이선경 지사는 징역 1년을 선고 받고 투옥된 지 8개월만인 1921년 4월 12일 가출옥 되었으나 혹독한 고문으로 집으로 옮겨지자마자 9일 뒤 19살의 나이로 순국했다. 이선경 지사가 숨진 지 93년 만에 정부는 이선경 지사의 독립운동을 인정하여 2012년에 가서야 서훈을 추서했다. 너무 늦은 일이다.

제3전시방으로 발걸음을 옮기자 김경표 학예연구사의 설명은 길게 이어졌다. "이 코너에 있는 사진이 차인재 지사 후손이 제공한 사진입니다. 특히 1916년 8월 24일에 찍은 김몌례 선생 송별회 기념 사진 속에 나오는 수원

수원삼일학교 교사인 김몌례 선생의 송별 사진, 가운데 꽃목걸이를 들고 있는 사람이 김몌례 선생, 뒷줄 왼쪽에서 4번째부터 차인재, 박충애, 나혜석이며 맨 앞의 남성은 민족대표 48인 가운데 한분인 김세환 지사(1916년 8월 24일). (독립기념관 제공)

삼일여학교동창회 사진은 전부터 입수한 사진인데 여기에 차인재 지사가 들어 있다는 사실은 이번 전시를 준비하면서 알게 된 것입니다." 김경표 학예연구사가 말한 차인재 지사가 찍힌 흑백사진은 앞줄에는 학생들이 앉아 있고 뒷줄에는 교사로 보이는 인물들이 십여 명 서있는 사진이다. 대개 당시 사진의 경우 인물들의 이름을 적어 놓지 않아서 누가 누구인지 모르는 경우가 많다. 차인재(1895~1971) 지사는 수원 삼일여학교 출신으로 이화학당을 나와 이곳에서 교사 생활을 하다가 이른바 사진신부로 미국으로 건너가 임치호(1879~1951) 지사와 함께 독립운동을 한 부부독립운동가다.

차인재, 임치호 부부독립운동가는 미국에서 힘겹게 수퍼마켓 등을 경영하면서 상해 임시정부에 독립자금을 지원하는 한편 차인재 지사는 대한여자애국단, 임치호 지사는 대한인국민회 등에 가입하여 왕성한 독립운동을 펼쳐 나갔다. 필자가 차인재 지사의 외손녀를 만난 것은 2018년 8월이다. 미국 LA 헌팅턴비치에 자리한 윤자영 씨(71살) 집에 찾아가서 차인재, 임치호 지사의 독립운동 이야기와 당시의 귀중한 사진을 많이 받아 왔는데 그 가운데 일부가 이번 전시회에 전시되어 있어 기뻤다.

차인재 지사는 북미대한부인회애국단 소속으로 이 단체가 한국에 세운 기념도서관 정초식에 참석하여
창덕궁 후원에서 찍은 사진.(1966) 앞줄 왼쪽에서 6번째가 차인재 지사(차인재 지사 외손녀 윤자영 씨
제공)

사실을 말하자면 차인재, 임치호 지사에 관한 취재 후에 이들 이야기를 오마
이뉴스에 기사화 하고 난 뒤 수원박물관의 김경표 학예연구사로부터 전화가
걸려왔다. 2019년 초의 일이다. 3.1만세운동 100돌을 맞이하여 '수원의 여
성 독립운동가'를 전시 기획 중인데 수원삼일여학교 출신인 차인재 지사와
관련된 자료를 모으는 중이라고 했다. 그렇게 해서 연락이 되어 추가 자료를
받아 이번 전시회에 전시하게 되어 필자로서도 기쁘기 짝이 없었다.

특별히 이번에 추가로 사진 자료 등을 쉽게 구할 수 있었던 것은 지난해 8월
차인재 지사 후손 집을 함께 찾아갔던 우리문화신문의 양인선 기자가 2019
년 초 다시 LA를 방문하게 되어 직접 외손녀인 윤자영 씨 집을 재차 방문하여
수원박물관의 기획 전시를 설명하고 자료 협조를 구한 것이 큰도움이 되었
다. 양인선 기자와 통역을 맡아 수고해준 따님 이지영 씨의 고마움을 이 자리
를 빌려 전하고 싶다.

대한여자애국단 창립 17주년 기념, 앞줄 왼쪽에서 2번째가 차인재 지사(차인재 지사의 외손녀
윤자영 씨 제공)

차인재 지사 외에도 제3전시방에는 수원의 독립운동가 임면수(1874~1930)
지사와 함께 부부독립운동가로 활약한 전현석(1871~1932), 나혜석(1896~
1948), 한국 최초의 의생(의사)면허를 따서 독립운동에 이바지한 이 그레이스
(1882~모름), 광주학생운동에 참여한 문봉식(1913~1950)과 사회주의 운동
에 가담한 최경창(1918~모름), 홍종례(1919~모름) 지사 등 그동안 우리가 알
지 못했던 여성독립운동가들의 활약상이 상세히 전시되어 있다.

이 가운데 김향화(2009년. 대통령표창), 이선경(2012. 애국장), 차인재(2018년.
애족장), 최문순(2018년. 대통령 표창), 문봉식(2019년. 대통령 표창) 지사만 독
립유공자 포상을 받았고 나머지는 아직 서훈자 이름에도 올리지 못하고 있는
실정이다.

2019년 미국에서 활약한 차인재 지사의 후손이 사는 LA 집을 재차 방문하여
이번 전시에 많은 자료를 제공한 양인선 기자는 "수원에 이렇게 많은 여성독

차인재 지사 등이 전시되어 있는 제3전시방 모습

립운동가들이 계신 줄 몰랐다. 특히 삼일여학교 출신의 차인재 지사와 관련된 자료를 제공할 수 있어 기쁘다. 차인재, 임치호 지사의 외손녀인 윤자영 씨도 외할머니 차인재 지사의 자료가 수원박물관에 전시된다는 사실을 알고 기뻐했다. 전시된 내용과 책자 등을 수원박물관에서 미국으로 보내주면 좋겠다."고 했다.

이날 전시장을 찾은 필자에게 장시간 시간을 내서 수원여성독립운동가에 대한 친절한 설명을 해준 김경표 학예연구사의 열정을 보면서 타 박물관에서 느끼지 못한 '수원지역의 독립운동가' 들이 더욱 돋보였다. 독립운동을 하신 분들과 동시대를 살지 못한 우리들이 그 분들의 업적과 독립정신을 기릴 수 있는 것은 공개된 '전시'와 '자료'를 통해서 일 것이다. 기생 출신의 김향화 지사의 경우도 수원박물관에서 독립유공자 신청을 해서 서훈을 받은 것을 보면 관련 기관의 역할이 중대하다는 사실을 새삼 느껴본다.

8 총독부와 정면으로 맞선 간호사 "노순경"

"외할머니(노순경 지사)는 유관순과 함께 서대문형무소 여옥사 8호 감방에 수감되셨지만 아무도 노순경 외할머니를 아는 사람은 없습니다. 노순경 외할머니는 3.1만세운동 당시 세브란스 병원 간호사였던 관계로 당시 세브란스 의과대학의 교수였던 스코필드 박사가 노백린 장군의 딸인 노순경을 면회하러 서대문형무소에 갔던 것이지 유관순을 만나러 간 것은 아니었습니다. 다만 외할머니가 8호 감방에 있던 이화학당의 유관순과 개성에서 활동한 어윤희, 정신여학교 이애주, 구세군 사관 부인인 임명애 등을 소개한 적은 있습니다. 그러한 이야기는 《석호필(스코필드의 한국이름):민족대표 34인》 책 83쪽에 자세히 나와 있습니다."

이 이야기는 노순경 지사(1995. 대통령 표창)의 외손자인 김영준 (65살, 가족사랑 나라사랑 협동조합 상임이사) 상임이사가 들려준 이야기다. 필자는 2018년 11월 16일(금) 오전 11시, 강원도 원주시 흥업면 매지리(북원로 1187-19)의 한적한 곳에 전시중인 "지사 노순경의 가족역사전시회"에 다녀왔다. 전시장은 인적이 드문 야산인데다가 제법 날씨가 쌀쌀하여 으슬으슬 한기가 느껴지는 곳이었다. 전시장을 안내한 김영준 상임이사는 아버지 김택수(96살, 노순경 지사의 사위) 가족사랑 나라사랑 협동조합 이사장과 함께 쌀쌀한 전시장에 미리 나와 있었다.

"'지사 노순경의 가족역사전시회'는 묻혀있는 가족들의 독립운동사를 알리기 위해 마련한 전시회입니다. 원래는 원주시내에서 할 예정이었으나 장소 임대가 여의치 않아 도로에서 멀지 않은 선산 한쪽을 평평하게 다듬고 축대를 쌓아 전시장으로 꾸몄습니다. 전시된 작품은 펼침막(현수막) 12점과 일가

원주시 매지리 야산, 개인 땅에 전시장을 꾸며놓았다

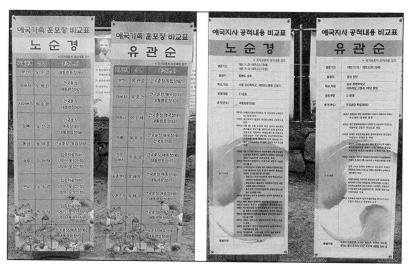

서대문형무소 여감옥 8호방에 있던 노순경 지사와 유관순 지사 공적을 외손자인 김영준 상임이사가 비교 전시
해놓았다.

찾는 이가 있으면 직접 전시회 해설을 해주는 노순경 지사 외손자 김영준 상임이사

족의 독립운동 등을 배너로 만든 43점 등입니다."라며 이곳에 전시장을 마련한 까닭을 김영준 상임이사는 그렇게 말했다. 노백린 장군을 비롯한 노순경 지사 등 독립운동가들의 내용을 시내에서 전시하면 훨씬 효과적일 것이란 생각에 가슴 한켠이 아렸다.

"이렇게라도 하지 않으면 역사 속에 묻힐 것 같아 아버지(96살)를 졸라서 선산을 증여 받아 전시장으로 꾸몄습니다. 앞으로 이곳을 가족생태문화공원으로 꾸며 가족사랑과 나라사랑의 모범 공간으로 꾸미고 싶습니다. 오늘날 가족 해체가 급속도록 진전되는 상황이지만 노순경 외할머니의 경우는 8녀 1남을 낳아 모두 훌륭하게 키웠습니다. 뿐만 아니라 노순경 외할머니의 아버지 노백린 장군, 시아버지인 박승환 대장 등 대한민국 독립운동사에 한 획을 긋는 인물들에 대해서도 널리 알려 불굴의 구국정신을 실천한 분들의 위업을 기리고자 이런 전시장을 마련했습니다."

구순의 아버지와 칠순의 아드님 의지는 분명했다. 이분들이 말하듯 노순경 지사의 친정과 시댁 두 집안의 독립운동사는 하나의 독립관을 지어 기려도 부족한 일이건만 아직은 관심을 갖는 기관이 없어 노구의 부자(父子)가 야산에 전시장을 꾸며 홍보하고 있는 현실이 '대한민국 독립운동가에 대한 예우'인가 싶어 씁쓸한 마음이 들었다. 정부나 지자체의 관심이 절실해 보였다. 전시장 부지 제공과 전시품 제작, 홍보, 해설까지 1인 다역을 맡고 있는 부자(父子)의 노고는 상상 그 이상이었다.

서대문형무소역사관 이야기를 조금 더 들어보자. "현재 서대문형무소역사관 여옥사 8호 감방에 가보면 알지만 〈스코필드박사와 유관순〉이라고 써놓았는데 이는 진실이 아닙니다. 스코필드박사는 유관순을 면회한 적이 없습니다. 노백린 장군의 딸이자 세브란스 간호사였던 노순경 지사를 면회한 것이 사실(팩트)입니다. 이의 시정을 위해 저는 2015년 4월 23일 국가보훈처에 '서대문형무소 여옥사 전시물 내용 수정요청서'(사진자료 참조)를 낸바 있습니다. 그러나 2018년 11월 21일 현재까지도 아무런 답이 없습니다."

노순경 지사의 외손자인 김영준 상임이사가 화날만도 하다. 필자는 그 사실을 확인하기 위해 직접 서대문형무소역사관에 가서 여옥사의 8호 감방 안 전시내용을 확인했다. 아니나 다를까 큰 글씨로 '스코필드박사와 유관순' 이라고 적혀있었다. 그런데 전시물을 자세히 보면 사진은 노순경 지사 사진이었다. 뭔가 앞뒤가 맞지 않는 내용임을 알 수 있다. 더 황당한 것은 전시물 설명 내용이다.

"그는(스코필드박사) 8호 감방에 수감되어 있던 유관순을 면회하여 격려하였고 용기를 북돋아 주며 위로하였다. 그리고 즉시 총독에게 여수감자들에 대한 부당한 처우에 대해 강력히 항의하였다고 한다."

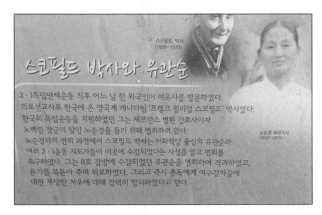

현재(2018.11월 현재) 서대문형무소역사관 여옥사 8번 감옥에는 스코필드와 유관
순으로 되어 있고 사진은 노순경 지사가 실려 있다. 문제는 이 내용에 오류가 있다는
점이다. 스코필드 박사가 면회한 사람은 노순경 지사인데 유관순으로 기술되어 있
는 게 그것이다. (사진은 서대문형무소에서 필자가 찍은 것임)

원주시 매지리에 전시중인 '노순경 지사 관련' 부분에 유족이 수정되어야 할 내용으
로 제목만 바꿔놓은 것

“(스코필드 박사는) '여자감방 8호실의 노순경을 좀 만났으면 좋겠소.' 라
고 말했다. 간 수 두 사람의 부축을 받고 나타난 노순경은 말도 제대로
못할 정도로 기진맥진한 상태였다.”　　　　　　　　　　　 – 이 책 85쪽 –

위 구절은 스코필드 박사가 만세 운동이 일어난 지 10일 뒤에 서대문형무소를 찾아가 노순경을 만난 이야기를 기록한 대목이다.

김영준 상임이사는 말했다. "유관순 열사는 우리가 알다시피 훌륭한 독립투사임에 틀림없는 분입니다. 그러나 세브란스 병원 의사였던 스코필드 박사가 세브란스 병원 간호사이자 노백린 장군의 딸인 노순경 지사를 면회하러 간 사실을 왜곡하여 기술하는 것은 오히려 유관순 열사에게도 명예롭지 못한 일이라고 봅니다. 언제 유관순 열사가 없는 사실을 첨삭하라고 했겠습니까? 그것은 오히려 유관순 열사에게도 오점이며, 우리 외할머니 노순경 지사 입장에서 볼 때도 허구라는 사실이지요. 바로 잡았으면 좋겠습니다."

이 점에 대해 서대문형무소역사관 박경목 관장과 전화 통화를 해본 결과, "사실 관계가 확인 되면 바로 잡을 수 있다."고 했다. 쌀쌀한 전시장에서 필자는 올해 96살의 김택수 어르신(노순경 지사 사위)과 그 아드님 김영준(65살, 노순경 지사의 외손자) 상임이사와 많은 이야기를 나눴다. 김영준 상임이사가 국가보훈처에 바라는 점은 별도의 대담으로 싣는다.(아래 대담 참조) 쌀쌀한 날씨 속에 부자(父子)가 필자를 위해 "지사 노순경의 가족역사전시회"를 열심히 설명하는 모습에서 이 시대의 신독립운동가를 만난 듯 필자 역시 뜨거운 감정이 북받쳤다. 2019년은 3.1만세운동 100돌이다. 사회 곳곳에서 100돌맞이 행사를 하기 위한 대대적인 준비가 이뤄지고 있는 것으로 안다.

이 기회에 많은 사람들이 진정한 나라사랑을 실천한 여성독립운동가 노순경 지사와 그의 가족이 실천한 나라사랑·가족사랑 정신을 이곳에서 되새기는 시간을 가져보면 좋겠다는 생각을 해보았다. 그리고 일시적인 이벤트성 행사가 아니라 지속 가능한 '독립정신'을 이어갈 길은 무엇인가 고민하는 두 부자(父子)의 '전시 목적과 희망 사항'을 들어 보는 것도 의미 있는 작업일 것이라는 생각을 하며 전시장을 나왔다.

노순경 지사 외손자 김영준 선생

- **노백린 장군을 비롯한 독립운동가를 알리는 '가족 역사 전시회'를 열게 된 동기는 무엇인가요?**

"가족 역사라고는 했지만 여성독립운동가 노순경 지사(대통령표창. 1995), 노순경 지사의 아버지 노백린(건국훈장 대통령장. 1962) 장군, 노순경 지사의 시아버지 박승환(건국훈장 대통령장. 1962), 노순경 지사의 오라버니 노선경(건국훈장 애족장. 1990), 동생 노태준(건국훈장 독립장. 1968) 등등 온 집안이 독립운동 가족입니다.

이분들은 일제침략기 굴곡진 역사에 굽히지 않았을 뿐 아니라 이를 극복하고 헌신과 희생으로 나라사랑을 실천한 분들입니다. 이는 한 개인의 업적이 아니라 우리 사회가 함께 기려야 할 것으로 여겨져 영원히 기억하고자 이런 전시회를 마련한 것입니다. 특히 노순경 지사는 1남 8녀의 자녀를 훌륭하게 길러낸 어머니로 저출생율이 심화되어가는 지금, 우리 시대에 되돌아봐야할 지사이자 장한 어머니의 실천모델로 생각되어 '나라사랑'과 '가족사랑'을 재조명하자는 뜻에서 가족역사전시회를 기획했습니다."

- 지원 받는 곳 없이 개인이 이러한 전시를 열면서 겪은 어려움은 무엇입니까?

"우리나라의 근현대사는 정부의 영향력에 따라 허구로 만들어진 것이 많습니다. 역사왜곡과 진실이 상존하는 안타까운 현실을 접하면서 한국사교육의 중요성과 가치에 중점을 두고 누군가 이러한 작업을 해야한다는 생각이 들었습니다. 전시회를 준비하면서 가장 어려움은 경제적 지원입니다. 모든 행정기관의 무관심과 광복절 주간에 전시공간을 임대하고자 교육청 산하 평생교육원 전시실을 찾아갔으나 국경일은 휴관으로 불가능하여 외딴곳이지만 사유지 야산에 터 공사를 하고 전시물품 제작 등을 하게 되었습니다. 전시기간 동안 태풍 등 자연재해로 인한 전시물 훼손을 수시로 교체하면서 실시하고 있습니다."

- 여성독립운동가 노순경 지사의 '대통령표창'에 대해 국가보훈처에 '훈격조정' 신청 이유와 국가보훈의 답은 무엇인지요?

"노순경 지사는 1995년 8월 15일 정부로부터 대통령표창을 받았으나, 총독부에 대항하는 독립만세운동으로 서대문형무소(징역6월) 수감 공적이 있습니다. 아울러 중국 하얼빈 고려병원에서 독립군 치료, 군자금 모집지원, 한인회 무료의료사업, 여성단체 활동 등 많은 추가 공적사항이 있어 훈격 조정 신청을 냈습니다. 현재 대통령표창은 건국훈장 5급 외의 훈격으로 타 서훈자와 견줘볼 때 형평성에 어긋날뿐더러 심사기관의 불합리한 판정이라고 보고 2015~2016년에 관련자료를 추가 제출하여 '독립유공자 훈격 상향조정'을 요청하였습니다. 〈국가보훈처 공훈심사과-482(2016.2.12.)〉, 〈공훈심사과-2646(2016.8.9.)〉.

그러나 민원회신은 1921년 이후 군자금 모집 및 상해 임시정부 자금지원 등 내용은 신문, 잡지, 일기, 일제 쪽 수형기록 및 정보문서, 금석문 등 독립운동 당시(일제강점기)의 객관적인 자료를 추가해야한다고만 할 뿐 보훈처 쪽에서 별다른 노력을 하지 않고 있습니다. 개인이 어떻게 이러한 자료를 다 갖추어 제출 할 수 있습니까? 그러면서 동일한 민원을 낼 경우 답변을 하지 않겠다는 으름장만 놓고 있습니다."

- **노숙경, 이원재, 박정식 선생에 대한 독립유공자 신청이 국가보훈처로부터 받아들여지지 않고 있는 이유는 무엇일까요?**

"노숙경 님은 대한민국임시정부 국무총리 노백린의 장녀로 태어나 어린 시절부터 정신여학교에서 지사 김마리아 여사와 함께 근우회, 3.1여성동지회, 대한애국부인회 등 여성단체 활동에 적극 참여하였고, 하얼빈 고려병원 및 종로에서 비단장사로, 관동병원 등 군자금 모집을 한 공적이 있습니다.

이원재 님은 독립운동가 이가순의 아들이며, 노백린의 첫째 사위인데 세브란스 의사(4회)로 원산기독병원에 근무하다가 장인의 요청에 따라 하얼빈 고려병원을 운영하면서 동삼성 독립군 군자금 지원과 치료에 헌신했습니다. 이후 한인회장, 미자립교회 지원, 신간회 강릉시지회장을 지냈고, 고양시 수리조합을 세웠으며, 이사장으로 해방 뒤 이를 국가에 헌납하여 고양농지개량조합의 모체가 되었고, 능곡초등학교가 불에 탔을 때 학교건립 지원 등 의사, 독립운동가, 사업가로서 활동하셨습니다.

박정식(다른이름 박정욱, 노순경 지사 남편)님은 군대해산으로 자결 순국한 대한제국 시위대 박승환 참령의 3남으로 태어나 세브란스병원 내과 의사로 재직 중 독립선언서 낭독의 의사 대표로 이용설 박사와 함께 참석하려고 하였으나, 응급환자 발생으로 이갑성 씨가 대신 참석하였으며, 노백린의 둘째 사위로서 장인의 요청에 따라 하얼빈 고려병원 전문의로 독립군 군자금 지원 및 치료, 한인회, 선교활동을 하였으며, 환국 후 제천 광제의원 운영과 상해임시정부 군자금 지원 등 의사, 사업가, 독립운동가로서 활동하였습니다.

노숙경, 이원재 님은 2015~2016년에 서훈을 신청하였으나 '입증자료 미비'라고 만 할뿐 보훈처는 스스로는 아무런 노력을 하지 않고 있습니다. 박정식 님의 경우는 2015~2016년에 서훈을 신청하였으나 "입증자료 미비와 행적이상(도의회, 광산운영)"으로 유보하고 있는 실정입니다. 특히 도의회 의원과 광산운영을 들어 "행적이상"이라는 주장은 납득하기 어려운 일입니다. 광산운영을 한 사람은 모두 일제 부역자라도 된다는 말입니까? 광산 운영으로 생긴 경제력을 독립자금으로 쏟은 예는 얼마든지 있습니다.

박정식 님의 장인인 노백린 장군은 1910년 한일병탄조약이 체결되자 관직을 사퇴하고 낙향하였으며 이때 조선총독부에서 남작직과 은사금을 주었지만 모두 거절하고, 안창호, 윤치호 등과 신민회에 관여, 김구와 해서교육총회, 광무학당 설립운영, 수안금광, 피혁상 등을 경영한바 있습니다. 어머니(노순경 지사 따님)에게 전해들은 내용으로는 박정식 님은 노백린 장군의 뜻에 따라 광산운영과 도의원직을 잠시 맡은 적이 있지만 명의만 빌려주고(당시 의사로 병원 개업 중이었음)활동은 하지 않았다고 들었습니다.

어머니(노순경 지사 따님)에게 들은 이야기입니다만 박정식 님은 군자금을 가지고 만주열차를 이용하여 만주벌판에서 노백린 장군(장인어른)의 특사에게 수시로 전달하였다고 합니다. 광산운영은 군자금 마련을 위한 것이고, 군자금을 전하기 위해 열차 등으로 이동하는 과정에서 도의원 신분은 이러한 목적을 달성하는데 유용했을 것으로 추정됩니다. 그러나

보훈처는 이에 대한 사실 여부를 확인하지 않고 '행적이상'으로 재고(再考)하지 않고 있는 것은 부당한 일이라고 봅니다."

- **현재 전시는 언제까지이며, 앞으로 '가족 역사 전시회'에 대한 또 다른 계획이 있다면 알려주십시오.**

"가족역사 전시회는 올해 11월 말까지 전시하고, 전시장이 있는 곳에는 '가족생태문화공원'을 조성하고, 상설전시장을 마련하여 가족프로그램을 운영할 계획입니다. 또한 2019년에는 3.1만세운동 및 대한민국임시정부 100돌 기념으로 3.1절, 8.15 광복절 주간에 원주시내 전시회장을 임대하여 별도로 전시할 계획입니다."

- **더하여 하시고 싶은 말씀은?**

"투명하고 더 밝은 미래를 만들어 가는 사회정의가 필요합니다. 그런 뜻에서 노순경 지사처럼 공적에 견주어 낮은 등급을 받은 경우 서훈에 대한 공정성과 형평성이 제고 되어야하며 이는 독립유공자 서훈대상자 전수조사가 필요하다고 봅니다. 그것이 어렵다면 이의신청자 만이라도 공적에 걸맞은 포상 선정기준으로 재검토해주시면 좋겠습니다.

아울러 독립유공자 취업지원제도도 재검토 되었으면 합니다. 현재는 독립유공자의 유족 중 손자녀 1인에 한정 된 것을 개선하여 독립유공자의 유족 중 증손까지 전 가족 중에서 자녀 1인에 대한 취업 지원이 이뤄졌으면 합니다. 현행대로라면 손자대의 나이가 은퇴 나이(고령)에 이르는 판이라 실질적인 도움이 안 되고 형식에 치우쳐 있어 이의 시정이 시급함을 지적하고 싶습니다."

9 고양 동막상리의 만세 주동자 "오정화"

2013년 7월 3일, 오정화 지사의 유해는 그동안 대구에 묻혀 있다가 이날 대전국립현충원으로 이장했다. 이날 미국에 거주하는 오정화 지사의 팔순 따님을 비롯한 손자 손녀 등 십여 명의 후손들이 함께 국립현충원 안장식에 참여했다. 필자 역시 이 가족들과 함께 국립현충원에서 영원한 안식에 드는 오정화 지사 곁을 지켰다.

필자가 이 가족과 알게 된 것은 몇 해 전으로 거슬러 올라간다. 오정화(1899. 1. 25~1974. 11. 1) 지사의 기록을 추적하는 과정에서 손녀인 아그네스 안 씨가 미국 보스톤에서 산부인과 의사로 활약하고 있음을 알게 되었다. 아그네스 안 씨는 보스톤에서 틈틈이 일본의 역사 왜곡사실을 밝히고 자라나는 교포자녀들에게 올바른 역사관을 심어주기 위해 열심히 뛰고 있으며 해마다 미국의 역사교사들을 인솔하여 한국의 역사와 문화를 배우러 오는 열성적인 활동을 하는 분이다.

뜨거운 7월의 태양이 내리쬐는 가운데 오정화 지사의 유해 이장이 있었고 무덤에 봉토를 마칠 무렵 필자는 오정화 지사께 드리는 헌시를 낭송했다. 누구라 할 것 없이 눈가에 뜨거운 눈물이 주르륵 흘러 내렸다. 오정화 지사는 1919년 3월 5일 당시 경기도 고양군 용강면 동막상리에서 일어난 독립만세운동에 참여하여 유관순 열사와 함께 서대문형무소에 투옥되었던 분이지만 잘 알려져 있지 않은 여성독립운동가다.

2013.7.3 오정화 지사는 대전국립현충원에 이장하여 안장되었다.

[대담] 오정화 지사 외손녀 아그네스 안 씨가 들려주는 외할머니

2012년 7월 3일 화요일 오전 11시, 아그네스 안 씨를 만난 것은 서울 시내
한 커피숍에서였다. 까만 원피스에 초록빛 스카프가 잘 어울리는 아그네스
안 씨는 단발머리에 아담한 체구의 밝은 모습으로 내게 다가와 인사를 했다.
서로 얼굴을 본 적이 없는 우리였지만 그녀는 한복 차림의 나를 먼저 알아보
고 손을 내밀었다.

방한 중인 아그네스 안 씨는 보스톤에서 산부인과의사로 일하고 있는데 그가
건넨 명함에는 Dr. Agnes Rhee Ahn 이라고 쓰여 있었다. 한인 교포 3세인
아그네스 안 씨를 알게 된 것은 그의 외할머니 여성독립운동가 오정화
(1899.1.25 ~1974. 11.1) 지사 때문이었다.

오정화 지사는 아그네스 안 씨의 외할머니로 3·1운동 때 만세운동을 주도하
다 붙잡혀 유관순 열사와 함께 8개월간 옥고를 치른 뒤 일제의 감시를 견디
지 못해 만주로 가서 갖은 고생을 하며 피해 살다가 해방 이후 한국으로 돌아
와서 75살로 삶을 마감한 분이다. 오정화 지사는 2001년에 독립운동이 인정
되어 대통령표창을 추서 받았다. 부모님의 이민으로 1961년 미국에서 태어

미국에서 일본의 역사왜곡 바로잡기에 앞장
서고 있는 독립운동가 오정화 지사의 외손녀
한인 3세 아그네스 안 씨

난 아그네스 안 씨는 이러한 외할머니의 독립운동사실을 모른 채 동양인으로서 미국문화와 생활에 적응하게 하려는 부모님 밑에서 열심히 공부하여 의사가 되었고 1남 2녀를 낳아 평범한 삶을 살고 있었다.

그러던 어느 날 막내아들 마이클이 10살 무렵 학교에서 돌아와 울면서 던지는 질문에 큰 충격을 받게 된다. "왜 한국인들은 착한 일본인 들을 괴롭혔느냐?"라는 질문이 그것이었다. 아들 마이클이 이러한 질문을 던진 것은 역사왜곡 논란에 휩싸인 《요코 이야기(원제, So Far From the Bamboo Grove)》를 읽고 던진 질문으로 이 날부터 아그네스 안 씨는 한국의 역사 공부를 독학으로 하게 된다. 2006년 9월 무렵의 일이다. 재미교포 3세인 아그네스 안 씨는 한글을 거의 모르는 상태에서 영어로 쓰인 일제강점기에 대한 책이 없다는 사실에 놀랐다. 마침 중국인 2세 아이리스 장(Iris Chang, 張純如)이 쓴 《The Rape of Nanking, 남경의 강간》을 읽고 큰 감명을 받게 된다. 이 책을 쓴 중국계 미국인 아이리스 장은 똑똑하고 촉망받는 젊은 저널리스트로 그의 부모는 중국출신 미국이민자였다.

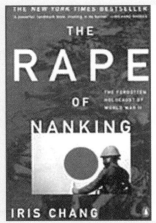 

아그네스 안 씨가 감동받은 "남경의 강간"은 36세에 요절한 중국인 아이리스 장이 쓴 책으로 전 세계에 일본군의 참상을 고발한 불후의 명작이다.(왼쪽) 남경대학살에서 중국인 목베기 경쟁을 하던 잔인한 일본군 소위의 기사

아이리스 장의 조부모는 남경대학살을 몸소 겪은 사람으로 그녀는 중국이 일본군에 의해 참혹한 살상을 겪은 것에 대해 분노했고 이러한 사실을 세상에 알리고자 남경대학살의 현장증언과 자료를 토대로 불후의 명작인 '남경의 강간'을 남기고 36살의 아까운 나이로 죽게 된다. 필자도 남경대학살에 관한 책을 읽었을 때 충격이 컸지만 아그네스 안 씨가 읽은 남경대학살에 대한 충격은 나보다 몇 곱절 컸을 것이다. 왜냐하면, 미국에서 태어난 아그네스 안 씨는 그때까지 그의 고백처럼 일제강점기에 대한 지식이 거의 없었던 데다가 일본제국주의가 저지른 아시아 제국의 참상에 대해서도 배운 바가 없었을 것이기 때문이다. 그녀는 동양인으로서 미국에서 살아남으려고 철저히 미국인으로 교육받으며 성장했다고 했다.

남경대학살기념관을 방문한 사람은 기념관 안의 한 신문 기사에 눈을 떼지 못한 경험이 있을 것이다. 그것은 일본군 소위(少尉) 무카이 도시아키와 노다 츠요시의 기사로 그들은 누가 먼저 100명의 목을 베는가 경쟁을 벌였는데 106대 105로 두 사람은 다시 연장전에 들어갔다는 내용이다. 이 한 장의 사진이야말로 당시 피비린내로 물든 남경의 참상을 말해주는 그 어떤 말보다 우선한다. 일본군의 잔학한 만행이 기록된 '남경의 강간'은 지사 오정화 여사의 외손녀 아그네스 안 씨에게 적잖은 충격을 주었을 것이다.

남경대학살에서 시작된 모국 조선의 일제강점기 역사에 대해 차츰 눈 떠가면서 아그네스 안 씨는 평범한 의사에서 일본의 역사 왜곡에 깊은 관심을 두는 신 독립운동가가 된다. 아무렴, 독립운동가 후손의 피 속에 흐르는 유전자가 그를 가만 놔두었을 리가 없다. 아그네스 안 씨의 식민지 조선과 가해국 일본에 대한 역사공부의 독학은 무서운 속도로 진전을 보였다. 그녀는 하버드대학 도서관을 위시하여 역사의 기록이 있는 곳이면 어디든 달려갔다. 그러한 기록의 보따리는 대담을 하는 동안 가방 속에서 주렁주렁 고구마 줄기처럼 이어져 나왔다.

아그네스 안 씨가 감명 받은 '남경의 강간'을 쓴 작가 부모님과 미국 하버드대학에서 기념 촬영

일제강점기의 가해국인 일본이 피해자로 둔갑하여 가냘픈 소녀의 체험이라는 탈을 쓴 채《요코 이야기》라는 제목으로 꾸며진 책이 미국의 초·중등학교 교재로 읽히고 있는 현실을 눈앞에 두고 아그네스 안 씨가 받았을 충격의 크기는 안 봐도 짐작이 간다. 그러나 아그네스 안 씨가 더 큰 충격을 받은 것은 문제의 책《요코 이야기》가 15년간이나 미국 초·중등학교 교재로 사용되고 있는 것을 까마득히 모르고 있었다는 사실이었다. 이러한 사실을 알게 된 이후 아그네스 안 씨를 포함한 한인 학부모들은 이 책의 문제점을 낱낱이 지적해 미국 공립학교 추천도서 목록에서 빼고자 많은 노력을 기울였으며 아그네스 안 씨도 그 한가운데서 적극적으로 투쟁했다.

2007년 1월 31일 자 연합뉴스 보도에 따르면 "미국 뉴욕의 한 공립중학교가 한국인을 가해자, 일본인을 피해자로 묘사해 역사적 사실을 왜곡했다는 비판을 받고 있는《요코 이야기》의 수업을 30일 전격 중단했다. 또 보스턴 지역의 한 공립중학교는 지난 13년간 해마다 계속돼온 작가 요코의 학교 방문 강의를 중단하기로 공식 결정했다. 뉴욕시 퀸즈에 있는 '제67 공립중학교(MS 67)'는 지난주부터 6학년 학생들을 대상으로 수업에 들어갔으나 한인 학부모와 학생들의 반대의견을 받아들여 29일부터 이 책의 수업을 멈추고 교재로 나눠줬던 책을 거둬들였다……."는 기사가 보인다.

일본을 피해국으로 그린 《요코 이야기》 영어판을 들고 문제점을 설명하는 아그네
스 안 씨

요코윗킨스 씨(78살)가 줄기차게 자서전이라고 주장하는 "선량한 일본인, 나쁜 한국인" 책을 한인 학부모들이 더는 좌시할 수 없어 투쟁한 저항의 결과였다. 아그네스 안 씨의 아들 마이클의 학교인 보스턴의 도버 셔번중학교(Dover Sherborn Middle Schoo)에서도 2007년부터 이 책을 더는 학생들에게 수업교재로 쓰지 않게 되었다고 아그네스 안 씨는 그간의 정황을 전했다.

이러한 움직임은 미국 전역으로 확대되고 있으며 많은 학교에서 이미 필독서에서 빼거나 뺄 것을 검토하고 있다니 다행이다. 이것은 오로지 역사왜곡을 바로 잡으려고 앞장선 아그네스 안 씨 같은 한인교포들의 피눈물 나는 노력에 의한 것이다. 한인교포 3세인 아그네스 안 씨는 한국말을 거의 못했고 나 역시 영어가 자유롭지 않은 터라 우리는 통역을 사이에 두고 이야기를 나눠야 했다. 그러나 독립운동가의 후손인 아그네스 안 씨와 여성독립운동가의 삶을 추적하는 필자로서는 눈빛만 봐도 서로 마음을 읽을 수 있었다.

아그네스 안 씨는 필자와 대담하는 동안 두툼한 가방에서 수도 없는 서류와 사진을 꺼내 보여주었다. 그 속에는 유관순과 함께 감옥 생활을 했던 자신의 외할머니 오정화 지사의 흔적을 찾으려고 만주 일대를 헤매고 다닌 사진도 있었다. 아그네스 안 씨의 외할머니인 오정화 지사는 돌아가실 때까지 독립운동 이야기를 입 밖에 꺼내지 않으셨다고 했다. 생각해보면 아그네스 안의 외할머니야말로 직접 만세운동에 가담하여 갖은 고문을 견디며 감옥생활을 했던 분으로 당시 일본인의 조선인 학대와 학살, 착취, 강간 등을 직접 두 눈으로 목격하셨던 분이다. 그럼에도, 외할머니는 요코이야기를 쓴 요코웟킨스처럼 평화를 위해서라는 궤변을 떨면서 가증스러운 책 따위로 세상을 호도하지 않고 그 시대 한국의 여성독립운동가들 대부분이 그러하듯 조용히 침묵한 채 삶을 마감하셨던 것이다.

이번에 아그네스 안 씨의 방한 목적은 미국인 교사의 한국문화 체험과 세미나 참석차였다. "교육의 질은 교사의 질을 넘지 못한다."라는 말이 있다. 미국교사들이 일제강점기의 한국에 대해 더 잘았더라면《요코 이야기》같은 책이 미국 학교에서 필독 교재로 채택되었을 리가 없었을 것이라는 것에 주목하여 아그네스 안 씨를 중심으로 한 보스톤 한인 부모들은 미국교사들이 한국 역사와 문화를 알도록 하는 일에 적극적으로 나서고 있다.

대담을 마치고 통역을 맡아 준 최서영 씨(위), 아그네스 안 씨(왼쪽)와 필자

그러나 이러한 과정에서 큰 애로사항을 꼽았는데 영어로 쓴 한국문화와 역사에 관한 책이 턱없이 부족하다는 소식이었다. 특히 오정화 외할머니처럼 일제강점기에 독립운동을 한 여성들의 이야기를 비롯한 한국인의 독립운동 이야기나 식민지 시절의 역사를 다룬 교포 3세, 4세들이 이해할 수 있는 영어판 책이 절실하다고 말했다. 반면에 일본은 자국의 문화와 역사에 대한 다양한 책을 영어로 만들어 활용하고 있다면서 안타까워했다.

오전 11시에 만나 점심으로 맛있는 한식을 함께 하려던 계획도 접어두고 점심때를 넘기면서까지 장장 세 시간이 넘게 나눈 아그네스 안 씨와의 대담은 매우 뜻깊었다. 같은 한국인이면서 대담 내내 통역을 통해 전해 들어야 하는 언어소통이 아쉬웠지만 마음속 깊은 곳에서 공감하던 민족의 아픈 역사에 대한 느낌은 전혀 다르지 않음을 확인했다.

무엇보다도 아그네스 안 씨를 만나고 나서 일제강점기에 조국의 독립을 위해 온몸을 불살랐던 1세들이 가고 2세들도 연로하여 3세들이 주역으로 활약하고 있는 지금 앞으로 4세, 5세로 이어지는 미래 세대들을 위해 어떻게 독립정신을 계승시켜야 할지에 대한 걱정이 앞섰다. 더군다나 나라밖 교포들의 올바른 역사관과 독립정신의 계승에 대한 대책이 전혀 없는 가운데 교포 4세인 아들세대를 위해 왜곡된 일본인의 역사인식을 바로 잡으려고 호주머니를 털어가며 외롭게 투쟁하는 아그네스 안 씨의 모습이 안쓰러웠다.

10 만세운동으로 팔 잘리고 눈먼 남도의 유관순 "윤형숙"

"왜적에게 빼앗긴 나라 되찾기 위하여 왼팔과 오른쪽 눈도 잃었노라. 일본은 망하고 해방되었으나 남북·좌우익으로 갈려 인민군의 총에 간다마는 나의 조국 대한민국이여 영원하라"

이는 순국열사 윤형숙(이명 윤안정엽, 윤혈녀, 1900.9.13.~1950.9.28.)의 무덤 묘비석에 새겨진 글귀다. 2017년 11월 17일(금) 낮 2시에 찾은 전남 여수시 화양면 창무리 마을 입구에 있는 윤형숙 열사의 무덤은 2차선 도로 옆 자신이 태어난 고향 마을을 내려다보는 양지쪽에 자리하고 있었다.

서울에서 KTX로 내려간 필자에게 이날 윤형숙 열사의 무덤을 안내한 이는 윤 열사의 조카 윤치홍 (77살) 씨 내외였다. 윤치홍 씨는 윤형숙 열사의 작은 아버지 윤자환(尹滋換, 1896 ~ 1949, 2003년 대통령표창 서훈)의 손자로 갑자기 쌀쌀해진 날씨 탓에 감기 몸살 중이라 부인(72살)이 운전하는 차로 KTX 여천역까지 마중 나와 함께 윤형숙 열사의 유적지를 안내해주었다.

남도의 유관순 윤형숙 열사

도로변에 세운 "독립유공자 윤형숙 열사의 묘" 안내판, 그 뒤로 열사의 무덤이 보인다.

여수 화양면 창무리에 있는 윤형숙 열사의 무덤

"고모님(윤형숙 열사)의 무덤은 원래 이 자리에 있지 않았습니다. 1950년 9월 28일, 인민군에 의해 학살당한 채 저기 보이는 고향(창무리) 마을 뒷산에 가매장되어 있었지요. 그러다가 10년 뒤에 현재의 이곳으로 이장하였습니다."

1960년 3월 23일 마을사람들은 윤형숙 열사의 무덤을 이곳으로 옮겼다. 이후 2013년 9월 28일 무덤 앞에 묘비석과 안내판을 세우는 등 묘역 정비를 하는데 결정적인 역할을 한 사람은 윤치홍 씨로 당시에 그는 여수시 독립유공자발굴 전문위원이었다.

"윤형숙 열사는 남도의 유관순이라고 알려져 있는 분입니다. 만세운동 중 일경에 왼팔이 잘리고 눈까지 잃으면서도 만세운동을 부른 그 투지를 누가 감히 흉내 낼 수 있겠습니까?"

그러나 부끄럽게도 우리는 남도의 유관순, 윤형숙 열사를 잘 모른다. 윤형숙 열사는 어렸을 때 안정리라는 마을에서 살아 안정엽이라는 이름으로 불렸고 수피아여고 시절에는 윤혈녀라고 불렸다. 윤 열사는 일제에 의해 저질러진 비극적인 사건인 1895년 명성황후 시해로부터 5년 뒤인 1900년 9월 13일 여수시 화양면 창무리에서 태어났다.

윤형숙 열사의 무덤이 이곳에 자리하기 까지를 설명하는 윤치홍 씨와 필자

윤 열사의 아버지 윤치운은 당시 한학자였으나 윤 열사가 7살 되던 해 어머니가 병으로 세상을 뜨고 말았다. 하지만 어린 형숙에게 교육을 시키고자 아버지는 윤 열사를 순천에 있는 미국 남장로교 선교사집에 맡겨 초등학교를 마치게 한다.

이후 순천 성서학원을 이수한 뒤, 광주지역 최초의 여성중등교육기관인 수피아여학교 (현, 수피아여고)에 진학하면서 나라의 운명에 대한 깊은 통찰력을 키우게 된다. 당시 수피아여학교는 광주 숭실학교와 더불어 호남지역의 중요 항일운동의 본거지로 그 명성이 자자했던 학교이다. 1918년, 18살의 나이로 수피아여학교 신입생이 된 윤형숙 열사는 강력한 리더십으로 반장을 도맡아했다고 한다.

특히 수피아여학교의 반일회(班日會)는 실제로 일제에 저항한 모임으로 다양한 활동을 하였는데 윤형숙 열사는 '장발장', '베니스의 상인', '바보온달' 같은 연극을 통하여 민족의식을 키우는 일에 앞장섰다. 때마침 수피아여학교에는 민족의식이 투철한 박애순 선생(1896 ~ 1969, 1990년에 건국훈장 애족장)이 있었고 영리하고 야무진 윤 열사는 박애순 선생의 사랑을 독차지하였다.

윤 열사가 2학년이 되던 1919년 1월 20일 오전 6시, 서울로부터 고종황제의 승하 소식을 전해들은 수피아여학교는 일제에 의한 고종황제 독살에 대해 분개하고 있었다. 박애순 선생은 3.1만세운동 전후의 국내 사정과 파리 만국강화회의 사정, 매일신보에 실린 독립운동에 관한 기사 등을 학생들에게 알려 자신들도 독립만세운동에 동참해야 하는 당위성을 이해시켜나갔다.

이에 윤형숙 등 학생들은 1919년 3월 10일 오후 2시, 광주 장날을 기해 만세운동에 앞장섰다. 이날 만세시위에는 수피아여학교를 비롯하여, 숭실학교생, 기독교인, 농민, 시민 등 1천여 명이 참여하였는데 일제는 기마헌병을 투입하여 시위자들에게 위해를 가하며 체포에 열을 올렸다.

이 자리에서 윤형숙 열사는 태극기를 든 왼손이 잘리고 오른쪽 눈을 실명하는 비극적인 운명과 마주치게 된다. 이러한 큰 부상을 입은 윤 열사는 주동자로 잡혀가 1919년 4월 30일, 광주지방법원에서 징역4월에 집행유예 4년을 선고받고 옥고를 치러야했다.

이 일로 윤 열사의 몸은 만신창이가 되어 겨우 목숨을 건졌지만 외팔에 오른쪽 눈의 실명이라는 참담한 현실에 놓이게 된다. 당시 광주 3.1만세운동에 참여한 수피아여학교는 윤형숙 열사를 비롯하여 교사와 학생 26명이 전원 구속되는 초유의 사태를 맞이했다.

극심한 부상을 입은 데다가 거듭된 고문으로 감옥 문을 나설 무렵의 윤형숙 열사는 그나마 실낱 같이 의존하던 왼쪽 눈마저 거의 실명 상태에 이르고 만다. 하지만 삶의 희망만은 놓지 않았다. 이후 윤 열사는 독신으로 원산의 마르다윌슨 신학교에서 신학공부를 마친 뒤 전주로 내려가 기독교학교의 사감과, 고창의 유치원 등지에서 자라나는 어린이 교육에 힘썼다.

여수 이순신공원에 있는 항일열사기념탑 부조에는 칼을 든 일본 순사 앞에 팔이 잘린 윤형숙 열사의 모습이 새겨져 있다.

윤형숙 열사에게 독립정신을 심어준 작은 아버지 윤자환 선생도 독립유공자로
손자인 윤치홍 씨가 기념비 앞에 서있다

그는 "왼팔은 조국을 위해 바쳤고 나머지 한 팔은 문맹자를 위해 바친다"는
신념으로 불구의 몸을 이끌고 헌신적인 삶을 살았다. 그러나 윤 열사에게 닥
친 비극은 거기서 끝나지 않았다. 해방된 조국, 좌우 이념의 갈등 속에서
6.25 한국전쟁이 일어났다. 1950년 9월 28일 밤, 서울이 수복되자 퇴각에
나선 인민군은 윤형숙 열사를 비롯한 손양원 목사 등 기독교인을 포함한 양
민 200여명을 여수시 둔덕동으로 끌고 가 학살했던 것이다.

윤형숙 열사 나이 50살, 어이없는 죽음이었다. 독립을 외치다 잃은 왼팔과
실명된 눈을 평생 끌어안고 어린이교육에 힘써온 윤 열사의 삶은 사후 63년
이 지난 뒤에야 겨우 평가를 받게 되어 정부는 2003년 대통령표창을 추서하
였다.

그러나 윤 열사는 독신으로 삶을 마치는 바람에 훈장을 받을 가족이 없어 훈
장은 가엾게도 지금 여수시청 앞 게시판에 외롭게 걸려있다. 여수시에 있는
윤형숙 열사의 유적지로는 여수이순신공원(여수시 웅천동 산221) 내 여수항일

독립운동기념탑이 서있는 곳의 벽에 새긴 부조(돋을새김 조각)를 들 수 있다. 이 부조에는 윤 열사의 잘린 팔이 뒹구는 가운데 만세운동을 하는 모습이 새겨져 있어 이곳을 찾는 많은 사람들의 심금을 울리고 있다.

"그 이름 석 자라도 기억하는 겨레가 되었으면 하는 바람"을 가슴에 간직한 채 평생 고모님 윤형숙 열사의 삶을 알리기 위해 애쓰는 조카 윤치홍 씨 내외의 노고가 쌀쌀한 11월의 바람을 훈훈하게 해주는 시간이었다. 아, 남도의 유관순, 윤형숙 열사여!

11 열일곱 처녀의 부산 좌천동 아리랑 "이명시"

이명시 (李明施, 1902.2.2.~1974.7.7) 지사는 부산 일신여학교(현, 동래여자고등학교)와 좌천동에서 전개된 만세운동에 주도적으로 참여하였다. 1919년 3월 2·3일 무렵 기독교계통의 인사들을 통하여 독립선언서가 부산·마산에 비밀리에 배부되었다. 이때 서울로부터 학생대표가 내려와 경성학생단 이름으로 부산상업학교와 동래고등보통학교 학생 대표들에게 독립선언서를 전달하고 만세운동을 권유하였다. 이에 따라 일신여학교를 비롯한 각 급 학교에서는 거사를 준비하였다.

일신여학교에서는 이명시 지사가 연락을 담당하였다. 3월 11일 새벽 일신여학교 기숙사 주변을 비롯한 각처에는 격문이 뿌려졌으며 3월 11일 오후 9시 이명시 지사를 비롯한 고등과 학생 11명은 교사 주경애, 박시연과 더불어 태극기를 손에 들고 독립만세를 부르며 만세시위를 전개하였다. 이때 일본 군경이 대거 출동하여 여학생 전원과 여교사 2명을 붙잡아 부산진 주재소로 넘겼다. 이명시 지사는 1919년 4월 28일 부산지방법원에서 보안법 위반으로 징역 5월을 선고받고 부산형무소에서 옥고를 치렀다.

이명시 지사의 따님인 이순형 선생을 뵌 것은 2012년 8월 초순이다. 어머니인 이명시 지사의 자료를 찾다 만났는데 대화 중에도 조용조용한 말씨와 겸손함이 뚝뚝 묻어나는 분이었다. 지난 2013년 시서전(詩書展)에 어머니 이명시 지사의 작품이 선보인다고 알리니 단걸음에 달려 오셨다. 한편 이순형 선생의 언니 이영애 선생은 미국에 사는데 이명시 지사님에 대한 자료를 보내주신 분이기도 하다.

어머니 이명시 지사 관련 서예전서 따님 이순형 선생과 필자

서예가 청농 문관효 작가와 이순형 선생

"당시 17살이던 어머니는 만세운동 연락책을 맡았는데 나들이 때에는 처네 (주로 시골 여자가 나들이를 할 때 머리에 쓰던 쓰개. 두렁이 비슷하게 만들며 장옷보다 짧고 소매가 없다)를 쓰고 다녔으며 늘 약병 같은 것을 갖고 다녔다고 했다. 이는 출입을 감시하던 경찰로부터 불신검문을 당할 것을 대비해 환자에게 약을 전하러 간다고 속이기 위해서였다. 어머니는 박순천 여사와 함께 감옥생활을 하면서 서로 의지했으며 출옥 뒤에는 만세운동으로 감옥살이 하는 분들의 뒷바라지를 도맡아 했다. 8·15 광복 뒤에는 기독교 신앙을 바탕으로 혼자 사는 노인과 고아원을 찾아 봉사활동으로 생을 마감했다." 고 전했다.

따님 이영애, 이순형 선생이 기억하는 어머니 이명시 지사는 평소 매우 부지런해서 어머니가 잠시 앉아 쉬는 모습을 본적이 없을 정도였으며 언제나 "나라 없는 백성보다 불쌍한 인간은 없으니 작은 행동이라도 바르게 하고 맡은 바에 최선을 다하되 봉사의 삶을 살라."고 당부하셨다고 한다. 소녀 때부터 예의바르고 책임감이 강해서 동래교장(외국인 선교사)이 양딸로 삼아 숨을 거둘 때는 평소 아끼던 유물을 이명시에게 주라는 유언을 할 정도로 어머니를 아꼈다고 한다.

미국에 살고 있는 이명시 지사의 따님과의 연락은 우연한 기회에 이뤄졌는데 어느 날 필자에게 미국에 사는 한 시인으로부터 다음과 같은 메일을 받았다.

"미국 LA에서 38년 간 살면서 '시 공부'를 하고 있는 이성호입니다. 이 선생님의 주소는 한국일보 강은영 기자로 부터 받았습니다. 저는 이곳에서 민족시인(이상화 이육사 윤동주 한용운)들을 기리며 그분들의 작품을 암송, 낭송하는 문학행사를 8년간 하고 있습니다. 우리행사는 4년 전 KBS 9시 뉴스에도 소개된 바 있는 뜻있는 행사입니다. 해마다 약 250여 명이 모입니다."

필자가 여성독립운동가를 수소문해서 글을 쓴다는 소식이 한국일보를 통해 보도되자 이성호 시인은 자기 주변에도 여성독립운동가 이명시 지사(2010년

뒷줄 왼쪽부터 이명시 지사의 남편, 이명시 지사, 호주선교사 앞줄 왼쪽에 앉은 아이가 이명시 지사의 따님 한영애 여사의 5살 때 모습 (현(2012), 미국거주 87살)

대통령표창)의 따님이 살고 계시다는 소식을 전해왔다. 이성호 시인과의 인연은 그렇게 이어졌고 바쁜 타향살이 속에서도 조국의 민족시인들을 잊지 않고 그분들의 나라사랑 정신을 이어받으며 지내고 있었다. 또한 이명시 지사에 대한 부족한 자료를 따님을 통해 전해주는 열의를 보였다.

이명시 지사의 따님은 의사로써 한국에서 서울여대 교수를 거쳐 개업을 하다가 1973년 미국으로 건너간 이래 남편 한우식 화백과 함께 18년 간 한 화랑을 경영했으며 현재 서예가(광주 비엔날레 초청 서예가)로 후진양성을 하고 있다고 전해왔다. 이명시 지사의 따님인 이영애, 이순형 선생과의 인연을 더듬으며 청농 문관효 선생이 이명시 지사의 독립내용을 쓴 작품 앞에서 오래도록 이명시 지사의 나라사랑 정신을 새겨보았다.

12 통진 장날 만세운동을 이끈 성서학교 만학도 "이살눔"

"님은 1919년 통진교회 전도사로 월곶지역 3.1 만세 사건을 주도하여 옥고를 치루셨습니다. 민족해방을 몸으로 실천한 님의 민족혼을 기리기 위해 이 비를 만듭니다. 2003년 8.15 광복절 푸른언덕모임"

이는 김포시 월곶면 고막리, 푸른언덕 교회 입구에 있는 이살눔 (이살눔은 국가보훈처의 서훈 이름이고 다른 이름은 이경덕이다. 1886. 8. 7 ~ 1948. 8.13) 지사를 추모하는 기념비에 적힌 글이다. 이살눔 지사를 기리는 기념비를 보기 위해 필자는 2017년 6월 13일, 김포시 고막리에 있는 푸른언덕 교회를 찾아갔다.

작은 규모의 시골 교회당은 신자가 많아 보이지 않았는데 마당에 차를 세우고 나니 조화자 전도사 (59살)가 찾아온 용건을 묻는다. 이살눔 지사에 대한

이경덕(이살눔) 지사, 그림 한국화가 이무성

작은 시골 교회, 푸른언덕 교회 입구 왼쪽 파라솔 뒤에 기념비가 있다.

이야기를 들으러 왔다고 하니까 반가운 얼굴로 차 한 잔을 내오며 거의 찾지 않는 추모비를 어떻게 알고 찾아 왔느냐며 반긴다.

"이 교회는 이살눔 지사님의 며느리인 강동재 여사께서 다니시던 교회입니다만, 5년 전 80살로 돌아가셔서 지금은 그 집안에 대해 아는 사람이 없습니다. 이살눔 지사님은 이곳 월곳의 3·1 만세운동의 주동자이셨습니다. 그러한 활동에 대해 아무도 관심을 갖지 않게 되자 누산교회 박흥규 목사님이 이를 안타깝게 여기고 여자의 몸으로 독립운동에 앞장선 사실 만이라도 기념비를 세워 기려야한다고 해서 세운게 이 기념비입니다."

작은 크기의 기념비에는 이경덕(이살눔) 지사의 이름이 또렷하다

조화자 전도사는 이살눔 지사에 대해 박흥규 목사님으로부터 많은 이야기를 들었다고 했다. 그러나 박흥규 목사님도 돌아가셨다면서 김포지역의 독립운동사를 정리한 두툼한 책 한 권을 내놓는다. 《김포항일독립운동사》(김포문화원, 2005) 책에는 이살눔 지사를 포함한 김포 월곶 지역에서 독립운동을 한 지사들의 기록이 낱낱이 적혀있다.

1919년은 이살눔 지사가 33살이 되던 해였다. 결코 여자 나이로 적은 나이가 아닌 이 무렵 이살눔 지사는 성서학교 (聖書學校) 재학생이었다. 신앙심이 깊었던 이살눔 지사는 거국적인 만세운동이 일어났던 3월, 김포에도 만세운동의 물결이 밀어닥칠 것을 예견했다. 3월 22일 오후 2시 이 날은 통진 장날이었다. 이살눔 지사는 군하리 출신 박용희 ·성태영 ·백일환 등과 군중을 이끌고 면사무소, 주재소, 보통학교, 향교 등으로 유도했다.

이에 앞서 임용우 ·윤영규 ·조남윤 ·최우석 ·이병린 등의 주도로 장터에 있던 약 200여 명의 군중들은 만세시위 운동을 벌였다. 그러나 만세운동만으로는 성에 차지 않았던 이살눔 지사 일행은 면사무소와 주재소 등지를 돌며 이곳에 있던 일본인들에게 항의했고 일부 한국인 순사보들에게 독립운동에 동참할 것을 호소하였다.

김포시독립기념관에는 이살눔 지사 등 많은 독립운동가들을 추모하고 있다.

김포의 만세운동은 3월 29일에 또 다시 일어났다. 조남윤은 당인표 등과 함께 "29일 오전 11시에 전 통진 읍내에 집합하여 조선독립만세를 외치라"는 취지의 문서 7통을 작성한 다음 이를 면내 각 동리 주민에게 배포하였다. 이날 오전 11시쯤 마을주민 40여 명이 읍내에 모이자, 이들을 지휘하여 향교와 면사무소 앞에서 조선독립만세를 외쳤다.

이에 앞서 28일 밤 정인교·윤종근·민창식은 마을 주민 수십 명과 함께 마을 인근 함반산 (含飯山) 꼭대기에 모여 조선독립만세를 외쳤으며, 월곶면의 임용우·최복석은 29일 정오 무렵 갈산리에 모였다가 군하리 공자묘와 공립보통학교, 면사무소에서 만세운동을 벌였다.

만세운동은 4월에도 이어져 덕적도의 명덕학교 교사였던 임용우는 4월 9일 학교 운동회에서 이재관·차경창 등과 만세운동을 벌이다가 체포되는 등 김포지역의 만세운동은 3월의 전국적인 만세운동 이후에도 지속되었다. 김포지역 만세운동에서 여성으로 서훈을 받은 이는 이살눔 지사가 유일하다. 푸른언덕교회 조화자 전도사는 이살눔 지사가 단순 가담자가 아니라 주동자로 참여했다고 단호히 말했다.

이살눔 지사는 장터에 모인 수백 명의 시위 군중에게 태극기를 나눠주며 독립만세 운동에 앞장서다 왜경에 잡혀 그해 7월 12일 경성지방법원에서 이른바 보안법 위반으로 징역 6월형을 언도 받고 옥고를 치르던 중 1919년 10월 27일 중병으로 가석방되었다.

당시에는 옥중 고문이 심했기 때문에 죽음의 문턱에 이르는 독립운동가들이 많았는데 일제는 이러한 독립운동가들의 '옥중 사망'을 피하려고 가석방을 시켰다. 수원의 이선경 지사 (1902~1921)의 경우도 거의 죽음에 이르는 고문으로 가석방 되자마자 순국의 길을 걸은 예에서 알 수 있다.

가출옥증표, 1919년 10월 27일, 서대문형무소에서 고문으로 중병에 걸
리자 일제는 옥중 사망을 피하려고 가출옥 시켰다.

다행히 이살눔 지사는 서대문형무소에서 가출옥 된 이후 몸을 추슬러 고향
김포로 다시 내려 갈 수 있었다. 군하리로 돌아온 이살눔 지사는 교회를 개척
하여 여전도사로 목회자의 삶을 살았다. 친 혈육은 없고 양자를 들였는데 양
아들 유 씨와 며느리마저 몇 해 전 전 숨을 거두었다고 한다.

이살눔 지사는 1948년 8월 13일에 62살을 일기로 숨을 거두었다. 그러나
어수선한 해방 공간에서 무덤을 미처 챙기지 못해 기념비만 남은 상태다. 정
부에서는 뒤늦게 고인의 공훈을 기려 숨진 지 44년 만인 1992년에 대통령표
창을 추서하였다.

김포시에서는 이살눔 지사를 비롯한 수많은 김포지역의 독립운동가를 기리
기 위해 2013년 3월 1일 '김포시 독립기념관'을 개관하여 항일의병, 3·1 운

마치 이살눔(이경덕) 지사를 뵙는 듯 감격스러워 작은 기념비 앞에 앉은 필자

동, 독립운동, 의열투쟁, 만주, 노령지역에서 활동한 김포 출신 독립운동가들의 나라사랑 정신을 기리고 있다. 그 가운데 단 한 명의 여성독립운동가가 이살눔 지사다.

* 이살눔 지사 기념비 : 경기도 김포시 월곶면 용강로 37번길 30 푸른언덕회 입구
* 김포시독립기념관 : 경기도 김포시 양촌읍 양곡 2로 30번길 46 (양곡택지개발지구제 4 근린공원 내) 전화 031) 996-6270 ~1

13 광주 소녀회로 똘똘 뭉친 여전사 "장경례"

"어머니(장경례 지사)는 광주공립여자고등보통학교(현, 전남여자고등학교) 제1회 입학생으로 1928년 11월, 동교생이던 장매성, 박옥련 등 11명과 함께 소녀회(少女會)를 만드셨습니다. 조국독립과 여성해방을 목적으로 조직된 소녀회는 1929년 11월 3일, 광주학생독립만세운동이 일어나자 적극 참여하였고 시위 도중 부상을 입은 학생들을 치료하는 등 큰 활약을 했다고 들었습니다. 이때 어머니 나이 17살 때이셨습니다."

이는 장경례 지사(1913.4.6.~1997.12.1.)의 **따님인 허찬희**(83살), **허은희**(81살) 자매의 증언이다. 가을 햇살이 따스하던 2018년 10월 22일 월요일 낮 3시, 필자는 미리 약속한 장경례 지사의 따님이 살고 있는 수원 광교의 한 아

광주여고보 제1회 졸업식, 장경례 지사는 광주학생운동으로 퇴학 처분 당해 사진에는 없다. (사진 전남여고 제공)

테니스부원으로 뛰던 장경례 지사, 뒷줄 왼쪽으로 부터 2번째(사진 전남여고 제공)

파트를 찾았다. 인형작가인 장경례 지사의 큰 따님인 허찬희 씨 집에는 가까이에 살고 있는 동생 허은희 씨도 미리 와서 필자를 기다리고 있었다. 아파트 거실 창 너머로 보이는 호수공원에 짧은 가을햇살이 긴 그림자를 드리우고 있는 가운데 우리는 어머니 장경례 지사의 학창시절 이야기로 시간 가는 줄 몰랐다.

"어머니는 당시 광주학생독립만세운동에 참여했다가 잡혀가는 바람에 박옥련, 장매성 등 학우들과 함께 퇴학 처분을 받아 졸업을 못하셨습니다. 일경에 잡혀가 1년이라는 기간동안 감옥살이를 하기 이전에는 비밀결사 조직인 소녀회 회원으로 독립운동에 관여하면서 한편으로는 테니스 선수로 뛸 만큼 활발한 학교생활을 하셨지요."

어머니 장경례 지사의 10대 시절을 더듬어 이야기 하던 두 따님은 어머니의 흑백 사진이 들어있는 앨범을 꺼내 보여주면서 당시를 회상했다. 장경례 지사가 여학교를 다니던 무렵인 1920년대 중반, 조선에서는 사회주의 운동이 확대되면서 학생들 또한 그 영향을 받아 독서회 등 비밀결사 조직의 결성이

눈에 띄게 늘어나던 때였다. 이 무렵, 광주공립여자고등보통학교에서도
1928년 11월, 장매성, 장경례, 고순례, 박옥련, 남협협, 암성금자 등의 여학
생들이 비밀결사인 소녀회(少女會)를 만들었던 것이다.

장경례 지사 등은 소녀회 결성 이후 동지를 확충하는 한편 매달 한 번씩 월례
연구회를 통하여 항일의식을 높여 나갔다. 이들은 소녀회에서 주역을 맡은
장매성의 오라버니가 이끌던 성진회(醒進會)의 항일정신을 계승하여 광주학
생의 항일운동을 조직적으로 펼치기 위해 1929년 6월에 결성된 독서회 중앙
본부와도 긴밀한 연락을 하고 있었다.

"어머니(장경례 지사)와 함께 광주학생운동에 참여했던 장매성, 박옥련 선생
과는 오랫동안 연락을 하며 지내왔습니다. 장매성 선생은 어머니보다 2살 위
였고 박옥련 선생은 어머니 보다 1살 아래였지요. 당시에 어머니가 일본경찰
에 잡혀갔을 때 외할머니께서 사식(私食, 교도소나 유치장에 갇힌 사람에게 가족

장경례 지사의 20대 시절

민족의식 교육을 철저히 시킨 광주공립여자고등보통학
교 문남식 선생(앞줄), 뒤 오른쪽이 장경례 지사

장경례 지사가 재직중이던 유치원의 체육대회 모습, 유치원생 뒤의 어른들 가운데 흰저고리와 검정치마 모습이 장경례 지사

들이 음식을 마련하여 준 음식)을 넣어 주셨다고 했습니다." 허찬희 씨는 어머니와 함께 광주학생운동의 주동자인 장매성, 박옥련 지사와의 각별한 인연을 이야기했다.

장경례 지사의 따님으로 부터 사식 이야기를 듣고 있자니 백범 김구 선생 어머니가 떠올랐다. 김구 선생 어머니 곽낙원 지사(1992.애국장) 는 아들이 해주에서 명성황후를 시해한 일본인을 처단하고 일경에 잡혀 인천 감옥에 수감되었을 때 인천으로 건너와 남의 집 허드렛일을 해주고 얻은 밥을 사식으로 교도소에 넣어 주었다. 죄인 아닌 죄인으로 사랑하는 딸과 아들이 감옥살이 하는 것도 서러운데 끼니마저 사식으로 집어 넣어주지 않으면 안 되었던 이 땅, 어머니들의 고통을 새삼 통감해보았다.

"광주학생운동에 참여하여 퇴학을 맞은 어머니는 잠시 유치원 교사로 있다가 개성 출신으로 광주로 이주한 아버지(허명학)를 만나 결혼했습니다. 다행히 아버지께서는 광주에서 백화점을 경영하는 등 개성상인 정신을 발휘하여 집안은 넉넉한 편이었습니다. 그런 바탕 덕에 어머님은 억척스럽게 자녀교육을 시켰습니다. 하지만 딸들에게 신교육을 시킨 것은 외할머니에게서 물려받은 것 같습니다. 당시 여자 교육이 적극적이지 않던 시절에 어머니가 광주공립여자고등보통학교(현, 전남여자고등학교)를 다닌 것만 봐도 알 수 있지요. 저희 3자매는 모두 서울에 있는 이화여대로 유학을 했습니다. 여자도 배워야한다는 어머니의 굳은 신념이 아니었다면 우리 역시 교육을 받기는 어려웠을 겁니다."

올해 83살인 허찬희 씨와 동생 허은희(81살) 씨는 어머니 장경례 지사의 남다른 교육열 덕에 신교육을 받을 수 있음에 감사한 마음을 갖고 있다고 했다.

1930년 9월 30일치 〈동아일보〉에는 장경례 지사를 포함하여 장매성, 박옥련 등 광주학생독립만세운동으로 구속된 여학생들의 공판 관련 기사가 사진

소녀회 공판을 알리는 〈동아일보〉 기사. 1930.9.30

1983년 독립유공자 포상을 받아든
모습, 오른쪽이 장경례 지사 왼쪽은
따님인 허찬희 씨

과 함께 크게 보도되었다. 기사의 보도 규모만으로도 1929년 11월 3일 광주
학생독립만세운동이 얼마나 큰 사회적 관심거리였나 알 수 있다.

장경례 지사는 일경에 잡혀 수감되는 바람에 학교에서 퇴학당했다가 1954
년 11월 3일에 가서야 전남여자고등학교로부터 명예졸업장을 받았다. 장경
례 지사의 독립운동 시절 이야기를 나누는 대담 내내 두 따님은 나긋나긋한
목소리로 이야기를 이어나갔다. "어머니는 독립운동한 이야기를 많이 들려
주시지는 않았습니다. 하지만 소녀회 동지였던 장매성, 박옥련 선생 등을 통
해 당시의 이야기를 익히 들어 알고 있지요" 라며 겸손해 했다.

독립운동가 후손을 만나 이야기를 나눠보면 대부분 "부모님의 공적"에 대해
말을 아끼는 모습을 알 수 있다. 여자교육이 지금처럼 일반화 되어 있지 않은
시절, 어렵사리 들어간 여학교에서 독립운동 사실이 발각되어 일경에 잡혀

대통령표창장과 장경례 지사(1983), 장경례 지사는 1990년 애족장을 수여 받았다.

어머니 장경례 지사의 이야기를 들려주는 두 따님, 왼쪽이 필자이고 건너편 소파 안쪽의 검은
옷옷이 동생 허은희 씨(81살), 그 옆이 언니 허찬희 씨(83살)

간 것만으로도 이야기 거리는 넘칠 것이며, 징역 1년이라는 옥고를 치룬 사
실 만도 대담거리는 차고 넘치련만 8순의 두 자매는 시종일관 차분하고 겸손
한 모습으로 어머니의 독립운동에 관한 이야기를 들려주었다. 장경례 지사의
모습을 두 따님을 통해 어렴풋하게나마 느낄 수 있었다.

교육열이 높았던 장경례 지사는 큰아드님이 미국에서 하버드대학을 나와 미국 주류사회에서 큰 활동을 할 무렵 미국을 오가며 장성한 손자 손녀들과 행복한 시간을 가졌다고 두 분의 따님은 전했다. 장경례 지사는 1997년, 84살을 일기로 숨을 거두었으며 돌아가시기 전인 1990년, 정부로부터 건국훈장 애족장(1983년 대통령표창)을 받았다. 유해는 국립대전현충원 지사 제2-709 묘역에 모셨으며 마침 미국에서 올케언니 가족이 방한 중이라 11월 초순에 어머니 묘소를 찾아갈 예정이라고 전했다. 화목한 가족의 모습을 지켜보면서 장경례 지사의 삶을 되돌아본 시간은 매우 뜻깊은 시간이었다.

14 천안 아우내 장터서 조선인 학살에 저항한 "최정철"

"이놈들아! 내 자식이 무슨 죄가 있느냐! 내 나라 독립만세를 부른 것도 죄가 되느냐! 이놈들아! 나도 죽여라!" 이는 천안 아우내장터 만세운동에 가담하여 현장에서 순국한 최정철(崔貞徹, 1853.6.26. ~ 1919.4.1.) 지사 무덤 묘비석에 적혀 있는 글이다.

무덤을 찾아 간 2018년 11월 28일(목)은 몹시 추운 날씨로 금방 눈이라도 쏟아질 듯 하늘은 잿빛으로 물들어 있었다. 길찾개 (네비게이션)로 찍은 충남 천안시 동남구 병천면 가전리 산 8-6 지점은 생각 보다 넓어 무덤을 찾기가 쉽지 않았다. 간신히 여기저기 기웃거리다가 찾은 최정철 지사의 무덤 앞에 서니 왠지 가슴이 먹먹했다.

무덤 앞자락에는 아드님 김구응 의사 (義士, 1887.7.27.~1919.4.1.)의 무덤이 자리하고 있고, 바로 위쪽에 최정철 지사가 잠들어 있었다. 어머니와 아들이 일제의 총칼에 찔려 같은 날 비명에 순국하여 제삿날이 같은 이런 비극의 역사가 어디에 또 있겠는가!

> "천안군 병천시장에서 의사 (義士) 김구응이 남녀 6400명을 소집하여 독립선언을 할 때 일본헌병 (일경)이 조선인의 기수 (旗手, 행사 때 대열의 앞에 서서 기를 드는 일을 맡은 사람, 곧 조선인들)를 해치고자했다. 조선인들은 맨손으로 이를 막느라 피가 낭자했다. 그러자 일본헌병은 이들의 복부를 칼로 찔러 죽음에 이르게 하는지라 김구응이 일본헌병의 잔인무도함을 꾸짖자 돌연 총구를 김구응에게 돌려 그 자리에서 즉사케 했다. 김구응은 머리를 맞아 순국했으나 일본헌병은 사지 (四肢)를 칼로 난도질

했다. 이때 김구응의 노모 (최정철 지사)가 일본헌병을 향해 크게 질책하
자 노모마저 찔러 죽였다."

－『한국 독립운동사략 (韓國 獨立運動史略)』, (김병조 지음, 1920.6.),
이 책은 국한문혼용이지만 이해가 어려워 필자가 이해하기 쉽게 번역함, 76쪽 －

천인공노할 일이란 바로 이런 일을 두고 말함일 것이다. 그렇게 어머니와 아
들은 천안 아우내장터 만세 시위날인 1919년 4월 1일 함께 순국의 길을 걸
었다. 김구응 의사 32살이요, 최정철 지사 67살이었다.

겨울 찬바람 한 자락이 휙 하고 지나간 모자 (母子)의 무덤은 적막감만 일었
다. 어머니와 아들의 무덤 앞 돌비석에는 1919년 4월 1일 천안 아우내장터
만세 시위 상황이 깨알같이 빼곡히 적혀있었지만 그 누가 있어 이들 모자가
천안 아우내장터의 만세운동을 주도한 인물임을 알랴! 무심한 건 세월뿐이
아니었다.

하지만 다행히도 이들 모자의 장렬한 순국을 기록해둔 분이 있었다. 바로『한
국 독립운동사략 (韓國 獨立運動史略)』을 지은 김병조 (金秉祚, 1990년 건국훈장

진명여학교를 세워 운영하던 성공회의 병천교회 여신도를(1915)

성공회 병천교회와 진명학교 건물(1915년)

대통령장) 선생이다. 김병조 선생은 민족대표 33인의 한분으로 상해에서 임시정부에 관여하면서 3·1 만세운동이 일어난 이듬해인 1920년 6월 『한국독립운동사략 (韓國 獨立運動史略)』을 지었다.

이 책은 최정철 지사와 김구응 의사의 천안 아우내 장터 만세운동을 다룬 최초의 책이자 3·1 만세운동이 일어난 바로 이듬해에 나온 책으로 이 책을 통해 아우내 만세운동 당시의 정확한 실상을 알 수 있다.

이 책과 같은 해에 나온 책으로는 박은식 선생의 『한국독립운동지혈사 (韓國 獨立運動之血史)』(1920, 상해, 572쪽)도 있는데 이 책도 천안 아우내장터 만세운동을 다루고 있다. 이 책에서는 천안 아우내장터의 주모자를 김구응 (主謀者 金九應) 의사로 기록하고 있다. 그간 우리는 천안 아우내장터의 만세운동 주모자를 유관순 열사로 알고 있지만 이 두 책의 "천안 병천 (아우내)독립운동편"에 유관순 열사 이름은 나오지 않는다.

"증조할머님 (최정철 지사)은 안동김씨 집안으로 시집오셔서 현모양처로 한 집안의 살림을 잘 꾸려가셨습니다. 효부로 소문난 증조할머님은 3·1 만세운

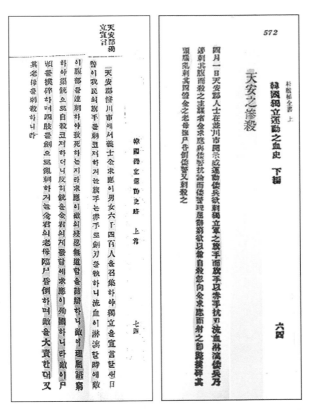

1919년 만세운동 1년 뒤에 나온 〈한국독립운동사략〉과 〈한국독립운동지혈사〉에는 천안 아우내장터 만세운동 주모자로 김구응과 어머니 최정철 지사 이름만 나온다

동이 일어나기 1년 전 증조할아버님을 여의고 슬픔이 채 가시기도 전에 1919년 4월 1일 아우내 지역 만세운동의 주모자인 아드님 김구응 의사가 왜경에 총살당하는 것을 지켜보셔야했습니다. 그리고 증조할머님 자신도 만세 현장에서 아드님과 함께 총검에 무참히 살해당하셨지요. 왜경은 증조할머니(최정철 지사)와 할아버지(김구응 의사)를 총으로 쏘고 총검으로 난자하는 참극을 저질렀습니다."

최정철 지사의 이야기를 듣기 위해 2018년 11월 26일 (화)에 만난 증손자 김운식 (69살) 씨는 그렇게 증조할머님의 이야기를 꺼냈다. 지금으로부터 98년 전 이야기이니 만치 증손자 역시 기록과 구전에 의존할 수밖에 없는 노릇이었다. 필자 앞에 내놓은 증조할머니와 할아버지의 기록들을 살펴보면서 증손자가 타준 따뜻한 차 한 잔을 들기 무섭게 필자는 말했다.

"천안 아우내장터의 주모자가 할아버지 김구응 의사 (義士)라는 이야기는 미처 몰랐습니다. 저는 유관순 열사가 주모자인줄 알았거든요."

필자의 말에 증손자 김운식 씨는 답했다.

"3·1 만세운동 때 유관순 열사는 16살이었습니다. 그러나 그때 한학과 신학문을 겸비한 할아버지(김구응 지사)는 그때 32살이셨고 당시 성공회에서 운영하는 진명학교 교사였지요. 이 보다 앞서 할아버지는 병천면 가전리에 청신의숙 (淸新義塾)이란 학교를 세워 학생들을 가르쳤고 이후 감리교에서 운영하는 근대식학교인 장명학교 (長命學校)를 거쳐 진명학교에 재직 중이셨지요." 증손자인 김운식 씨는 그렇게 말하며 잠시 말끝을 흐렸다.

"할아버지는 진명학교 교사 생활을 하면서 많은 제자와 지역 유지들과 친분 관계를 맺고 계셨습니다. 그러한 폭 넓은 인맥관계 형성이 아우내장터 만세운동을 계획하는 데 큰 밑거름 역할을 하셨던 것입니다." 증손자는 말을 이어갔다.

사실 일제 강점기에 민중 못지않게 억압과 탄압을 받은 것은 종교였다. 진명여학교를 만들어 민족교육을 실시하던 성공회도 예외가 아니어서 모든 선교사들이 추방을 당하고, 교회에서 운영하던 사립학교가 문을 닫는 지경에 이르렀다. 특히, 충남 아우내(병천)에서 있었던 '아우내장터 만세운동'에 성공회가 깊이 관여하면서, 일제에 의한 탄압은 가중되었다. 1919년 4월 1일 아우내장터 만세운동은 성공회병천교회가 운영하던 진명학교의 교사 김구응의 지휘 아래 교인들과 지역유지, 젊은 청년, 학생들이 아우내장터에서 독립선언문을 낭독하고 만세운동을 전개하였던 것이다.

증손자 김운식 씨는 필자에게 논문 〈성공회 병천교회의 3·1 아우내 만세운동에 대한 기여〉 (전해주. 2006. 성공회대학 석사논문) 한편을 건네주었다.

이 논문에는 천안 아우내 장터의 만세운동 주모자가 김구응이었다는 것을 소상히 밝혀주고 있었다. 뿐만 아니라 유관순 열사가 한국의 잔다르크, 독립의 여전사로 부각된 이유를 다음과 같이 쓰고 있다. (전해주, 논문 35~36쪽)

"김구응 지사가 순국하고 난 뒤 광복을 맞이하기 전까지 26년간 마을에서는 만세운동을 기념한다거나 희생자 추모 같은 것은 꿈도 꿀 수 없었다. 그렇게 천안 아우내 독립운동도 모든 이들의 기억에서 사라지고 있었다.

그러다가 해방 후, 이 지역출신이면서 아우내 만세운동을 주도한 인물 가운데 하나인 조인원의 아들이기도 한 독립운동가 조병옥 박사 (1894 ~ 1960) 가 대한민국정부수립에 입각함으로써 이 지역 만세운동이 새로운 조명을 받기 시작했다. 조 박사는 대한민국정부수립 (1948)과 함께 경무장관, 대통령특사, 유엔 한국대표 등을 겸직하면서 대한민국 정부의 정통성과 민족적 구심점을 찾기에 고심한다.

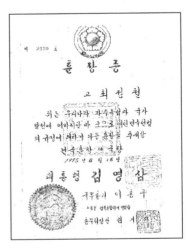

최정철 지사의 훈장증

그는 같은 동네의 유관순을 생각해내고 그녀를 한국의 잔다르크로 여전사로 부각시킨다. 또한 조 박사 자신의 정치적 입지를 위해서도 자신의 부친 조인원이 아우내 만세운동에서의 주동자중 한사람이며 현장에서 죽음을 맞았다는 것을 알리는 등 독립운동가 집안이라는 것을 내세우기 위한 것도 동기가 되었을 것이다. 그래서 그는 유관순을 주인공으로 하는 영화 제작을 추진하기에 이른다. 이 영화는 볼거리가 없던 당시 공전의 히트를 쳤으며 그 후 1962년에도 역시 이를 소재로 한 같은 영화가 제작되어 교육목적으로 대한민국 학생이라면 모두 단체관람하기에 이른다.

그리고 이후 유관순 열사는 1962년 대한민국 건국훈장 독립장이 추서되고 (실제 주동자인 김구응 의사는 1977년이 되어서야 대통령 표창 (1991년 애국장)) 그 후 계속해서 병천에 그녀를 기념하기 위한 각종 사업들이 줄을 이었으며 그 결과 유관순 기념교회 건립 (1967), 추모각과 봉화탑 건립 (1972), 유관순 열사 동상 건립 (1983), 유관순 생가 복원 (1991), 유관순 기념관 건립 (2003) 등이 이루어진다."

하지만 논문을 쓴 전해주 씨나 최정철 지사의 증손자인 김운식 씨는 이러한 사항을 두고 오해해서는 안 되는 점이 있다고 강조했다. 바로 유관순 열사의 고귀한 독립운동 이야기가 폄훼(貶毁, 남을 깎아 내려 힐뜯음)되어서는 안 된다는 이야기였다. 물론 나 역시도 그 점에 대해서는 공감하는 바다. 유관순 열사야 말로 만세 현장에서 아버지 어머니를 비롯한 7명의 친인척을 잃은 당사자이며 본인도 만세운동을 부르다가 옥중 순국을 한 몸이 아니던가!

논문을 쓴 전해주 씨는 "유관순 열사는 감옥에 잡혀 방대한 재판 기록이 있지만 김구응 의사는 당일 현장에서 바로 순국하는 바람에 재판 같은 기록이 없을 뿐 아니라 순국 뒤에 일제로부터 해방되기 전까지 남은 가족들이 입을 피해를 생각하여 그 어떤 기록 같은 것을 남기지 않은 것이 김구응 의사를 제대로 평가하지 못한 이유"로 보았다.

최정철 지사의 증손자 김운식 씨가 자료를 내보이며 독립운동 이야기를 들려
주었다.

최정철 지사의 증손자인 김운식 씨와 헤어져 돌아오면서 그가 왜 이 논문을
내 손에 들려주었는지 곰곰 생각해 보았다. 특히 3·1 만세 운동이 일어난 이
듬해의 역사책으로 1920년에 나온 김병조 선생의 『한국독립운동사략 (韓國
獨立運動史略)』과 박은식 선생의 『한국독립운동지혈사(韓國獨立運動之血史)』에
나오는 천안 아우내장터 만세운동 기사 속에 "주모자 김구응" 부분은 몇 줄
안 되지만 의미심장한 내용이었다.

역사의 소중한 순간을 기억한다는 것은 두말할 나위 없이 중요한 일이다. 더
군다나 나라를 잃고 혈혈단신으로 고군분투한 독립투사들의 이야기는 우리
로 하여금 옷깃을 여미게 한다. 98년 전, 천안 아우내장터 만세운동 주모자
로 현장에서 일제의 총칼을 맞고 순국한 김구응 의사, 그리고 그런 참극을 지
켜보며 일제를 향해 "나라를 되찾겠다고 만세 운동을 한게 무슨 죄냐?"고 호
통을 치며 숨져간 최정철 지사 모자 (母子) 이야기는 눈물 없이는 들을 수 없
는 생생한 실화요, 독립운동사에 영원히 기록될 장렬한 이야기였다.

한날 한시에 순국한 최정철 지사 무덤(위) 아래는 아드님 김구응 의사 무덤. 충남 천안시 동남구 병천면 가전리 산 8-6

그러나 천안 아우내장터의 만세운동을 한 주모자의 무덤은 안내용 팻말도 없이 쓸쓸했다. 나는 무덤 가에서 3년 전 광복 70주년(2015)을 맞아 국회에서 있었던 대토론회를 떠올렸다.

그때 나는 "여성독립운동가를 어떻게 알릴 것인가?"라는 주제로 토론회에 참석했는데, 이러한 주제를 설정한 까닭은 유관순 열사 외에 우리 국민이 알고 있는 여성독립운동가가 너무나 빈약한 실정을 평소 안타깝게 생각하고 있었기 때문이다.

토론회에서 나는 유관순(1902~1920,18살) 열사보다 1살 어린 나이로 서대문 형무소에서 순국한 동풍신 (1904~1921,17살) 열사를 비교 조사하여 발표했었다. 그 자료를 토대로 보면 유관순 열사에 관한 단행본은 17권, 논문은 150여 편, 영화, 다큐 등 EBS 5부작 프로그램 외 다수, 기념관 182,169 ㎡(55,000여 평)에 추모관, 기념관, 체육관 등의 시설을 갖추고 있음을 밝힌 적이 있다. - 광복 · 분단 70주년 기념 대토론회, 〈통일의 길 한국여성, 독립운

증손자 김운식 씨와 대담하는 필자

동에서 찾다〉, "여성독립운동가를 어떻게 알릴 것인가?" 이윤옥, 2015.2.25. 국회의원회관 대회의실, 자료집 80쪽 참조 –

새삼 김구응 의사와 최정철 지사 이야기를 하면서 유관순 열사 이야기를 꺼낸 것은 유관순 열사도 훌륭한 의인 (義人)이지만 이 모자 (母子)야 말로 천안 아우내장터 만세운동의 주역이라는 점을 말하고 싶었기 때문이다.

"저는 증조할머니(최정철)와 할아버지(김구응)가 독립투쟁에서 보인 용기있는 행동에 존경심을 가지고 있습니다. 진명여학교 교사 등을 하면서 지역 유지로서 아우내장터 만세 운동을 이끌다가 한날 한 시에 순국의 길을 걸은 두 분의 삶을 기억하는 우리가 되었으면 합니다"

무덤을 내려오면서 나는 증손자 김운식 씨가 한 말을 떠 올렸다. 비록 찾는 이가 없는 쓸쓸한 무덤이지만 조국의 독립을 위해 값있는 죽음을 맞이한 모자(母子)의 삶은 결코 헛되지 않았다고 생각했다. 그들의 헌신으로 조국이 광복을 맞이했기 때문이다.

2장

광복군으로
활약한
여성독립운동가

15 젖먹이 보듬으며 광복군으로 뛴 "김봉식"

"아버님은 광복군 출신으로 이름은 황영식입니다. 그러나 그동안 황영석이라는 이름의 가짜 독립운동가가 아버님 대신 대통령표창장을 가로채는 바람에 각고의 노력 끝에 28년만인 1991년 4월 13일, 건국훈장 애국장을 추서받아 아버님 영전에 바쳤습니다. 그러나 좀 더 일찍 아버님 살아생전에 훈장을 받았으면 얼마나 좋았겠습니까?"

2018년 10월 28일 일요일 낮 2시, 부산의 한 아파트에서 만난 황영식(본명 황차식, 1913~1969) 지사의 아드님인 황부일(63) 씨는 눈시울을 붉히면서 이렇게 말을 꺼냈다. 아버지 황영식(1991년 애국장 추서)과 어머니 김봉식(1990년 애족장 추서) 지사는 부부 독립운동가로 황부일 씨는 당시 자료를 보여주면서 가짜 독립운동가 이야기를 이어나갔다.

"이것이 가짜 황영석이 가로챘던 대통령표창장입니다. (지금은 회수하여 황부일 씨에게 전달된 상태) 여기 보시면 1963년 8월 13일, 국가재건최고회의의장이 발행한 것으로 되어 있습니다. 이 시기는 아버님(황영식)이 살아 계실 때였는데 가짜가 표창장을 가로채는 바람에 아버님은 살아생전에 당신의 독립운동 공적을 나라로부터 인정받지 못한 상태로 1969년 눈을 감으셨습니다."

참으로 황당한 일이 벌어졌다. 황영식 이름 끝자 부분의 '식'자와 비슷한 '석'자 이름의 가짜가 아버지에게 돌아가야 할 표창장을 가로채버린 것이었다. 엉뚱한 사람에게 도둑맞은 표창장을 되돌리기 위해 황부일 씨는 생업을 팽개치고 증빙 서류를 챙겨 부산에서 서울 보훈청(지금의 보훈처)을 여러해 드나들

아버지 황영식 씨가 받아야 할 표창장을 가짜 독립운동가 황영석 씨가 가
로채 28년 만에 돌아온 표창장을 들고 있는 아드님 황부일 씨

1963년 국가재건최고회의의장 명의로 발행한 대통령표창장에는 황영식이라고
되어 있었는데 19년간 황영석이라는 사람이 '식'자를 '석'자로 고쳐서 황영식 행
세를 했다. 이후 이 표창장은 다시 '식'자로 고쳐 황영식 아드님인 황부일 씨 품으
로 돌아왔다.

광복군 출신 황영식 지사와 훈장증, 생전에는 받지 못하고 사후 22년(1991년) 만에야 추서 받았다.

었다. 그 때 일을 두 번 다시 떠올리기 싫은 듯 황부일 씨는 대담 내내 시선을 먼 곳에 두었다.

사실 필자는 여성독립운동가들의 발자취를 찾아 글을 쓰는 사람이라 이번에 황부일 씨의 어머니인 광복군 출신 김봉식 지사를 취재할 생각이었다. 그래서 부산에 살고 있는 황부일 씨의 전화번호를 어렵사리 알아내자마자 전화를 걸었다. 신호음이 울리고 상대방의 목소리가 들리기 무섭게 필자는 대뜸 "아버님도 혹시 독립운동을 하셨습니까?"라고 물었다. 대답은 "맞다"는 것이었다.

황부일 씨 부모님은 부부 독립운동가지만 국가보훈처 공훈록에는 어머니 김봉식 지사나 남편 황영식 지사 어느 쪽에도 부부라는 표기가 없어 필자는 황부일 씨 어머니(김봉식 지사) 혼자서 독립운동을 한 줄 알았다. 하지만 대개의 경우 부부가 함께 독립운동을 한 예가 많은지라 통화가 되자마자 아버지의 독립운동 여부를 물었던 것인데 아뿔사! 아버지의 독립유공 열매를 엉뚱한 사람이 가로챘다는 말에 단숨에 부산으로 달려갔다. 황부일 씨는 아버지와 어머니에 대해 이야기를 이어나갔다.

대한민국임시정부 주화 대표단,(1946.4) 주화대표단은 임시정부 환국 후 중국내 동포 및 잔무처리를 위해 만든 조직으로 맨뒤에서 화살표가 가르키는 분이 황영식 지사

"아버지는 26살 때인 1939년 말 고향인 경북 영일을 떠나 중국으로 건너가셨습니다. 1940년 한국광복군에 입대해 중국군 중앙전시간부훈련단 한청반(韓靑班)에서 군사훈련을 받았습니다. 이어 이범석 장군이 이끌던 중국 서안의 광복군 제2지대에 배속되어 활동하였습니다. 어머니는 1940년 2월 한국청년전지공작대에 입대하여 항일투쟁을 하던 중 1940년 9월 한국광복군이 창군되자 중국 서안에 본부를 둔 광복군 제5지대에 편입되었습니다. 이후 1942년 5월 제5지대가 제2지대로 개편됨에 따라 아버지와 같은 제2지대 대원으로 활약했지요.

아버지는 이후 1944년 4월 한국독립당에 입당하였으며, 그해 6월 대한민국임시정부(이 무렵 임시정부는 중경에 있었음) 내무부 자리로 옮겨 백범 김구 주

어머니 김봉식 지사의 훈장증, 어머니 사후 21년만인 1990년에 추서받음

석의 경호원(경위대원)이 되어 활동하셨습니다. 아버지는 영어, 일어, 중국어에 능통했으며 1945년 6월에는 광복군 총사령부로 발령이 나서 경리처 소속의 양복과원(糧服科員)으로 복무하였습니다. 양복과원이란 말 그대로 군대의 식량과 의복을 책임지는 부서로 요즘으로 치면 군수과 또는 병참부서에 해당할 겁니다."

광복 후 고국으로 돌아온 황영식 지사는 국군의 전신인 국방경비대에 입대했다가 국군이 창설되면서 육사7기로 졸업하여 장교로 복무했다. 그 뒤 1961년 육군중령으로 예편했다. 그때 황영식 지사 나이 48살 때였다.

"나중에 안 일이지만 당시에 육사 7기는 전반기와 후반기로 나눠서 뽑았는데 전반기에 지원한 경우, 광복군 출신에게는 특혜가 있었음에도 아버지는 일부러 후반기에 지원하셨습니다. 그 까닭을 지금 생각하니 아버지께서 욕심이 없으셨던 것 같습니다. 전역 시에 받은 얼마 안 되는 퇴직금으로 아버지는 부

맨 앞줄 오른쪽에서 5번째 꼬마가 군복을 입고 있는데 이 아이는 김봉식,황영식 부부 광복군의 큰아들이고, 맨 뒷줄 오른쪽 세번째가 김봉식 지사, 열번째가 황영식 지사. 당시에는 이와같이 아기를 낳은 여성들이 광복군으로 활약했다. 한국광복군 제 5지대 성립 기념(1941.1.1)

산시내에서 양과점(제과점)을 냈지만 오래가지 않아 문을 닫았고 56살로 숨을 거두기까지 매우 어려운 생활을 하셨습니다. 공교롭게도 어머니가 1969년 4월에 돌아가시고 아버지는 3달 뒤인 7월에 돌아가셨습니다."

중국에서 광복군 활동한 것을 인정 받아 황영식 지사는 1963년 8월 13일, 다른 광복군 출신 323명과 함께 대통령표창장을 받기로 되어있었으나 당시 행정당국의 안이하고 무성의한 독립유공자 행정 처리로 독립운동을 한 적이 없는 엉뚱한 황영석(82년 사망) 씨에게 표창장이 수여되고 말았던 것이다. 이때 당시 담당자가 조금만 관심을 가졌어도 이런 어처구니 없는 일은 일어나지 않았을 것이라고 황부일 씨는 말했다. 왜냐하면 당시에 아버지와 같이 광복군 활동을 한 분들이 많이 생존해 계셨기 때문에 '황영석' 이라는 이름은

광복군 출신 아버지 황영식 지사의 아드님 황부일 씨는 대담 내내 착잡한 표정을 지었다.

광복군으로 활동하지 않았다는 것을 금방 알 수 있었을 것이라고 지적했다. 더욱이 표창장이 수여될 무렵 황부일 씨는 어렸기때문에 부모님의 독립운동 서훈에 대한 사실을 잘 몰랐다고 했다.

그러다가 황부일 씨가 아버지의 독립운동 사실을 알게 된 것은 1983년으로 28살 때의 일이었다. 우연한 기회에 숙부(황정식 씨)로부터 아버지가 광복군이었다는 사실을 전해 듣고 그때부터 전국의 광복군 출신자들을 찾아다니면서 증빙 자료를 수집하여 보훈처에 신청하는 과정에서 1987년, 아버지 황영식 지사가 받아야 할 표창장이 황영석이라는 엉뚱한 사람에게 수여된 사실을 알게 되었다.

이때부터 황부일 씨는 잘못 수여된 아버지의 표창장을 되찾아오는 싸움을 시작했다. 하루 벌어먹고 살기도 힘든 마당에 부산에서 서울 총무처(당시에는 총무처에 보훈신청을 했음)까지 오르내린 것만도 수십 차례였다. 각고의 노력 끝에 1963년 대통령표창이 엉뚱한 사람에게 수여된지 28년만인 1991년 4월 13일, 감격의 건국훈장 애국장을 추서 받아 아버지의 명예를 회복할 수 있었다.

그러나 아버지의 건국훈장 애국장을 추서 받기까지 황부일 씨가 겪은 고초는 이루 말할 수 없는 노정이었다. "보훈처와 총무처에서는 엉뚱한 사람에게 아버지의 표창장을 수여한 사실이 드러날까봐 무려 3년여 동안 15차례의 증빙 서류 보완을 요구하며 이 문제를 지연시켰다"며 혀를 찼다. 황부일 씨는 끈질긴 집념으로 생계도 팽개친 채 아버지의 명예를 회복한다는 일념으로 뛰어다닌 끝에 1987년 보훈청(현 보훈처)으로 부터 "황영석 씨에게 수여된 표창장은 오류였다"는 시인을 받아내는 데 성공했다.

그동안 보훈처가 시간을 질질 끌면서 증빙 서류를 보완하라고 지시하는 바람

가짜에게 빼앗긴 아버지 표창장을 되찾아 오느라 5년이 걸린 황부일 씨 기사가 실린 1991년 4월 13일 부산일보 기사

에 전국에 흩어져 있던 광복군 출신의 아버지 동료를 찾아다니는 등 생업에 위협을 받으면서도 포기하지 않았던 것은 오로지 광복군 출신 아버지의 명예를 회복하기 위해서였다. "영영 묻힐 뻔했던 아버지의 공적이 도둑맞았다는 사실을 알고 어느 자식이 포기하겠는가?"라고 황부일 씨는 필자에게 되물었다.

이러한 아드님의 노력 끝에 1991년, 드디어 아버지 황영식 지사는 건국훈장 애국장을 추서받게 되었다. 아버지의 독립유공자 신청을 하겠다고 나선 이래, 가짜가 표창장을 수여받은 사실을 뒤늦게 알고 그것을 되찾아오기 위한 투쟁의 순간들이 주마등처럼 지나갔다. 광복군이자 김구 주석의 경호원으로 활동하던 아버지의 명예가 담긴 표창장을 되찾기까지 걸린 5년의 시간은 아드님 황부일 씨에게는 너무나 고통스럽고 힘든 시간이었다. 아버지의 훈장은 어머님이 1990년에 건국훈장 애족장을 추서 받은 1년 뒤의 일이다. 훈장은 어머님의 경우 사후 21년 만에, 아버지는 사후 22년 만에 추서 받은 것이다.

"지금도 용서가 어려운 것은, 당시 아버지가 광복군으로 활동한 사실을 입증하는 온갖 서류를 갖춰 제출해도 계속 차일피일 미루며 검토해주지 않았던 점입니다. 안이하고 무성의한 태도로 정확한 확인도 하지 않은 채 이미 가짜에게 표창장이 발급되어 버리고 나자 보훈처는 스스로 실수를 인정하지 않으려고 미온적인 자세를 취했던 것이지요. 하도 질질 끌기에 이상하다 싶어 알아보니 실무차원에서는 가짜에게 표창장이 발급된 것을 인정하고 있었지만 윗선에서 결재 도장이 안난다는 이야기를 들었을 때 거대한 벽에 부딪힌 심정이었습니다. 이런 기가 막힌 일이 세상천지에 어디 있습니까? 죄지은 사람 취급을 당하면서 구걸하다시피 보완서류를 접수하고 나면 가서 기다리라고 하고 감감무소식일 때 가장 큰 비애를 느꼈습니다."

당당한 광복군이요, 대한민국 임시정부 김구 주석의 경호원 출신이던 아버지 황영식 지사의 공적을 입증하는 일은 다행히 광복군 출신의 아버지 동료들이 너도나도 흔쾌히 인우보증을 서줘서 어려움이 없었다고 한다. 하지만 그러한 서류를 몇 해씩 담당자 서랍 속에 잠재웠던 공무원들의 처사는 지금 생각해도 용서하기 어려운 일이라고 황부일 씨는 힘주어 말했다.

"아버지는 어머니와 중국 서안의 광복군 제2지대에 함께 있었지만 인우보증을 위해 광복군 출신 어르신들을 만나보니 오히려 어머니(김봉식 지사) 이름을 더 잘 알고 계셨습니다. 아버지는 제2지대에 있다가 중경에 자리한 임시정부의 김구 주석 경호원으로 떠나는 바람에 동지들이 더 오래 함께 복무했던 어머니 이름을 더 잘 기억했던 것이지요. 당시 광복군 출신으로 아버지의 인우보증을 서주었던 오서희(1922~1996, 1990년 애국장), 김상준(1916~1996, 1990년 애국장) 지사님 등의 노력은 지금도 잊을 수가 없습니다." 고 황부일 씨는 말했다.

그는 이어, "아버지는 영원한 광복군이셨습니다. 청렴한 군인의 본보기로 사신 분이란 걸 나중에 알게 되었지요. 당시 떠도는 이야기로 병참장교 도장 하나면 평생 먹고 살 재산을 마련했다는 이야기가 돌았지만 아버지는 집은커녕 방 한 칸도 없는 삶을 사셨습니다. 자식의 입장에서는 서운하지만 돌이켜보면 아버지는 잎새에 이는 한줄기 바람에도 걸림이 없는 대한의 진정한 광복군으로 살다 가신거지요. 어머니 역시 마찬가지입니다."

부인과 함께 부산에서 식당일을 하며 생계를 꾸려가고 있는 황부일 씨는 '진정한 광복군 출신 부모님'에 대한 자부심이 매우 컸다. 올 초 뇌경색이 온 뒤 지금은 회복중인 황부일 씨는 그러나 아주 정확한 발음과 기억으로 부모님의 독립운동 이야기를 들려주었다.

요즈음 가짜 독립운동가들이 판치는 뉴스를 보면서 황부일 씨는 과거 아버지의 표창장을 되찾기 위해 동분서주한 생각이 되살아난다고 했다. 꿈쩍 달싹도 안하던 거대한 바위 앞에서, 진짜 독립운동가 아들이 던지던 달걀이 그냥 깨져버린 것 같지만 그 바위를 끝내 뚫어냈으니 그 노고에 손뼉을 치고 싶다.

가짜독립운동가가 가로챈 아버지 표창장을 찾아오느라 5년간 고생한 이야기를 하는 황부일 씨

아드님의 끈질긴 추적이 아니었으면 광복군 황영식 지사는 아직도 서훈자 명단에 이름을 올리지 못했을 것이다. 아찔한 이야기다.

백번 양보해서 행정담당자가 실수를 했다고 쳐도 이에 대한 오류를 발견했다면 그 즉시 확인하여 해결해주는 것이 독립운동가를 예우하는 올바른 자세일 것이다. 온갖 서류를 가져오라고 헛걸음질을 여러번 시키면 스스로 지쳐 나가떨어질 것이라는 생각이 아니고서야 어찌 황부일 씨 같은 일이 벌어질 수 있단 말인가! 앞으로 국가보훈처는 이러한 일이 재발되지 않도록 철저히 포상자 관리를 해줬으면 하는 바람이다.

대담 중에 황부일 씨는 부모님과 관련된 사진과 관련 신문 자료 등을 필자에게 보여주었는데 그 가운데 눈에 띄는 기사가 있었다. 1993년 5월 20일 〈시사저널〉 기사로 '청와대 독립유공자 재심사'라는 제목과 함께 '문제점을 낱낱이 파악해서 개혁하겠다, 포상기준을 최초 공개한다'라는 부제목의 기사였다.

그로부터 25년이 지난 지금, 독립유공자와 관련된 문제점은 별로 개선되지 않은 것 같아 씁쓸하다. 그 장구한 세월이 흐르는 동안에도 가짜 독립운동가 (2018.10.1, 오마이뉴스, 20년 만에 밝혀진 가짜 독립운동가 집안의 진실) 들이 버 젓이 훈장을 타가는 일이 끊이지 않고 있지 않는가 말이다. 정말 가짜들을 발 본색원하는 일은 가능한 것인지, 그 방법은 무엇인지, 부부 광복군 황영식, 김봉식 지사의 아드님인 황부일 씨와의 대담을 통해 절실히 느꼈다.

16 광복군 총사령부의 꽃 "민영숙"

"어머님은 매사에 원칙을 지키시는 것을 매우 중요하게 여기셨습니다. 깔끔한 성격이셨고 한 치의 어긋남이 없이 반듯한 삶을 사셨습니다." 이는 민영숙(閔泳淑, 1920.12.27. ~ 1989.3.17.) 지사의 아드님인 권영혁 선생의 말이다. 민영숙 지사의 이야기를 듣기 위해 2018년 12월 18일, 필자는 인사동에서 아드님을 만났다. 이날 아드님과 동석한 분은 민영숙 지사의 사촌 여동생인 민영주 지사의 남동생 민영백 선생이었다.

"사촌 누님(민영숙 지사)은 매우 영특하셨습니다. 어릴 때 부모님을 여의셔서 저희 집에서 살면서 두 살 아래인 저희 누님(민영주 지사)과 함께 학교에 다니고 함께 광복군에 입대할 정도로 친 자매 이상으로 정을 나누신 분입니다." 민영백 선생은 민영숙, 민영주 지사가 사촌관계지만 친 자매 이상으로 가깝게 지냈다고 했다. 그것이 가능했던 것은 엄하면서도 자애로웠던 할머니(이헌경 지사, 2017. 애족장)의 따스한 보살핌이 있어 가능한 일이었다고 했다.

"외할아버지(민영숙 지사 아버지 민제호 지사)는 상해 임시정부에서 요직을 맡았던 이동녕, 이시영, 여운형 선생 등과 함께 활약하신 분입니다. 어머니는 어릴 때부터 독립운동가들의 귀여움을 받으며 일찍이 상해에서 동포 자녀들의 교육기관인 인성학교에 다니셨습니다. 뿐만 아니라 어머니의 큰오라버니인 민영구 지사는 광복군으로, 작은 오라버니인 민영완 지사는 중국 항주에서 중앙

결혼 전 민영숙 지사의 청순한 모습

항공학교를 졸업하고 항일독립운동에 뛰어들었던 분입니다." 민영숙 지사의
아드님인 권영혁 선생은 외할아버지(민제호 지사)와 외삼촌(민영구, 민영완 지
사)의 독립운동 이야기도 들려주었다.

뿐만 아니라 할아버지 (민영숙 지사의 시아버지)인 권준 지사의 이야기도 들려
주었는데 권준 지사는 1921년 북경에서 김원봉과 같이 의열단을 조직해서
활약한 분이며 아버지 권태휴 (민영숙 지사의 남편) 지사도 조선의용대에서 맹
활약했다고 했다.

민영숙, 민영주 지사는 광복군에 함께 지원하여 당당한 여자광복군으로 활약
하였다. 대한민국임시정부는 대일항쟁을 위한 준비로 1940년 9월 17일 중
경에서 한국광복군 총사령부를 창설하였다. 광복군은 창설 직후 총사령부와
3개지대를 편성하였으며 총사령부는 총사령 지청천, 참모장 이범석을 중심
으로 구성되었고, 제1지대장 이준식, 제2지대장 공진원, 제3지 대장 김학규
등이 임명되어 단위 부대 편제를 갖추었다. 총사령부는 약 30여명 안팎의 인
원으로 구성되었으며 초기 여자광복군으로 지원한 사람은 민영숙, 민영주,
오광심, 김정숙, 지복영, 조순옥, 신순호 등이었다. 여자광복군들은 주로 사
령부의 비서 사무 및 선전 사업 분야에서
활동하였다.

민영숙 지사의 사촌 여동생 민영주 지사.
친자매처럼 지낸 두 분 모두 광복군으로
활약했다.

민영숙 지사는 1940년 9월 17일 광복군
총사령부에 입대하였으며 1942년 2월,
중경 임시정부의 법무부 직원으로 근무
하였다. 1944년 4월에는 임시정부 법무
부 총무과에서 근무하였으며 같은 해 6
월 1일 임시정부 외무부 정보과원으로
일했다. 1944년 7월에는 회계검사원 조
리원(助理員)의 직을 맡아 일하는 한편,

대적(對敵) 방송에 참여하는 등 적극적으로 조국의 독립을 위해 헌신했다. 광복 후 고국에 돌아와서도 민영숙 지사는 사촌동생인 민영주 지사 가족과 가까이 지내다가 70살을 일기로 삶을 마감했다.

국가유공자 기장 수여증서(1986.19.14)

사촌간이면서 친자매처럼 지낸 민영숙, 민영주의 후손인 민영숙 지사의 아드님(권영혁 선생, 왼쪽)과 민영주 지사의 남동생(민영백 회장, 오른쪽)을 필자가 만나 대담했다.(2018.12.18.)

1) 민영숙 지사의 아버지 민제호 지사

민제호 (1890.3.24. ~ 1932.12.14) 지사는 경신학교를 졸업한 뒤 한성영어학교에 다니던 중 1910년 8월 29일 나라를 일본에 빼앗기게 되자 1913년 상해로 건너가 독립운동에 참여하였다. 이때 상해에는 신규식 선생의 주도로 조직된 동제사(同濟社)가 있었는데 민제호 지사는 이 단체에 가입하였으며 또한 상해 대한민국청년단(大韓民國靑年團)에도 가입하여 재무부장으로 활약하였다.

1919년 4월에 임시정부가 수립되고 의정원이 개원되자 민제호 지사는 이동녕, 이시영, 여운형 등과 같이 제2차 의정원 69명 중 한사람으로 뽑혀 1929년까지 활약하였다. 그해 5월 2일 임시정부 재원(財源) 마련을 위해 각 지방의원의 의견을 듣는 임시의정원회의에서는 구급의연금 모집, 인두세(人頭稅) 모집, 내외에 공채모집 등의 방법을 가결하였으며 제4차 의정원 회의에서 각 지방의 우선 구급의연금 모집 위원 3명씩을 뽑아 업무수행을 맡길 때 민제호 지사는 여운형, 박희선 등과 함께 경기도 위원으로 뽑혔다. 민제호 지사는 같은 해 8월에 출발된 대한적십자회 조직에 가담하여 30여명 가량의 뜻있는 인사를 모집하여 조직에 참여시켰다.

또한 1923년 김상옥 의사의 귀국을 주선, 종로경찰서에 폭탄을 던지는 의열활동을 뒷받침하였다. 같은 해 민제호 지사는 임시정부의 외곽단체인 상해 교민단의 서구위원(西區委員)으로 뽑혀 활약하였다. 1925년에는 임시의정원의 경기도 의원을 맡아 입법 활동과 구국에 필요한 안건을 통과시키는데 온 힘을 쏟았다. 1932년 이봉창과 윤봉길 의사 의거 뒤에는 일경의 수색망을 피하여 임시정부와 함께 항주(杭州)로 피신하였다.

피난지에서도 민제호 지사는 임정요인을 호위, 지원하였다. 그러나 그 과정에서 1932년 고생 끝에 병을 얻어 이국땅 항주(杭州)에서 43살을 일기로 숨졌다.

민제호 지사는 "대한민국이 완전 독립할 때까지는 어떠한 난관이 닥친다 해도 이를 극복, 합심하여 계속적인 투쟁이 있을 뿐이로다. 독립운동에는 가시밭길 같은 험난한 장애가 하나 둘이 아닌 것이니 이 또한 인내와 사명감으로 이기고 새로운 보람을 찾아 이 길로 매진하길 빌 뿐이로다."하고 간곡한 유언을 남긴 뒤 운명하였다고 한다.
정부에서는 고인의 공훈을 기리어 1990년에 건국훈장 애국장(1977년 건국포장)을 추서하였다.

2) 민영숙 지사의 큰오라버니 민영구 지사

민영구(1909.7.21. ~ 모름) 지사는 민영숙 지사의 큰오라버니이다. 아버지를 따라 상해로 건너가 인성학교를 거쳐 만국항해학교를 졸업하고 선장으로 일했다. 1940년 9월 광복군이 창설되자 입대하여 지달수·나태섭·김태산 등과 함께 주계장(主計長)에 임명되었다. 1941년 11월 광복군이 서안으로 이전할 때 경리를 맡아 광복군의 살림을 꾸려 나갔다. 1942년 12월에는 대한민국임시정부 재무부 직원에 임명되어 회계업무를 담당하였다.

1943년 독립운동가 가족을 사천성 기강에 안주시키는데 큰 역할을 하였으며, 같은 해 3월에는 광복군 총사령부의 주계과장(主計課長)에 임명되어 1944년 6월까지 계속 늘어나는 광복군 대원의 보급지원 등 조달업무에 심혈을 기울였다. 1944년 6월에는 다시 임시정부 내무부의 경무과원(警務課員)에 임명되어 1945년 1월까지 임시정부 요인의 경호업무를 맡았으며, 1945년 6월에 광복군 부령(副領)으로 광복군 총사령부

제2과에 소속되어 조국 광복 시까지 복무하였다. 정부에서는 고인의 공훈을 기리어 1963년에 건국훈장 독립장을 추서하였다.

3) 민영숙 지사의 작은오라버니 민영완 지사

민영완(1911.8.20. ~ 1976. 1. 19.) 지사는 민영숙 지사의 작은오라버니로 아버지를 따라 상해로 건너갔다. 1929년 7월 상해에서 임시정부 요인의 지도하에 청소년의 독립정신 계몽 등을 목적으로 조직된 화랑사(花郎社)의 총무 겸 재무간사로 뽑혀 임시정부를 지원하는 일에 온 힘을 쏟았다. 1930년 9월 중국 항주에 있는 중앙항공학교에 입학하여 항공기 조종술을 익힌 뒤 1933년 7월에 항공학교를 졸업하였다. 졸업과 동시에 민영완 지사는 동교 비행과 보험산실(保險傘室)에서 복무하였다.

그 뒤 1934년 2월부터 1942년 5월까지 중국 공군의 항주 제1총참(第1總站) 지하 공작원(工作員)으로 항일독립투쟁을 지속하였다. 1941년 대한민국임시정부가 5차 개헌을 단행, 주석·부주석 중심 지도체제로 바뀔 때 민영완 지사는 김구 주석의 밀령(密令)을 받고 상해 남경, 항주 등지에서 일본군의 정보 수집을 맡았다. 한편 민영완 지사는 1942년 5월부터 1944년 4월까지 운남성 곤명 소재 중국 중앙공군군관학교에서 보험산실장(保險傘室長)을 역임하였다. 그 뒤 광복군에 입대하여 총사령부에 복무 중 광복을 맞이하여 1945년 11월 23일 김구 주석 등과 함께 귀국하였다. 정부에서는 고인의 공훈을 기리어 1990년에 건국훈장 애국장(1977년 건국포장)을 추서하였다.

4) 민영숙 지사의 시아버지 권준 지사

권준(1895.5.2. ~ 1959.10.27.)지사는 민영숙 지사의 시아버지이다. 권준 지사는 경북 상주 출신으로 1917년 광복회 조직에 참여하여 격렬한

대구 상리공원에 세워진 권준 장군 흉상 제막식에서(2016.10.10.) 권준 장군의 손자 부부 권영혁, 손경숙 씨

항일투쟁을 펼치다가 만주로 망명하여 신흥무관학교를 졸업하였다. 1921년 북경에서 김원봉과 같이 의열단을 조직하고 군자금 조달, 폭탄 제조 등의 임무를 맡아 종로경찰서, 총독부, 동양척식회사 등의 폭탄 투척, 일본 동경 김지섭 지사의 이중교(二重橋) 폭탄 투척 등을 적극 지원하였다.

1926년에는 중국 황포군관학교에서 군사훈련을 수료(4기)하고 북벌전(北伐戰)에 참전하여 활약하였다. 같은 해 한구(漢口)에서 열린 한국, 중국, 인도, 몽고, 베트남, 대만인 등으로 조직된 동방피압박민족연합회에 한국대표로 참석하여 집행위원에 뽑혔다. 1932년에는 남경에서 중국정부의 후원을 받아 한국인군사학교를 설립하고 교관으로 독립운동 간부를 양성하는 한편 민족혁명당에 입당하여 활약하였다. 1934년에는 중국군 연장(連長)으로 독립운동을 측면 지원하면서 항일전에 참전하였다. 1944년 중경 임시정부에서 내무부차장에 임명되어 활약하다가 광

복을 맞이하였다. 정부에서는 고인의 공훈을 기리어 1968년에 건국훈장 독립장을 추서하였다

5) 민영숙 지사의 남편 권태휴 지사

권태휴(1917.1.10. ~ 1990.1.15.) 지사는 민영숙 지사의 남편이다. 권태휴 지사는 경부 상주 출신으로 1927년 가족을 따라 중국으로 건너갔다. 1937년 중일전쟁이 일어나자 중국 중앙군관학교 특별훈련반에 입교하여 1942년 6월에 군사교육을 마치고, 조선의용대에 입대하여 활동하였다. 1943년부터는 임시정부의 밀령을 받고 화중(華中) 일대에서 정보수집 등의 활약으로 독립운동에 헌신했다. 정부에서는 고인의 공훈을 기리어 1990년에 건국훈장 애국장(1977년 건국포장)을 수여하였다.

17 열네살 여자 광복군 용인의 딸 "오희옥"

"사나이 뜻을 품고 나라밖에 나왔다가
큰일을 못 이루고 몸두기 어려워라
바라건대 동포들이 죽기를 맹세하고
세상에 의리 없는 귀신은 되지 말지어다"

이는 안중근 의사가 의병을 이끌 때 쓴 시로 월호 (月湖) 오희옥 (吳姬玉, 1926 ~ 2020.2월 현재 생존)지사가 붓글씨로 쓴 글이다. 오희옥 지사는 여성독립운동가로 올해(2016) 91살의 나이임에도 건강한 생활을 하면서 독립운동 시절 이야기를 생생히 들려주는가 하면 여가시간을 활용해 붓글씨를 틈틈이 써 2016년 10월(10월11일~13일, 수원 보훈복지타운자치회 주최, 보훈서우회 주관)에는 전시회도 열었다.

오희옥 지사가 쓴 붓글씨 작품

91살의 나이가 믿기지 않을 정도로 고운 한복 차림으로 자신의 서예작품 앞에선 오희옥
지사

가끔 안부를 여쭐 겸 전화를 드리는데 마침 붓글씨 전시회를 한다고 하기에 2016년 10월 12일 수요일 오후, 오희옥 지사에게 달려갔다. 전시회는 '제16회 보훈가족 서예전시회'라는 이름으로 오희옥 지사가 사는 보훈복지타운 내 복지관에서 열리고 있었다. 전시장에서 고운 한복차림으로 필자를 맞이한 오희옥 지사는 붓글씨 동호회 회원들과 지난 1년간 갈고 닦은 실력을 유감없이 보여주었다.

"붓글씨는 78살에 시작했어요. 무릎이 아파서 활동 폭이 줄어들어 복지관에서 하는 붓글씨 강좌에 나가기 시작한 거지."

올 해로 12년째 묵향 속에 살고 있는 오희옥 지사는 평범한 할머니 같지만 사실은 일제강점기 중국에서 조국의 독립을 위해 활동한 분으로 생존해 계시는 몇 안남은 여성독립운동가다.

"중국 토교에서는 아주 어려운 생활을 했지. 아버지가 북경 감옥에 갇혀 계신 탓에 어머니가 삼남매를 길러야 했으니 오죽했겠어요?" 토교란 임시정부가

'제16회 보훈가족 서예전시회'에 출품한 회원들과 오희옥 지사(가운데)

중경에 있을 때 임시정부 요원들의 가족들이 중경에서 가까운 토교라는 곳에서 신한촌을 일궈 살던 곳을 말한다. 청화중학과 지척인 거리에 있던 신한촌은 필자가 찾아갔던 몇 해 전에는 화탄계(청계천 같은 큰 냇가) 건너편에 그 흔적만 남아 있었다.

"토교에서 정씨(정현숙 지사로 오희옥 지사의 어머니)는 홀로 삼남매를 키우느라 늘 궁색한 처지로 형편 필 날이 없었고 백범은 오광선의 가족들이 그렇게 고생하는 것을 안쓰럽게 생각하여 늘 관심을 가지고 지켜보았다.(중략) 영걸 어머니(정현숙 지사)는 고생이 심했다. 내가 다른 이들보다 특히 영걸 어머니에 정을 쏟고 희영이나(큰 따님) 희옥에게(작은 따님) 좀 더 잘해주려 한 것은 이런 이유에서였다. 영걸 어머니는 만주에서 농사 경험도 있고 몸도 건강해서 내 밭일을 많이 도와주었으며 나는 그 대신 그 집 삼남매의 옷가지 손질이며 이부자리 등 주로 바느질일을 도왔다."

이 말은 정정화 지사의 《장강일기》에 나오는 오희옥 지사의 어머니 정현숙 지사에 대한 이야기다.

아버지 오광선 장군과 어머니 정현숙 지사 모두 독립운동가다

나라 잃은 백성들의 타향살이가 오죽하련만 특히 오희옥 지사의 경우에는 아버지 오광선 장군과 떨어져 사는 바람에 고생이 더욱 컸다. 오광선 (1896~1967) 장군은 조선의 광복을 찾는다는 뜻에서 오성묵에서 광선 (光鮮)으로 이름을 바꿀 정도로 투철한 독립운동가였다. 오광선 장군은 이청천 장군과 함께 만주에서 서로군정서 (西路軍政署) 제 1대대 중대장으로 활약하는 한편, 신흥무관학교에서 교관으로 광복군을 양성하면서 대한독립군단 (大韓獨立軍團)의 중대장으로 맹활약을 한 분이다.

그러나 불행하게도 1940년 1월 북경에서 왜경에 체포되어 신의주 형무소에서 옥고를 치르는 등 가족과 만나지 못한 채 10여 년간 생사를 모르고 살다가 광복 뒤 귀국하여 서울에서 만나게 된다.

오희옥 지사 일가는 온 가족이 독립운동에 뛰어든 가족이다. 할아버지 오인수 의병장(1867~1935)은 용인·안성·여주 일대에서는 그의 솜씨를 따를 자가 없을 만큼 명포수로 이름을 날렸는데 1905년 일제가 을사조약을 강제 체결하자 의병활동에 뛰어들었다. 그러나 친일단체 일진회의 밀고로 그만 8년형의 징역형을 받고 서대문형무소에서 복역하게 된다. 이후 1920년 겨울 만주

통화현 합리화 신흥무관학교에서 독립군을 양성하던 아들 오광선을 찾아 망명하여 독립운동을 이어갔다.

그런가 하면 어머니 정현숙 (일명, 정정산, 1900~1992) 역시 만주에서 독립군의 뒷바라지와 비밀 연락임무를 수행했으며, 1944년에는 한국독립당 (韓國獨立黨) 당원으로 조국의 독립을 위해 투쟁했다. 한편 언니 오희영 (1924~1969)과 형부 신송식 역시 민족혁명당원으로서 조선의용대 (朝鮮義勇隊)와 한국광복군 총사령부 참모처 제 1 과에 소속되어 광복군 참령 (參領)으로 활약했다.

"어린 시절 아버지는 일본놈들 글을 배우면 안 된다고 하면서 한글 공부를 시켰지요. 만주에서 소학교에 들어갔는데 일본교과서를 보시고는 학교를 중단시켰지요. 그 뒤 북경에서 겨우 1학년을 마치고는 천진, 남경, 광동, 기강, 유주, 토교 등지로 임시정부와 함께 피난길에 올라 제대로 학교 공부를 이어가기가 어려웠습니다. 기강에서 5학년을 겨우 끝내고 토교로 와서 6학년을 마쳤습니다."

오희옥 지사처럼 독립운동가 집안의 자녀들은 망국의 설움을 고스란히 짊어져야했다. 타국에서 먹고 살기 힘든 상황에서 제대로 된 교육을 받기가 쉽지 않았음은 굳이 따로 설명을 듣지 않아도 짐작할 수 있는 대목이다.

"청화중학에서는 그래도 행복한 시간이었지요. 수영대회에 나가서 상장을 타왔더니 어머니가 무척 기뻐하시던 모습이 선합니다." 아무렴 왜 아니 기쁘지 않겠는가? 망국노로 놀림을 받던 조선의 딸이 중국인 아이들과 겨뤄 당당히 상장을 타왔으니 교포사회의 큰 기쁨이기도 했다.

오희옥 지사는 1939년 4월 중국 유주에서 결성된 한국광복진선청년공작대 (韓國光復陣線靑年工作隊)에 입대하여 일본군의 정보를 수집하고, 독립군을 모으면서 한편으로는 연극·무용등을 통한 독립군들을 위문하는 활동을 했다.

어머니 정현숙 지사의 친정집 용인에서 필자와 함께 선 오희옥 지사

그의 나이 14살 때의 일이다. 공작대의 활동은 1941년 1월 1일 광복군 제 5 지대 (第 5支隊)로 편입될 때까지 이어졌다. 이후 1944년에는 한국독립당 (韓國獨立黨)의 당원으로 활동하였다.

"토교에서 광복을 맞았지요. 그러나 곧바로 귀국하지 못하고 근 1년이 지난 뒤에 상해에서 배를 타고 부산에 도착했습니다. 인천으로 들어오지 못하고 부산으로 들어 온 것은 당시 장티프스가 창궐하여 질병 관리 차원에서였던 것으로 압니다."

해방된 조국 서울에서 오희옥 지사는 꿈에 그리던 아버지를 만났다. 그리고는 중국의 학적을 인정받아 진명여고 4학년에 편입한 뒤 졸업 후 수원의 매산초등학교에서 교사의 길을 걷기 시작하여 줄곧 교단에서 어린꿈나무들을 가르치다가 정년을 맞았다. 30년 전의 일이다.

"진명에 다닐 때는 성적이 우수했지요. 중국어를 잘하는데다가 중국에서 배운 영어 실력도 만만치 않았으며 광복 후를 대비하여 중국에서 역사와 한글

교육을 충분히 받았습니다. 당시 이시영 선생께서 조선의 역사를 가르쳐 주셨지요. 한글은 읽고, 쓰고, 말하기를 철저히 공부하고 귀국했습니다."

그래도 천만다행이었다. 오희옥 지사는 중국에서 태어나 자랐지만 다행히 한국의 역사와 한국말을 제대로 공부했기에 곧바로 한국사회에 적응할 수 있었으니 말이다. 오희옥 지사는 31살 때 당시로서는 노처녀의 나이로 결혼하여 딸 둘과 아들 하나를 두었지만 지금은 복지타운 작은 아파트에 혼자 산다.

이제는 건강이 예전 같지 않아 아픈 곳이 많고 특히 무릎이 안 좋아 바닥에 앉기가 힘들 정도라고 하는데도 필자와의 대담 내내 흐트러지지 않은 자세를 보여주었다. 가끔 찾아 뵐 때마다 주름살이 하나둘씩 늘어 가는 모습이 안타깝지만 틈틈이 붓글씨를 써 전시회를 여는 오희옥 지사의 모습에서 독립운동 시 당당한 모습을 엿보는 느낌이 든다.

건강하시던 오희옥 지사는 지난 2018년 지난 3월 17일(토), 급성 뇌경색으로 쓰러지셔서 현재(2020년 1월 20일) 서울중앙보훈병원에 입원 치료중이시다.

2020년 1월 20일 현재, 서울중앙보훈병원에 입원중인 오희옥 지사와 자녀들

18 핏덩이 안고 광복군으로 뛴 "유순희"

봄비가 촉촉이 내리는 가운데 2017년 4월 31일 오후 2시, 동대문구 신내동에 살고 계시는 생존 독립운동가 유순희 지사를 찾아뵈었다. 2017년 현재 92살의 유순희 지사는 건강이 그다지 좋지 않아 보였지만 흔쾌히 필자의 방문을 허락해 주었다. 사실을 말하자면 유순희 지사를 찾아뵈려고 했던 것은 5년 전부터지만 그때마다 몸이 안좋으시다고 집에 사람이 찾아오는 것을 허락지 않으셔서 줄곧 찾아뵙지 못하다가 어제 간신히 뵙게 된 것이라 필자는 더욱 기뻤다.

어제 유순희 지사님을 함께 찾아 뵌 분은 생존 독립운동가이신 오희옥(92살) 지사님이었다. 오희옥 지사님과 유순희 지사님은 서로 왕래를 하시던 터였지만 몇 해 전부터는 유순희 지사님의 건강이 날로 안 좋아 번번이 방문 계획이 취소되곤 했던 것이다. 수원에 사시는 오희옥 지사님을 모시고 서울의 끝자락 동대문구 신내동에 살고 계시는 유순희 지사님 댁을 찾아 나선 길은 메마른 대지 위에 촉촉한 봄비가 내리고 있었고 아파트 주변에 심은 산수유 꽃이 노란 꽃망울을 터뜨리고 있었다.

황해도 황주 출신인 유순희 지사는 광복군 제3지대에 제1구대 본부 구호대원(救護隊員)으로 광복이 될 때까지 활동한 광복군 출신이다. 그의 나이 열여덟 때의 일이니만치 벌써 73년 전의 일이다. 가물가물한 기억을 더듬고 계시는 틈에 필자는 거실 벽면에 걸린 한 장의 흑백 사진을 발견하였다. 유리액자를 떼어 유 지사님 손에 들려드리자 막혔던 말문이 터지듯 73년 전 일을 마치 어제 일처럼 들려주셨다.

갓난아기를 안고 있는 유순희 지사, 앞줄 오른쪽에서 6번째(광복군 제3지대 본부 연병장에서, 1945년 7월)

흑백사진은 해방되기 1개월 전인 1944년 7월에 찍은 사진으로 광복군 제3지대에 제1구대 본부 구호대원들이었는데 유순희 지사는 맨 앞줄에 자리하고 있는 자신을 가리키고 있었다. 아뿔사! 그런데 갓난아기를 안고 있는 것이 아닌가!

"이 녀석이 제 아들이에요. 갓 낳은 핏덩이가 지금 일흔을 넘었으니 세월이 많이도 흘렀지요." 라며 유순희 지사는 당시 유일한 유부녀 광복군 시절의 이야기를 들려주었다. 부대원들의 사랑을 독차지 했던 갓난쟁이 아들 이름은 광삼(光三)으로 부대원들이 광복군 제3지대를 상징하는 뜻에서 지어주었다고 했다. 그 어린 광삼이를 안고 유순희 지사는 당당한 광복군이 되어 뛰었던 것이다.

1940년 9월 17일 중국 중경(重慶)에서는 조선을 침략하여 점령하고 있는 일

女軍小隊 (가나다順)

광복군 제3지대 여군소대 사진 속에 유순희 지사의 모습이 보인다.(밑줄 표시)

제를 몰아내고자 한국광복군총사령부(韓國光復軍總司令部)가 창립되었다. 광복군은 4개 지대(支隊)로 편성하고 각 지대 내에 3개 구대(區隊)를 두고, 다시 각 구대 내에 3개 분대(分隊)를 설치하여 본격적인 활동으로 들어갔다.

하지만 광복군의 부대 편성 과정은 많은 어려움이 따랐다. 무엇보다도 부대원을 확보하는 일은 큰 걸림돌이었다. 상식적으로 생각해도 남의 땅에서 군대조직을 꾸린다는 것은 예삿일이 아닐 수 밖에 없다. 다행히 1942년 4월 김원봉(金元鳳)이 이끄는 조선의용대(朝鮮義勇隊)가 광복군 제1지대로 편입함에 따라 2개 지대의 편성이 가능해졌다.

이에 따라 광복군총사령부는 1942년 2월 김학규(金學奎)를 산동성(山東省)으로 특파하여 일본군으로 강제 징집당한 한국 청년들을 대상으로 초모공작(招

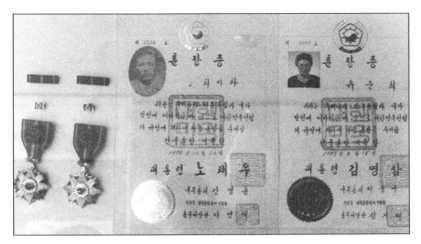
부부독립운동가 최시화, 유순희 지사의 훈장증서

募工作)을 전개하도록 하였는데 이때 김학규는 양자강 이남의 안휘성(安徽省) 부양(阜陽)에 머물면서 3년 남짓 초모활동을 전개하였다.

유순희 지사는 1944년 11월 중국 하남성(河南省) 녹읍(鹿邑)에서 대한민국임시정부 전방 특파원 조성산(趙城山)과 접선하여 지하공작원으로 활동하였으며 1945년 2월 김학규가 이끄는 광복군 제3지대 화중지구(華中地區) 지하공작원 윤창호(尹昌浩)로부터 광복군 지하공작원으로 임명받았다. 그 뒤 광복군 제3지대에 입대한 뒤 제3지대 제1구대 본부 구호대원(救護隊員)으로 활약한 것이다.

"유 지사님! 이런 갓난아기를 안고 정보활동을 하셨다니 굉장히 위험했겠어요. 만일 아기가 울기라도 하면 어쩌려구요." 필자의 질문에 유순희 지사는 대답 대신 미소를 지어 보였다.

어쩌겠는가! 갓난아기를 안고라도 광복군에 뛰어들 수밖에 없던 상황을 어찌 지금의 시각으로 설명할 수 있을까 싶었다. 그럼에도 그런 질문을 던진 것은

한국광복군 제3지대 앨범을 펴보이며 당시 상황을 설명하는 유순희 지사(가운데), 왼쪽은
오희옥 지사이며 오른쪽은 필자

이애라 (1894~1922) 지사가 갓난아기를 업고 독립운동을 하다 아기가 우는
바람에 서울 아현동에서 잡혀 아기가 죽음을 당한 사실을 떠올렸기 때문이다.

광복군 제3지대 부대원들이 지어준 어린 핏덩이 광삼(光三)이와 유순희 지사
는 어려운 환경이었지만 행복했다. 아이 아빠가 같은 부대원으로 활약했기
때문이다. 광삼이 아버지는 독립운동가 최시화(崔時華, 1921~?)씨로 당시 나
이 24살이고 유순희 지사의 나이는 19살이었다.

금슬 좋은 광복군 동지 출신의 부부 독립운동가 유순희 지사는 불행하게도
환국 후, 남편과 6·25전쟁으로 헤어지게 된 뒤 홀로 어린 세 자녀를 키워야
하는 운명과 맞닥트렸다. 길고 긴 고난의 길이 시작된 것이다. 그래도 유 지
사는 꿋꿋하게 자녀들을 키워냈다. 지금은 손녀딸(둘째 아드님의 딸)의 극진한
보살핌을 받으며 살고 있다.

손녀딸이 딸기 등 과일 준비를 하는 동안 유순희 지사는 한국광복제3지대의
활약상이 담긴 《항일전의 선봉》이란 앨범을 필자에게 보여주었다. 1982년

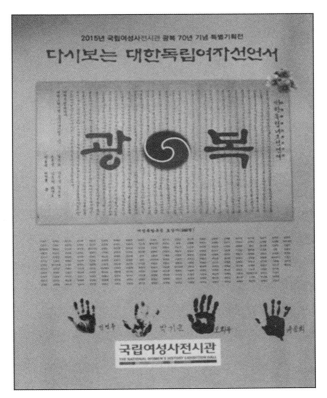

2015년에 광복 70주년 기념으로 생존여성독립운동가인 민영주,박기은,오희옥,유순희 지사의 손도장 모습, 그러나 이 가운데 박기은 지사는 올해(2017) 1월 7일 타계하셨다

에 한국광복군제3지대사진첩발간회에서 만든 흑백사진첩 속에는 유순희 지사를 비롯한 수많은 광복군들의 활동 모습이 생생히 담겨 있었다. 유 지사는 또렷하게 당시를 기억하는 듯 손가락으로 한 분 한 분을 가리키며 설명에 여념이 없었다. 특히 동지이자 남편인 최시화 지사의 사진이 나오자 감회에 젖는 듯 멈칫하는 모습이 안쓰러웠다.

유 지사가 활동하던 흑백 사진 속의 세월은 어느새 73년 전의 일이 되어버렸다. 이제 그의 나이 92살! 참으로 무정한 세월이었다. 일제의 침략에 저항하

건강이 몹시 안좋은 유순희 지사(가운데) 왼쪽은 오희옥 지사, 오른쪽은 필자

여 어린 핏덩이를 안고 광복군에 뛰어든 시절부터 환국하여 또 다시 겪은 민족의 비극 6·25전쟁, 그 전쟁에서 남편의 생사도 모른 채 어린자식들을 부여잡고 살아온 세월!

"정말이지 내가 92살이라는 게 믿기지 않아..."

유순희 지사는 필자가 사들고 간 안개꽃 화분을 지그시 바라다보며 마치 안개속 같았던 자신의 삶을 되돌아보는 듯 했다. 이날 필자와 함께 유순희 지사 집을 찾은 오희옥 지사는 유순희 지사와 동갑이지만 건강이 조금 나은 편이라 높은 연세에도 각종 기념식이나 독립운동 관련 행사에 적극적으로 참여하고 계신다.

현재 생존한 여성독립운동가는 유순희, 오희옥, 민영주 지사 세 분 뿐이다. 이제 이 분들에게 독립운동 이야기를 들을 시간이 많이 남아 있지 않다는 생각을 하니 두어 시간 대담 시간이 그렇게 소중할 수가 없었다.

"유 지사님, 햇살 고운 가을날, 오희옥 지사님이 수원에서 용인의 마당있는 집으로 이사하고 나면 제가 모시러 올게요. 함께 나들이해요."라면서 필자는 두 손을 꼭 잡아 드렸다. 혼자서는 걸을 수도 없는 수척한 모습의 유순희 지사와의 대담을 마치고 나오는 길은 왠지 코끝이 찡했다. 다시 만날 수 있는 시계 바늘이 얼마를 기다려줄 지 모르는 세월 앞에서 그저 건강하게 오래 사시라는 말 밖에는 건넬 수 없다는 사실이 눈시울을 붉게 했다.

참고로, 남편 최시화 지사는 1990년에 건국훈장 애족장(1982년 대통령표창)을 추서받았고 유순희 지사는 1995년에 건국훈장 애족장을 수여받은 이 시대 우리가 진정 기억해야할 부부 독립운동가다.

19 중국 군인도 무서워 벌벌 떤 여자광복군 "이월봉"

"고모님 (이월봉 지사)은 참으로 깔끔하셨습니다. 우리 집에 오실 때면 언제나 조카들 옷가지들을 말끔하게 빨아주셔서 또래 친구들로부터 부러움을 많이 샀지요. 고모님의 부지런하심은 아무도 따라가지 못할 정도였습니다."

이월봉(1915.2.15. ~ 1977.10.28.) 지사의 조카딸인 이춘화 씨는 그렇게 고모님인 이월봉 지사를 회고했다. 이월봉 지사의 후손을 만나기 위해 2017년 12월 4일, 대구로 내려간 시각이 점심 무렵이라 우리는 먼저 식당으로 향했다. 이 자리에는 이월봉 지사의 아드님 이충국 (58살) 씨와 조카따님 이춘화 씨, 그리고 서울에서 필자와 함께 동행한 최재형기념사업회 이사 문영숙 작가(이월봉 지사의 조카 며느님) 이렇게 넷이었다.

얼큰한 아구찜을 시켜 놓고 음식이 나오는 동안 우리는 이월봉 지사의 독립운동에 관한 이야기를 자연스럽게 나누었다.

"어머님에 대한 이야기 가운데 가장 인상 깊은 이야기는 뭐니 뭐니 해도 1938년에 열린 중화민국대운동회를 들 수 있습니다. 이 운동회는 장개석이 장학량 군대에 감금된 뒤에 풀려난 것을 기념하기 위해 만든 대회로 이 대회에서 어머니는 여자의 몸으로 당당히 1등을 거머쥐었지요.

이 대회는 요즘으로 말하면 철인 5종 경기와 같은 것으로 장애물 뛰어 넘기, 산악 달리기 등 험난한 코스를 거쳐 산 정상에 펄럭이고 있는 중국국기를 뽑아 내려와야 하는 경기였습니다. 그런데 어머니가 수많은 남성들을 물리치고 산 정상에 1등으로 올랐지요. 그러나 국기를 지키고 있던 사람이 여자가 1등

으로 올라왔다고 국기를 내주지 않는 것을
보고 어머니가 그 남자를 때려눕히고 국기
를 가지고 내려와 1등상을 받게 된 것입니
다." 이충국 씨는 마치 현장을 본 것처럼
당시 이야기를 실감나게 들려주었다.

이월봉 지사

등치가 좋고 보통 남자들 보다 힘이 셌던
이월봉 지사의 고향은 황해도 황주군 황주
면 동천리 402번지로 이 일대에서 부농이
었던 아버지 이배근(李培根)과 어머니 문
근 (文根) 사이의 4남매 가운데 둘째딸로
태어났다. 아버지는 집에 일꾼 30명을 둘 정도의 부농이었으나 오래 경영하
던 농장을 접고 상업의 길로 나가다가 잘못되어 집안이 파산의 길을 걷게 되
었다. 이월봉 지사가 고향 동천리 보통학교 4학년 때 일이다.

해방후 이범석 장군 댁을 찾은 이월봉지사(앞줄 오른쪽,31살),
이범석의 부인 김마리아(앞줄 왼쪽), 뒤는 이범석 장군의 아들

한국광복군제2지대 여군 반장 시절,뒷줄 오른쪽 2번째

4학년을 마칠 무렵 집에 빚쟁이들이 들이 닥치자 숙부를 따라 이월봉 지사는 만주 제제할제라는 곳으로 떠나게 되었는데 그때부터 시련은 시작되었다. 부모형제들이 뿔뿔이 흩어진 가운데 숙부의 도움으로 낯선 곳에서 보통학교에 편입되어 1930년 12월 가까스로 졸업한 뒤 이내 생활전선에 뛰어 들어야했던 것이다.

나이 15살 때 이월봉 지사는 천진 (天津)의 한 백화점에서 점원으로 7년을 지내는 등 억척스럽게 생활전선에서 뛰었다. 그러던 중 가깝게 지내던 조선인 동포로부터 한국광복군에 입대할 것을 권유받고 망설임 없이 즉석에서 승낙하기에 이른다. 이월봉 지사 22살 때의 일이다.

이월봉 지사는 중국 하남성의 한국청년전시공작대원이 되어 남자들과 똑같은 훈련과정을 거쳤다. "제가 워낙 힘이 좋고 건강한 편이어서 나중에는 오히려 남자들을 앞설 정도였어. 180명이 함께 훈련을 받는데 훈련성적은 5등 이내였지." - 1976년 〈주간경향〉 2월 29일, 통권 374호, 대담 -

1938년 1월, 한국청년전시공작대원으로 동료 10여명과 황하강변에서 일본군의 동태를 파악하던 이월봉 지사 일행은 그만 일본군에 포위되고 말았다. 하지만 죽음의 순간에도 침착하게 탈출에 성공하는 등 우여곡절을 겪었다. 1939년 1월 이월봉 지사는 중국군 중앙간부훈련소 학원반을 수료하여 대망의 한국광복군 제2지대 여군반장이 되었다. 계급은 소위였다.

> "당시 광복군에 속한 여군들은 여자라고해서 특수한 임무가 주어지거나 하는 일은 전혀 없었습니다. 남자와 똑같은 일을 했지요. 토치카를 파면 같이 파고, 벽돌을 나르고, 모든 힘겨운 일을 그대로 해냈지요."
>
> – 1976년 〈주간경향〉 2월 29일, 통권 374호, 대담 –

이월봉 지사는 1939년 9월 서안 한국청년전시공작대입대 (駐西安 韓國靑年戰時工作隊入隊)를 시작으로 1940년 서안 한국광복군 제5지대입대 (西安 韓國光復軍 제5支隊入隊), 1941년 중국전시 한청반 (中國戰時 韓靑班) 수료, 1942년 서안 한국광복군 제2지대편입 (西安 韓國光復軍 第2支隊編入)하여 활동하다가 광복을 맞은 이듬해인 1946년 6월 꿈에도 그리던 고국으로 돌아왔다.

이월봉 지사 훈장증

이월봉 지사의 아드님인 이충국 씨가 어머님의 표창
장을 들고 있다

그러나 사랑하는 가족의 일부가 북한 땅에 남아 있는데다가 광복군 시절의
동지들도 뿔뿔이 흩어졌다. 귀국 시에 31살의 노처녀로 혼기마저 놓쳐버려
평생 독신으로 살다 63살을 일기로 1977년에 생을 마감했다. 그러나 이월봉
지사는 남동생의 아들인 이충국을 양아들로 삼아 후손이 없는 자신의 뒤를
이어가게 했다.

대구 시내에서 점심 식사를 마친 우리는 양아드님인 이충국 씨 집으로 옮겨
차를 마시면서 대담을 이어갔다. "제가 13살 때 일이었지요. 그땐 철이 없어
어머님의 독립운동을 잘 이해하지 못했지만 커가면서 어머님이 광복군에서
활약했다는 사실에 존경심이 들었습니다. 지금은 어머님의 기일 때마다 제사
를 모시면서 어머님이 그토록 그리워하고 사랑하시던 대한민국에서의 삶의
소중함을 되새기곤 합니다." 이충국 씨는 그렇게 어머님을 회상했다.

어머님 이월봉 지사의 독립운동 이야기를 들려주는 이충국 씨와 필자

그리고는 벽에 걸린 어머니의 훈장을 내려 가슴에 꼭 안았다. 이국땅에서 독립을 위한 광복군에 투신하여 활동하다 혼기를 놓치고 평생을 독신으로 산 이월봉 지사지만 믿음직한 아드님이 있어 하늘나라에서라도 든든하실 것이란 생각이 들었다. 무엇보다 해마다 어머님의 제사를 잘 모시고 있다는 이야기에 코끝이 찡했다.

이월봉 지사는 독립운동의 공훈을 인정받아 1990년 국가로부터 건국훈장 애족장(1963년 대통령표창)을 추서 받았다. 이는 이월봉 지사가 숨진 뒤(1977년) 13년이 지난 때였다. 국가가 좀 더 일찍 독립운동 사실을 확인하여 살아생전에 서훈을 해 드렸으면 얼마나 좋았을까 하는 아쉬움이 남았다.

어머니의 활동 모습이 들어있는 광복군 제2지대 앨범과 이월봉 지사의 고향인 황주군지(黃州郡誌) 등의 책자를 빌려달라는 필자에게 선뜻 자료들을 건네면서 무겁다고 대구역까지 손수 운전하여 바래다주는 아드님과 칠순의 조카따님의 따스한 온기를 느끼며 씩씩한 광복군 여군, 이월봉 지사가 꿈꾸던 세상을 만들어 나가는 것이 후손된 우리의 몫처럼 여겨져 어깨가 무거웠다.

3장
*

임시정부와
동고동락한
여성독립운동가

20 상하이와 도쿄를 오가며 광복을 향해 뛴 "고수선"

"튼튼한 어린이, 따뜻한 어린이, 똘똘한 어린이" 이는 제주 오라동 (제주시 정실 3길 57)에 있는 선덕어린이집의 원훈이다. 원훈 말고도 이곳에는 '바라는 상 (교육철학)'이 반듯하게 적혀 걸려 있는데 "선덕어린이집에서 바라는 어린 이상은 설립자이신 고수선 지사의 유지를 받들어 앞날의 우리민족의 기둥이 되도록 자라는 어린이 곧 한민족의 기본정신인 홍익인간으로 자라기를 바랍니다" 라는 글귀가 눈에 띈다.

"어머니는 내 자식 남의 자식 구분 없이 사랑으로 아이들을 보살폈습니다. 저 역시 평생 아이들과 더불겠다는 생각으로 어린이집을 맡아 지금까지 이끌어 오고 있습니다. 세 살 버릇 여든 간다고 어릴 때 교육이 아주 중요하지요."

2016년 9월 29일, 제주 선덕어린이집을 찾아간 필자에게 정원에서 딴 잘 익은 무화과 열매를 먹어보라고 권하며 김률근 원장(76살)은 이렇게 말했다. 김률근 원장의 어머니인 여성독립운동가 고수선 (高守善, 1898~1989)지사는 일제강점기에 온몸으로 항일독립운동을 펼쳤으며 한편으로는 경성의학전문학교를 졸업하여 한국인 여의사 1호가 된 수재였다. 뿐만 아니라 어린이 교육의 중요성을 깨닫고 선덕어린이집을 세워 평생을 어린이 교육에 헌신했다.

부슬비가 부슬부슬 내리던 날, 원장실로 가기 위해 재잘재잘 아이들이 수업 중인 교실 복도를 지나 다다른 곳은 작은 방이었다. 원장실이라고 부르기도 뭐한 작은 책상 하나가 달랑 놓인 곳에서 수수한 차림의 김률근 원장은 필자를 반갑게 맞아 주었다. 대담 중에도 아이들이 원장실을 할아버지 방을 대하

고수선 지사 72살 때 모습(1970)

듯 드나들었다. 원장과 유치원생이 아니라 정겨운 할아버지와 손자 사이 같아보였다.

고수선 지사는 1898년 남제주군 가파리에서 아버지 고석조 (고영조)와 어머니 오영원 사이에서 태어났다. 그의 어머니는 딸에 대한 교육열이 높아 고수선 지사의 서울 유학을 도왔으며 도쿄 유학을 위해 삯바느질로 뒷바라지했다.

여자에 대한 교육이 엄격히 제한되던 시절이었지만 어린 수선은 집에서 10리 (4km)나 떨어진 야학에 다닐 정도로 학구열이 높았으며 대정공립보통학교와 신성여학교를 졸업하고 드디어 경성 유학길에 오른다. 이 무렵 제주에서 서울로 유학한 여자는 고수선, 강평국, 최정숙 단 세 명으로 최정숙, 강평국 지사 역시 여성독립운동가로 평생을 헌신한 분이다.

경성으로 올라온 고수선 지사는 1915년부터 1918년 사이에 학교에서 일본교사 배척운동을 전개하였으며 1919년 3월 1일 박희도의 지시를 받아 학생을 동원, 인솔하여 탑골공원으로 가서 시위에 참가하였다. 이어 유철향 집 지하실에서 신경우 등 동지 학생들과 모여 조국에 대한 일편단심을 상징하는 붉은댕기를 수천 개 만들어 경성여자공립보통학교 학생들을 통하여 각 학교에 배포했으며 신경우, 김숙정과 항일 벽보를 붙이는 등 독립운동에 적극 가담하였다.

1919년 3월 중순에는 상해로 건너가 대한민국임시정부에서 군자금 모집의 사명을 띠고 같은 해 11월 무렵 귀국, 370원을 모금하여 박정식 편에 상해로 보내는 등 군자금 모집 요원으로 활약하였다. 그러나 이내 요주의 인물로 일본 경찰의 감시를 받게 되자 임시정부 요인이었던 장두철의 주선으로 일본으로 건너가 요시오카 의학전문학교에 입학하였다. 일본에 있을 때에도 1922년 도쿄 우에노공원에서 동지 이덕요, 이낙도, 이의향 등과 독립운동을 모의하였으며 이로 인해 왜경에 잡혀 가혹한 고문 끝에 귀국길에 오른다.

귀국 직후에도 고수선 지사는 독립운동에 관여하다 잡혀 고문 후유증으로 손가락이 불구가 되는 수모를 겪게 된다. 생전에 고수선 지사는 손가락 사이에 연필을 놓고 손을 비틀었던 고문이 가장 참기 힘들었다고 한다. 이후 고수선 지사는 경성의학전문학교를 졸업해 한국 최초의 여의사가 된 뒤 역시 의사인

고수선 지사에게 청소년들은 모두 자신의 아들딸이었다.

최정숙 지사의 장례식(1977.2.22.)에서 추도사를 하는 고수선 지사

김태민 선생과 결혼해 조천을 비롯한 한림 서귀포, 고산 등지에서 의술을 펼쳤다.

그러나 태평양전쟁 중반 무렵 충남 강경으로 잠시 생활 터전을 옮겼다가 1·4후퇴때 다시 귀향한 뒤 의사생활을 접고 본격적인 사회복지활동을 전개한다. 전쟁고아들을 거두고 문맹퇴치를 위한 한글 강습소 제주모자원을 설립한 이래 1951년엔 송죽보육원을 설립했다. 그 뒤 고수선 지사는 1969년 어린이집의 시초인 선덕어린이집을 설립·운영하면서 어린이 교육에 열과 성을 다했다.

말년에는 제주도 노인회를 설립해 노인들의 권익을 위해 앞장서는 등 고수선 지사는 사회적 약자인 어린이와 여성 그리고 노인들의 질적인 향상을 위해 힘썼다. 평생을 조국의 독립운동과 불우한 이웃과 사회를 위한 헌신의 삶은 1978년 용신(容信) 봉사상, 1980년 제1회 만덕(萬德) 봉사상을 수상하게 되었고 국가로부터 1990년에 건국훈장 애족장에 추서되었다.

21 부산이 낳은 대륙의 불꽃 "박차정"

햇볕이 따스하게 내리쬐는 2019년 5월 4일(일) 오후 2시, 부산 동래구 칠산동(새주소: 동래구 명륜로 98번길)에 자리한 박차정 의사 생가를 오랜만에 다시 찾아 툇마루에 앉았다. 오월의 햇살이 부드럽다. 마침 이 자리에는 문화해설사 주용돈 선생이 나그네를 반갑게 맞이한다. 올해 나이 80살이 믿기지 않을 만큼 정정한 주용돈 선생은 박차정 의사 일가의 독립운동사를 마치 한 편의 영화를 보는 듯 들려준다.

"그러한 집안에서 자랐으니 의당, 독립정신이 몸에 배었을 것입니다. 박차정 의사는 동래 일신여학교(현 동래여고) 3학년 때 만세운동에 뛰어들었으니 지금으로 말하면 운동권 학생인 셈이지요. 전시장 안을 보시면 자세한 활동사진과 기록들이 있습니다." 문화해설사 주용돈 선생은 박차정 지사에 대해 이렇게 운을 떼었다.

'전시장'이라고 했지만 작은 방 두 개가 전부다. 이곳이 박차정(1995. 독립장) 의사 생가였던 만큼 큰 공간은 기대하기 어렵지만 유관순 열사처럼 독립장(2019년 대한민국장을 새로 추서받음)을 받은 의사(義士)를 기리는 공간으로는 협소하고 어설퍼 보인다. 생가로 들어가는 골목은 주차는커녕 사람 하나 들어가기도 비좁다. 원래 마을 안에 있던 생가이므로 어쩔 수 없는 상황이겠지만 들어가는 입구에 불필요한(?) 벽돌담만이라도 헐어냈으면 싶은 생각이다.

유관순 열사의 경우 생가가 따로 있는 데다가 기념관이 별도로 있지만 박차정 의사의 경우는 생가를 겸한 전시 공간이라 더욱 초라해 보인다.

박차정 의사 생가 정문

박차정 의사 생가 전경

"박차정 의사 동상을 보십시오. 박 의사는 총을 들고 있습니다. 무기를 들고 활약한 분들은 의사(義士)십니다. 안중근 의사, 윤봉길 의사처럼 말이지요. 박차정 의사는 여자지만 당당한 의사입니다. 유관순 같이 무기를 들지 않고 독립운동을 하신 분들은 열사(烈士)지요. 저는 알기 쉽게 여기 찾아오는 학생들에게 이렇게 설명해줍니다. 주말이면 많은 학생들이 찾아옵니다."

어린이도 알아볼 수 있게 한글로 쓰면 좋을 것을 한자로 박차정의사 생가라고 써놓았다. (왼쪽), 오른쪽은 생가 입구인데 한 사람이 겨우 드나들 정도로 좁다. 입구에 담장은 공터 와 물려있어서 사적인 토지 문제가 아니라면 헐어서 조금 입구를 넓히면 좋겠다. 꽃그림 으로 그린 담장 옆, 좁은 길로 들어서면 박차정 생가가 나온다.

주용돈 해설사의 말이다. 그는 올해 1년 동안 박차정 의사 생가에서 해설사로 일한다고 했다. 15살이던 박차정 의사는 동래 일신여학교(현, 동래여고) 재학 중 조선청년동맹 동래지부 집행위원장인 숙부 박일형의 권유로 조선청년동 맹에 가입하였고 이후 근우회, 동래노동조합 조합원, 신간회 동래지회 회원 등으로 왕성한 활동을 펼쳤다. 1929년 3월 일신여학교를 졸업한 뒤, 7월 서울 수운회관에서 열린 근우회 제2회 전국대회에 동래지부 대의원 자격으로 참석 하여 근우회 중앙집행위원으로 선임되는 등 서울에서 두각을 나타냈다.

그뿐만 아니라 1929년 9월에는 조사연구부장·상무위원·선전 및 출판부 장 등의 직책을 맡아 여성들의 민족운동 활성화에 적극적으로 뛰어들었다. 박차정 의사는 그해 11월 광주학생운동이 일어나자 12월에, 근우회 중앙간 부들과 함께 서울 시내 각 여학교 학생들을 동원하여 광주학생운동 동조 시 위를 주도하여 전국적으로 반일학생운동으로 확산시켜나갔으나 이 일로 일 경에 잡혀 감옥을 드나들게 된다.

박차정 의사 아버지 박용한 선생(왼쪽), 어머니 김맹련 여사(박차정 의사 생가 제공)

동래일신여학교 당시 박차정 의사(원 표시 부분) - (박차정 의사 생가 제공)

박차정, 김원봉 부부 독립운동가(박차정 의사 생가 제공)

"박차정 의사는 중국으로 건너가기 전, 국내 활동을 하다가 잡혀 거의 죽음에 이르는 고문을 당하셨습니다. 1930년 2월, 이미 중국에 가서 독립활동을 하던 오라버니 박문희의 부름을 받고 중국으로 건너가 1931년 의열단장 김원봉을 만나 혼인하고 의열단 단원으로 활동하셨지요."

박차정 의사는 이후 1932년, 의열단이 한중연합 항일투쟁의 하나로 장개석의 도움을 받아 남경에 자리잡은 중국중앙육군군관학교 교외에 조선혁명군사정치간부학교를 설립하자 제1기 여자부 교관으로 뽑혀 사관생도 양성을 담당하였다. 1935년 6월에는 민족혁명당 부녀부(婦女部) 주임, 1936년 7월에는 남경조선부인회를 조직하여 민족의식을 높이는 일에 뛰어들었다.

그뿐만 아니라 1937년 11월 의열단의 한중민족연합전선의 일원으로 대일본 라디오방송을 통해 선전활동을 폈으며 1938년 4~5월 무렵에는 기관지 〈조선민족전선〉에 '경고, 일본의 혁명대중', '조선부녀와 부녀운동'이라는 글을 투고하여 무장궐기를 촉구하였다.

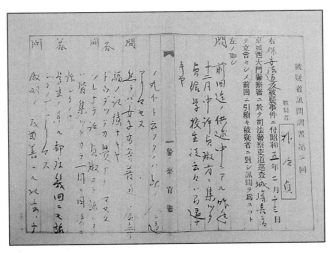

박차정 의사 신문조서(1930년) – 박차정 의사 생가 제공

박차정 의사 훈장증(1995. 건국훈장 독립장)과 훈장(박차정 의사 생가 제공)

그 뒤 박차정 의사는 1938년 10월 조선의용대가 창설되자, 조선의용대 부녀복무단을 조직하고 단장으로 뽑혀 항일무장투쟁에 참여하다가 1939년 2월 강서성 곤륜산에서 일본군을 상대로 전투를 하던 중 부상을 당하였다. 그러나 병이 깊어 1944년 5월 27일, 광복을 보지 못하고 중경에서 34살을 일기로 숨을 거두었다.

박차정 의사

박차정 의사의 유해는 해방 직후인 1945년 12월, 국내로 봉환되어 남편 김원봉의 손에 의해 김원봉의 고향인 밀양에 안장되었다. 남편 약산 김원봉은 조선의용대를 조직한 독립운동가로 대한민국임시정부에 합류하여 임시의정원(경상도 지역구)의원, 한국광복군 부사령관 겸 제1지대장, 1944년 임시정부 군무부장으로 활동하였으나 해방 후 월북하여 1946년 2월, 민족주의민주전선 공동의장, 6월 인

박차정 의사 생가 툇마루에 앉아서 주용돈 문화해설사와 대담하고 있는 필자

민공화당 위원장을 역임하였다. 이러한 이력으로 김원봉은 대한민국 정부로
부터 서훈을 받지 못하고 있으나 최근 김원봉을 독립유공자로 서훈해야한다
는 논의가 활발하다.

> 천궁(天宮)에서 내다보는 한 조각 반월이
> 고요히 대지 위에 비칠 때
> 우리집 뒤에 있는 논 가운데
> 뭇 개구리 소리 맞춰 노래합니다
> 내 기억의 마음의 향로에서 흘러넘쳐서
> 비애의 눈물이 떨어집니다.
>
>   – 박차정 의사가 죽은 언니를 위해 쓴 시 일부 –

파란만장한 삶을 살다 34살의 젊은 나이로 생을 마감한 독립투사 박차정 의
사의 삶을 되돌아보는 생가 툇마루에는 천궁(天宮)으로부터 따스한 햇볕이 내
려쬐고 있었다.

22 중국인으로 조선 독립운동에 뛰어든 "송정헌"

"할머니는 빼어난 경관을 자랑하는 중국 절강성 항주 (浙江省 杭州)출신입니다. 중국인들은 '소주에서 태어나 항주에서 사는 것이 최고의 행복'이라고 말할 정도로 항주는 사람 살기 좋은 곳이며 소동파도 이곳 출신이지요."

2017년 4월 3일, 송정헌 지사의 손자인 유승남 선생을 만나러 시청 앞 사무실에 들렀을 때 그는 밝은 표정으로 필자를 맞이했다. 그리고 정성스러운 차를 대접하며 할머니의 독립운동 이야기를 상세히 들려주었다. 유승남 선생의 아버지는 유수송 씨로 그는 1990년(당시 50살) KBS교향악단 단원이 되어 꿈에 그리던 고국에 정착하게 된다. 큰아들이 고국에 정착하자 송정헌 지사는 큰아들이 살고있는 한국과 딸이 살고있는 남경을 오가다가 지난 2010년 남경의과대 제2부속병원에서 심장병으로 91살을 일기로 숨을 거두었다. 송정헌 지사는 슬하에 3남 1녀를 두었는데 큰아들 유수송(劉秀松, 예화원 대표)씨는 1938년 중국 광주에서 태어나 상해 음악학원을 졸업한 음악가다.

송정헌 지사의 큰아들 유수송 씨는 독립운동가 부모 밑에서 갖은 고생을 하며 음악가의 길을 걸어오다 아버지의 고향인 조국에서 1988년 6월 영주권을 얻었다. 큰손자 유승남 씨는 백범사상실천운동연합 이사와 경교장복원범민족추진위원회 공동 집행위원장을 맡아 할머니 송정헌 지사가 못 이룬 꿈을 향하여 고국에서 열심히 살고 있다.

유승남 선생의 할머니 송정헌 지사(1919~2010)는 중국인으로 독립운동에 참여하여 1990년 대한민국정부로부터 건국훈장 애족장(1990년)을 받은 분이다. 송정헌 지사는 중국 항주에서 태어나 1937년 강서성 노산구강 폐병원

한국혁명여성동맹 시절의 송정헌 지사, 그림 이무성 한국화가

에서 간호사로 근무할 때 훗날 남편이 되는 유평파 지사의 형 유진동 선생을
만났다.

송정헌 지사가 평생의 반려로 삼은 한국인 독립운동가 유평파 지사를 만난
것은 그의 형 유진동 선생을 만난 인연으로 이어진다. 유진동 선생은 임시정
부 백범 김구 주석의 주치의로 1928년 중국 상해 동제(同濟)의과대학에 다닐
때부터 한인학우회를 결성, 서무위원으로 활동하며 김구 주석을 도와 독립운
동에 참여했다. 송정헌 지사와의 인연은 송 지사가 근무하던 병원장으로 유
진동 선생이 부임하면서 동생인 유평파 지사를 소개하여 송정헌, 유평파 독
립운동가 부부가 탄생한 것이다.

송정헌 지사는 1938년 남편과 함께 유주(柳州)에서 결성된 한국광복진선청
년공작대(韓國光復陣線青年工作隊)에 입대하여, 적의 후방공작과 첩보수집 활
동을 하였다. 결혼 무렵 남편 유평파 지사는 김구 주석의 경호원으로 활동하
고 있었다.

한국혁명여성동맹 시절 송정헌 지사, 둘째 줄 왼쪽에서 네 번째, 1940년

대한민국임시정부가 상해를 떠나 중경에서 광복을 맞이할 때까지 27년간 피난 생활을 하면서 유주에 도착한 것은 1938년 11월 말이다. 유주에서 임시정부의 짐 보따리를 풀 때 임시정부는 매우 어려운 여건이었지만 1939년 3월 1일 용성중학 강당에서 3·1운동 20주년 기념대회를 열고 기념선언문을 발표하는 등 독립에의 열정을 놓지 않았다. 임시정부는 기념선언에서 독립운동이 나아갈 방향을 제시하고 광복 후의 건국강령을 선포하였다. 또한 한국의 청년들을 모아 한국광복진선청년공작대를 결성하여 독립운동의 새로운 방향과 방법을 모색하였다.

송정헌 지사가 참여한 한국광복진선청년공작대는 문화선전의 활발한 활동을 벌여 침체된 임시정부에 새로운 동력을 제공하였다. 청년공작대는 광복군으로 이어지는 무장 투쟁의 전초를 마련하는 중요한 조직으로 그동안 여러 갈래의 독립운동이 통합을 이루어가는 과정에서 맺어진 결실로서, 독립운동에 새로운 활력을 불어넣는 활동력을 가진 단체였다. 청년공작대는 유주의 항전단체와 연대하여 활발한 문화선전 활동을 벌였다. 특히 곡원극장에서 연 유예대회는 청년공작대의 실천적 활동력을 보여주고 한국독립운동의 의지와 열정을 중국인들에게 각인시켰을 뿐 아니라 한중간의 연대를 성공적으로 이룩하는 계기를 만들었다.

송정헌 지사는 대한민국임시정부의 중경시절, 김규식 부주석의 부인인 김순애, 천도교 청우당위원장 최덕신의 부인인 유미영 등과 더불어 한국혁명여성동맹(韓國革命女性同盟)에 가입하여 창립요원으로 활동하였으며 한국독립당원(韓國獨立黨員)이 되어 활약하였다. 중국인으로 중국땅에서 조선 독립을 위해 헌신하던 송정헌 지사는 1945년 8·15 광복과 함께 남편과 일시 귀국하였으나 김구 주석의 밀사로 다시 중국에 재입국하였는데 남편이 그만 성홍열로 상해에서 숨을 거두는 불행을 만난다. 남편 유평파 지사의 나이 37살이었으니 참으로 기구한 운명이었다. 그 뒤 송정헌 지사는 어린 자녀들을 돌보기 위해 남경의 한 병원에서 간호사로 일했으며 그곳에 정착했다. 그러다가 큰아들이 한국에 들어오게 되자 남편의 고국인 한국에 들어와 살다가 딸이 사는 남경을 오가며 말년을 보냈다.

한편 송정헌 지사의 동생 샤녠성(夏輦生, 69살) 씨는 중국에서 유명한 소설가로 1999년 김구 주석이 가흥(嘉興)에서 피난할 때 뱃사공과의 애틋한 사랑 이야기를 다룬 실화소설《선월(船月)》을 펴냈다. 또한 김구 주석의 전기소설인 《호보유망-김구재중국(虎步流亡-金九在中國)》과 2001년에는 윤봉길 의사의 일생을 다룬 전기소설《회귀천당(回歸天堂)》을 펴낸 바 있다.

송정헌 지사의 손자 유승남 선생은 할머니의
독립운동 이야기를 상세히 들려주었다.

23 애국가 부르며 초모 공작에 몸 던진 "엄기선"

엄기선 지사의 올케인 최화자(75살, 2017년 현재, 남동생 엄기남 선생의 부인)회장 (3·1동지회 대전지회장)을 만난 것은 2017년 4월 26일(수)이었다. 최화자 회장은 마침 이날 백범김구기념관 대회의실에서 열린 '3·1운동 98주년 기념 및 사단법인 3·1여성 동지회 창립 50주년 기념식'에 참석한 김에 필자를 만났다.

최화자 회장은 이날 서울 행사에 참여하기 위해 대전에서 일찌감치 집을 나서면서도 필자가 부탁한 엄기선 지사의 사진을 잊지 않고 고이 간직하여 갖다 주는 열의를 보였다. 누구보다도 엄기선 시누이에 대한 추억을 많이 간직하고 있는 최화자 회장은 엄기선 지사의 뒤를 이어 3·1동지회 대전지회장을 맡아 시누이가 못다한 독립정신 선양에 앞장서고 있다.

> 눈감고 있어도 볼 수 있습니다.
> 그리운 마음으로
> 맑아진 영혼으로....
> 어머니처럼
> 우리가 얼마나 삶에 최선을 다하는지
> 지켜봐 주세요.
> 사랑하셨던 이 나라와 이 땅과 하늘, 사람들,
> 그리고 가족들, 우리도 진실하게 사랑할게요.
> 정말 존경했습니다.
> '내가 너를 사랑하여 불렀나니 너는 내 것이라(이사야 43:1)
> – 대전국립현충원 엄기선 묘비(지사 제2-1048) –

학창시절의 엄기선 지사 앞줄 오른쪽 첫 번째

엄기선 (嚴基善, 1929.1.21 ~ 2002. 12.9) 지사는 대한민국임시정부에서 큰 활약을 한 부부독립운동가인 엄항섭(1898~1962), 연미당 (1908~1981) 지사의 6남매(따님 네 분과 아드님 두 분) 가운데 큰따님으로 태어나 한국광복군(韓國光復軍)의 전신인 한국광복진선청년전지공작대(韓國光復陣線青年戰地工作隊)에서 활동하였다.

엄기선 지사는 생존 독립운동가인 오희옥(1926년 출생, 2020.1월 현재) 지사 등과 함께 일본군 내의 한국인 병사에 대한 초모(징집) 공작의 하나로 연극이나 무용 등을 통해 적국의 정보를 수집했다. 이들은 또한 중국인들에게 조국의 독립을 위해 분투하고 있는 한국인들의 의지를 널리 알렸다. 이때 엄기선 지사는 박영준, 이재현, 노복선 등의 선배들과 함께 활동하였다.

"중국에 있는 중학교 1학년에 다닐 때인데 하루는 선생님께서 한 사람 한 사람 일어나서 자기소개를 하라고 그러셨어요. 그래서 다들 중국의 어느 성에서 왔다, 강소성에서 왔다고 하는데 중국엔 28개성이 있거든요. 나는 한국사람인데 어떻게 이야기해야하나 궁리하다가 말을 못했어요. 그때 나이가 좀 들었으면 좋았을 텐데 1학년짜리라 말문이 막혔던 것이죠. 아버지가 뭘하는 분이냐는 질문에 독립운동을 하신다는 말을 못 하겠더라고요. 그리고 다시 고향이 어디냐고 자꾸 재촉해서 물어보는데 그때 저는 아무런 대답도 못하고 마구 통곡만 했던 생각이 나요."

엄기선 지사가 어린 시절을 회상하며 써놓은 글을 읽고 있노라면 가슴이 찡한 게 자신도 모르게 눈시울이 뜨거워진다. 어린 마음에 자신의 고향과 부모님에 대해 다른 중국인 아이들처럼 떳떳하게 대답 못 하던 그 심정이 오죽했을까 싶다.

엄 지사는 1943년 2월 무렵부터는 중경의 대한민국임시정부 선전부장으로 활약하던 아버지 엄항섭 지사를 도와 중국쪽 방송을 통하여 임시정부의 활동 상황과 중국 내 일본군의 만행을 동맹국과 국내 동포들에게 알리는 일에 힘 썼다. 또한 중국 토교(土橋)의 깊은 산 계곡에 자리한 수용소를 찾아가 일본군 포로 가운데 한국 국적을 가진 병사들을 위문하고, 일제의 패망을 예견하는 선전공작에 진력하는 등 광복을 맞이할 때까지 적극적인 독립운동을 전개하였다. 엄기선 지사는 누구보다도 애국가에 대한 감회가 깊은 독립운동가다. 그는 임시정부가 중국 내 피난하던 시절 장사(長沙)에서 맞은 3·1만세운동 대해 다음과 같이 회상했다.

"삼일절만 되면 우리는 큰 회관을 빌려 기념식을 꼭 했어요. 식을 할 때 삼일절 노래도 부르고 애국가도 부르고, 어렸을 때 생각하니까, 어른들은 눈물을 펑펑 흘리며 삼일절 노래를 부르던 생각이 나요. (노래) 참 기쁘고나 삼월 하루, 독립의 빛이 비쳤구나. 금수강산이 새로웠고, 이천만 국민이 기뻐한다. 만세 만세 만만세, 우리 민국 우리 동포 만만세. 대한민국 독립 만만세라."

1995년 광복 50주년 되는 해 엄기선 지사는 66살의 나이로 3·1여성동지회 대전지회장을 역임할 때였는데 애국가 4절이 적힌 부채 1천 개를 제작하여 대전역 광장과 동양백화점 등에서 시민들에게 무료로 보급하는 행사를 할 만큼 그의 애국가 사랑은 남달랐다.

"우리 국민이 애국가 구절 중 가장 중요한 4절을 잘 모르는 것 같아 여름철에 필요한 부채에 애국가를 담아 보급하고 있다"고 설명하기도 했다.

[더보기 1] 외할아버지 연병환 지사와 '4형제 독립운동가' 집안

엄기선 지사의 외할아버지 연병환(1878~1926)지사는 충북 증평군의 '4형제 독립운동가'로 알려진 집안의 맏형이다. 연병환 지사는 경술국치에 통분하여 중국으로 망명하였는데, 일찍이 영국인들의 도움을 받아 영국에서 유학을 했고 1910년대 초반에는 연길 용정에서 세관원으로 근무하면서 독립운동가로 활동했다.

연병환 지사는 1919년 중국 길림성 용정에서 3·13만세운동을 후원하다 왜경에 붙잡혀 옥고를 치렀고 1920년 상해로 옮겨 대한인거류민단 단원으로 활동한 공로로 2008년 대통령표창이 추서됐다. 중국에서 숨진 연병환 지사의 유해는 광복 뒤에도 고국으로 돌아오지 못하다가 2014년 11월 14일 88년 만에 꿈에도 그리던 고국의 품 안으로 돌아와 국립대전현충원 지사 5묘역에 안장되었다.

한편 엄기선 지사의 작은 외할아버지 연병호(1894~1963) 지사는 국내에서 대한민국청년외교단을 조직하여 임시정부와의 연계 역할을 담당하였고, 임시의정원 의원으로 한국혁명당의 조직 및 신한독립당으로 통합 등 정당 활동을 통한 독립운동에 헌신하였다. 맏형인 연병환 지사와는 16살 차이로 형의 독립운동 활동에 큰 영향을 받은 연병호 지사는 1915년 경성기독교청년회관 영어과를 다니며 안재홍, 조용주 등과 교류하고, 조선기독청년회, 조선인유학생학우회 등을 통해 민족현실을 논의하는 등 동지적 유대를 쌓아 나갔다.

1920년 《독립신문》에 〈독립기념일의 말〉이라는 기고를 통해 투철한 독립정신과 강인한 실천을 주장하였다. 1922년 임시의정원 의원으로 활동하며 한인사회의 대동단결을 꾀하였고 청년운동을 활성화하는데 힘을 쏟았다. 이를 위해 상해에서 세계한인동맹회, 유호(상해)청년회, 시사책진회 등의 조직과 참여를 통하여 독립운동계의 난국을 타개하고자 노력하였다.

아울러 1923년에는 북경대학에 입학하여 중국 항일인사들과의 교류를 통해 한중연합체인 동서혁명위원회를 조직하고, 무장투쟁 노선에서 대일항전의 방략을 추진해 나갔다. 이러한 연장선에서 1925년 말 만주로 건너가 신민부에 참가하였고, 블라디보스톡에 있던 국제공산당 조직으로부터 군자금을 확보하는 일을 맡아 독립군 양성 계획을 적극 지원하였다.

1929년 무렵 연병호 지사는 남경으로 자리를 옮겨 한국혁명당 결성에 참가하였다. 1932년 한국광복동지회, 조선혁명당, 의열단, 한국독립당 등과 함께 한국대일전선통일동맹을 추진하였고, 만주의 한국독립당과 합당하여 신한독립당으로 통합, 발전시켰으며, 대당조직운동에 적극 참여하여 5개 정당을 통합한 민족혁명당을 창당하는 등 정당의 통합을 통한 독립운동에도 열정을 기울였다.

1933년 9월 충청도의원의 자격으로 다시 임시의정원에 참여하였던 연병호 지사는 1937년 초, 친일파인 상해거류조선인회장 저격사건으로 상해에서 체포되어 징역 8년을 받고 옥고를 치렀으며 30여 년간 일신의 안위를 돌보지 않고 독립운동세력의 조직과 통합에 헌신한 삶을 살았다. 정부에서는 고인의 공훈을 기려 1963년 건국훈장 독립장을 추서하였다.

[더보기 2] **임시정부의 디딤돌 아버지 엄항섭 지사**

백범 김구는 '백범일지'에서 엄항섭 지사에 대해 이렇게 쓰고 있다. "엄항섭 군은 자기 집을 돌보지 않고 석오 이동녕 선생이나 나처럼 먹고 자는 것이 어려운 운동가를 구제하기 위해 불란서(프랑스) 공무국에 취직을 하였다. 그가 불란서 공무국에 취직한 것은 두 가지 목적에서였다. 하나는 월급을 받아 우리에게 음식을 제공해 주는 것이고 다른 하나는 왜(일본)영사관에서 우리를 체포하려는 사건을 탐지하여 피하게 하고 우리 동포 중 범죄자가 있을 때 편리를 도모해 주는 것이었다."

백범이 있는 곳이면 어디라도 그림자처럼 동행하면서 대한민국임시정부에서 활약한 사람이 엄항섭 지사다. 그는 경기 여주 출신으로 1919년 중국 상해로 망명하여 임시정부 여주군 담당의 국내조사원과 법무부 참사(參事) 등에 임명되어 활동하였다. 1922년 절강성 항주에 있는 지강대학(之江大學)을 졸업한 뒤 임시의정원 의원과 임시정부 비서국원 등으로 활동하였다. 1924년 상해청년동맹회를 조직하여 집행위원에 선정되었으며 경제후원회를 만들어 임시정부를 적극적으로 지원하는 활동을 전개하였다.

1931년 한국교민단의 의경대장(義警隊長)으로 활동하면서 조선혁명당을 조직하여 조직의 재무를 맡았으며, 애국단조직에 참여하여 김구의 주도하에 계획된 윤봉길 의사의 홍구공원 의거를 적극적으로 지원하는 한편, 1936년부터는 임시의정원 의원으로 계속 활동하였다. 1937년 2월 한국광복운동단체연합회를 결성하여 항일전선을 구축하였으며, 임정의 결산위원을 담당하였다.

1940년 5월 3당 통합운동에 참여하여 한국독립당을 창당하고 그 집행위원에 선임되었으며, 1941년 10월에는 임시의정원 의원으로 외무위원회 위원장에 선출되었고, 10월 11일에는 한·중문화협회(韓·中文化協會)의 한국쪽 이사에 선임되었다. 1944년 5월 임시정부의 선전부장 및 주석판공비서에 임명되어 광복될 때까지 독립운동에 헌신하다가 광복 뒤 1945년 11월 백범 김구와 함께 환국하였다. 광복 뒤 민주의원의 의원 등으로 활동하다가 6·25 당시 북한에 납치되었다. 정부에서는 그의 공훈을 기려 1989년에 건국훈장 독립장을 추서하였다.

[더보기 3] **한국애국부인회 조직부장으로 활약한 어머니 연미당 지사**

"연미당, 이복영, 김정숙 등이 안창호 선생 추도회에서 애도가를 불렀으며 추도식장 안은 비분강개한 분위기로 눈물바다를 이루었다."

이는 1938년 6월 30일 〈신한민보〉 기사로 연미당 지사가 30살 때의 일이다. 일명 충효(忠孝) 미당(美堂)으로 불리는 연미당 지사는 경기도 여주 출신이다. 그는 22살 때인 1930년 8월 중국 상해에서 한인여자청년동맹이 조직되었을 때 5명의 임시위원 중 한 사람으로 뽑혀 상해 청년여자교민에 대한 조사와 상해지역에 거주하고 있던 교민들의 단합을 위하여 활동하였다.

윤봉길 의사의 상해 홍구공원 거사 뒤 일제의 포악한 탄압을 피해 대한민국 임시정부가 1932년 4월부터 1936년 5월에 이르는 동안 가흥, 진강을 거쳐 장사(長沙)로 이동할 때 임시정부 요인들을 수행하며 도왔고, 장사에 있는 남목청(楠木廳)에서 3당 통일회의가 열리고 있을 때 이운한의 저격을 받아 중상을 입은 백범을 정성으로 간호하였다.

1938년 10월에는 한국광복진선청년공작대원(韓國光復陣線靑年工作隊員)이 되어 선전과 홍보활동에 주력하였고 1943년 2월 중경에서 한국애국부인회의 조직부장으로 뽑혀 반일의식을 높이는 방송을 담당하며 활동하였다. 또한, 1944년 중국 국민당정부와 대한민국임시정부 간의 협조로 대적선전위원회(對敵宣傳委員會)를 통해 임시정부와 광복군의 활동상황을 우리말로 방송하였다. 일본군 내의 한국인 사병에 대하여 초모공작을 하면서 한국 여성들의 총궐기를 촉구하며 활동하는 한편 1944년 3월에는 한국독립당에 입당하여 조국독립을 위한 활동을 전개하여 나갔다. 정부에서는 고인의 공훈을 기려 1990년에 건국훈장 애국장을 추서하였다.

24 피울음으로 애국 여성 혼 일깨운 "조용제"

조용제(趙鏞濟, 1898. 9.14~1948. 3.10) 지사는 '대한민국'이라는 국호를 처음 지은 독립운동가 조소앙 선생의 누이동생이다. 조용제 지사는 독립운동사에 빛나는 집안 출신으로 이 집안에서 무려 12명의 독립운동가가 배출되었다.

조용제 지사는 경기도 양주 출신으로 아버지 조정규, 어머니 박필양의 6남 1녀 가운데 외동딸로 태어났다. 아버지 조정규 선생은 정3품 통정대부(通政大夫) 조성룡의 외아들로 학덕을 겸비한 함안 조씨 가문의 선비였다. 함안 조씨 시조 조정(趙鼎)은 왕건(王建)을 도와 고려통일에 큰 공을 세운 개국벽상공신(開國壁上功臣)이다.

조용제 지사의 오라버니 조소앙은 일본유학을 마치고 1919년 중국으로 망명하여, 임시정부 수립에 참가하는 등 활발한 독립운동을 하고 있었다. 그러

조용제 지사, 이무성 한국화가

한 오라버니의 영향으로 중국으로 건너간 조용제 지사는 한국독립당에 입당하여 오라버니 조소앙 선생과 함께 독립운동에 힘썼다.

한국독립당은 1930년 1월 25일 중국 상해에서 조직된 민족주의 계열의 대표적인 독립운동 정당으로 결성 이후 1935년 9월, 재건과 통합(1940. 5)의 변천과정을 거치면서 탄탄한 조직으로 변모되어 갔다. 조용제 지사는 1941년 중경의 한국독립당 강북구당(江北區黨) 간부로 선임되어 독립정신을 드높이고, 군자금 모집에 앞장섰다.

한편, 1940년 중경에서 한국혁명여성동맹이 창립되었는데 이 단체는 당시 한국국민당, 한국독립당, 조선혁명당이 한국독립당으로 통합하여 출범하면서 그 산하단체로 조직된 것이다. 조용제 지사는 한국혁명여성동맹의 창립 요원으로 참여하여 한글을 잘 모르는 독립운동가 자녀들에게 우리말과 독립정신을 고취시키는 활동을 했다.

또한 1943년 2월 중경에서 한국애국부인회(韓國愛國婦人會)의 재건 움직임이 일자 조용제 지사는 재건요원으로 선임되어 전체 부녀자들의 각성과 단결을 촉구하며 여성의 독립운동을 지도했다. 한국애국부인회는 나라 안팎 1천 5백만 애국여성의 단결의 상징이며, 일본타도와 대한독립, 민족해방을 위한 기치를 내걸고 활동했다는 데 그 의의가 있다.

특히 한국애국부인회는 국내 각층의 여성, 우방 각국의 여성조직, 재미여성단체와의 긴밀한 상호관계를 통한 여성의 연대를 표방한 것이 특징이다. 조용제 지사를 비롯한 애국부인회 여성들은 "국내외 부녀를 총단결하여 전민족 해방운동 및 남자와 일률 평등한 권리와 지위를 향유하는 민주주의 신공화국 건설에 적극 참가하여 공동 분투하기로 한다"는 내용의 7개조에 이르는 강령을 만들어 활발한 사회활동과 독립운동을 전개하면서 대한민국임시정부를 적극 도왔다.

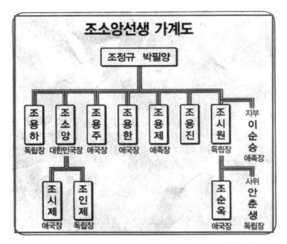

<figure>
조소앙선생 가계도

조정규 박필양

├ 조용하 (독립장)
├ 조소앙 (대한민국장)
├ 조용주 (애국장)
├ 조용한 (애국장)
├ 조용제 (애족장)
├ 조용진
├ 조시원 (독립장)
└ 자부 이순승 (애족장)

조소앙
├ 조시제 (애국장)
└ 조인제 (독립장)

조시원
└ 조순옥 (애국장)

사위 안춘생 (독립장)
</figure>

조용제 지사 오라버니가 조소앙이며 독립운동가를 많이 배출한 집안이다.

한국의 대표적인 독립운동가 집안 출신인 조용제 지사는 네 명의 오라버니 곧 용하(鏞夏, 1977 독립장), 소앙(1989 대한민국장), 용주(鏞周, 1991 애국장), 용한(鏞漢, 1990 애국장) 선생이 독립유공자 서훈을 받았다. 또한 둘째 오라버니인 조소앙 선생의 부인인 오영선(吳永善, 2016 애족장), 둘째 부인 최형록(崔亨祿, 1996 애족장), 조소앙 선생의 동생인 시원(1963 독립장)과 올케인 이순승(1990 애족장), 그리고 조소앙 선생의 자녀인 시제(時濟, 1990 애국장), 인제(仁濟, 1963 독립장), 계림(桂林, 1996 애족장)과 조시원 선생의 자제인 순옥(順玉, 1990 애국장), 사위 안춘생(安椿生, 1963 독립장)등을 포함하여 다수의 독립유공자를 배출한 독립운동사에 빛나는 집안 출신이다.

조용제 지사는 두 아드님을 두었는데 큰 아드님 김진헌(1924.12.18.~1950년, 납북)교수와 김진섭 장군(1930.1.25~ 2017.4.18)이다. 김진헌 교수는 현재 독립운동유공자 서훈을 신청 중이다. 필자는 2017년 3월 23일, 봄꽃이 아름다운 교정의 국민대학교를 찾았다. 이곳은 조용제 지사의 손녀인 김상용(국민대 행정대학원 사회복지전공 주임교수)교수가 재직 중인 곳으로 김상용 교

2017년 5월 27일, 경기도 양주에 있는 조소앙 기념관을 찾은 국민대 행정대학원 사회복지학과 대학원생들, 뒷줄 왼쪽에서 4번째가 조용제 지사의 손녀 김상용 교수

수는 독립운동가 집안의 후손으로 부끄럽지 않은 삶을 제자들에게 솔선수범으로 보여주고 있었다.

미리 시간 약속을 하고 찾아간 필자를 위해 할머니 조용제 지사와 관련된 자료를 꼼꼼히 챙겨주면서 학생들에게 평소 독립정신을 되새기는 이야기를 틈만나면 들려주고 있다고 했다. 김상용 교수의 할머니, 조용제 지사는 정부로부터 공훈을 인정받아 1990년에 건국훈장 애족장이 추서되었다.

4장

*

만주방면에서
활약한
여성독립운동가

25 만주서 풍상 겪은 임청각 안주인 "김우락"

슬프다 우리 한국
이 좋은 호강산을
헌신 같이 버리고서
그 어디로 가잔 말고
통곡이야 천운이여
강산아 잘 있거라
다시 와서 반기리라

– 김우락 지음, 해도교거사(海島僑居辭) 가운데 –

더없이 푸근하고 좋은 강산(好江山)을 헌신짝 같이 버리고 낯설고 물선 타향으로 떠나는 심정이 뚝뚝 묻어나는 노래를 부른 이는 김우락(金宇洛, 1854~1933) 지사다. 김우락 지사는 대한민국임시정부 초대 국무령(대통령)을 지낸 이상룡(1858~1932) 선생의 부인으로 이들은 안동의 99칸 대저택인 임청각 등 재산을 처분하고 만주로 건너가 신흥무관학교 등을 세워 조국 독립을 위해 최일선에서 뛰었던 부부독립운동가다.

'독립운동가의 아내'로만 취급받던 김우락 지사가 독립유공자로 애족장 추서를 받은 것은 3.1절 100돌을 맞은 2019년 3월이다. 이는 김우락 지사가 세상을 뜬 뒤 86년 만의 일이요, 남편인 석주 이상룡 선생의 서훈(1962.독립장) 일로부터 따져도 57년 만의 일이다. 왜 이런 이야기를 꺼내느냐면 국난의 시기에 남녀 구별 없이 뛰어들어 독립운동에 헌신했으면서도 여성들은 김우락 지사처럼 항상 수십 년이 지난 뒤에 서훈을 받기에 하는 말이다. 그냥 하는 말이 아니다. 다음 도표를 보면 뚜렷하게 알 수 있다.

남편 / 서훈일 / 훈격	부인 / 서훈일 / 훈격
이상룡 1962 독립장	김우락 2019 애족장
이병화 1990 독립장	허 은 2018 애족장
이회영 1962 독립장	이은숙 2018 애족장
안중근 1962 대한민국장	김아려 2008 (미서훈)
강무경 1962 독립장	양방매 2005 건국포장
오광선 1962 독립장	정현숙 1995 애족장

독립운동가 부인들은 남편 보다 수십 년 뒤에 서훈을 받았다.

위 도표에서 이상룡 선생의 부인이 김우락 지사이고 이병화 선생은 손자이며, 허은 지사는 김우락 지사의 손자며느리다. 따라서 손자며느리가 김우락 지사보다 1년 먼저 받았음을 알 수 있다. 이건 김우락 지사 집안에만 해당되는 것은 아니다. 오광선 장군의 경우에도 부인 정현숙 지사는 1995년에 서훈을 받지만 따님인 오희영, 오희옥 지사는 어머니보다 5년 앞선 1990년에 서훈을 받는다. 그 과정이야 우리 일반인들이 알 수는 없지만 적어도 '서훈 체계'가 뒤죽박죽인 느낌은 지울 수 없다.

여성독립운동가들을 추적하여 책을 쓰고 있는 필자로서는 수많은 사람을 만나게 되는데 그들은 한결같이 말한다. "여성들도 남성과 똑같이 독립운동에 헌신했으니 그 예우도 같아야한다"고 말이다. 그러나 실제 상황은 다르다. 달라도 많이 다르다. 더 안타까운 일은 여성에게 수여하는 독립운동 공로 훈장이 마치 '덤으로' 주는 듯한 인상을 지울 수 없다는 부분이다. 이는 1962년 국가보훈처가 생겨나면서부터 '독립유공자' 선정에 대한 철학 부재가 빚은 비극이라 할 수 있다.

김우락 지사는 남편과 동등하게 독립운동의 최일선에서 뛰었지만 남편보다 무려 57년 뒤에야 그 공로를 인정받았다.

김우락 지사는 1854년 2월, 경상북도 안동부 임하면 내앞마을에서 아버지 김진린과 어머니 박 씨 사이에 4남 3녀 중 넷째(맏딸)로 태어났다. 그의 친정 오라버니인 김대락(1845~1915)은 안동에서 사재를 털어 항일국권수호 운동에 참가하였으며 1911년 전 가족을 이끌고 만주로 망명한 뒤 이상룡 선생과 함께 경학사 등을 조직한 독립운동가다.

김우락 지사는 19살에 명망 있는 부잣집 가문 출신의 남편인 이상룡 선생과 혼인하여 99칸 저택인 임청각의 안주인이 되었다. 일제의 침략이 없었더라면 이 훌륭한 저택의 마나님으로 남부러울 것이 없이 살았을 터였다. 그러나 "삭풍은 칼보다 날카로워 나의 살을 에는데 살은 깎이어도 오히려 참을 수 있고 창자는 끊어져도 차라리 슬프지 않다. 그러나 이미 내 저택을 빼앗고 또 다시 나의 처자를 해치려니 내 머리는 자를 수 있지만 무릎 꿇어 종이 되게 할 수는 없다."는 말을 남기고 만주 망명을 감행한 남편의 뒤를 따라 가시밭 길로 뛰어들었다.

안동 임청각 군자정에는 김우락 지사를 비롯한 독립운동으로 받은 훈장이 즐비하게 걸려있다.

훈장증을 걸어 둔 군자정 모습

"허물어진 초가삼간에 잡초가 무성한데
여러 해 사람이 들지 않아 먼지 투성이네
문풍지가 우웅 우는데 어디나라 말인고
침상에서 몸이 얼어 다른 사람 몸이 되었네
솥이 차갑나니 소랑은 눈 밖에 먹을 게 없고
부엌이 비었나니 구천은 누울 섶도 없네
상천의 마음이 어찌 예사로운 것이랴
남아로 하여금 고생을 실컷 겪게 하는구나

* 소랑이란 한무제 때 흉노에 사신으로 갔다가 억류된 소무(蘇武)를 가리키며 소무는
  흉노의 황제 호의를 끝내 거부했다는 고사의 인물

이는 김우락 지사의 남편인 석주 이상룡 선생이 남긴 《석주유고(하)》에 나오는 이야기다. 석주 선생의 만주 망명 생활은 눈물 없이는 마주 할 수 없는 독립운동의 대서사시다. 남편이 조선인 자치기관인 경학사(耕學社)를 조직하고 그 부속기관으로 신흥강습소(新興講習所)를 설치하여 국내에서 모여드는 애국청년들을 훈련하는 동안 황무지를 개척하며 조국에서 몰려드는 청년과 지사들의 의식주를 해결해준 것은 김우락 지사를 포함한 여성들이었다.

낯설고 물선 만주 망명을 감행한 남편과 함께 김우락 지사는 독립운동의 최일선에 서서 뛰면서도 '해도교거사', '정화가', '정화답가', '조선별서', '간운사' 등의 가사를 지은 가사(歌辭) 작가이기도 하다. 안동의 양반 가문 출신인 김우락 지사는 18세기 중엽부터 생겨나 갑오개혁(1894) 이후까지 양반가 출신 여성들이 중심이 된 영남규방가사의 한 부류에 속하는 만주 망명생활 등을 표현한 가사를 많이 남겼다.

배고픔을 이겨내면서 남편의 독립운동이 가능하도록 도왔던 여성들의 헌신은 단순한 조력자가 아니라 동반자적인 관점에서 보아야 할 것이다. 김우락

나라를 되찾지 못하면 가문도 의미가 없다고 하면서 조상의 신주를 땅에 묻고 만주로 떠나는 바람에 석주 이상룡 집안에는 봉안된 신위가 없다. 독립포럼 회원들이 묵념을 하고있는 앞 벽면에 신위 대신 사진들이 걸려있으나 장소가 협소해 카메라에 다 담지 못했다.

지사는 1932년 6월, 남편 이상룡 지사가 길림성에서 숨지자 남편을 만주 땅에 묻고 가족들과 고국으로 돌아왔다. 타향살이 20여 년 만의 귀향이었다. 그러나 꿈에도 그리던 고국에서의 삶은 오래가지 못했다. 귀국 이듬해 4월, 81살을 일기로 숨을 거둠으로써 한 많은 독립운동가의 아내로서의 삶은 대단원의 막을 내리고 말았다.

99칸 대저택은 일제가 집의 정기를 끊고자 철도를 놓는 바람에 60여 칸만 남았다. 사진은 정승이 태어난다는 우물방 모습이다.

안채 마루에서 밥상을 받으며 환담하는 독립포럼 회원들

부창부수(夫唱婦隨)라는 말이 있다. 특히 독립운동에 뛰어들었던 남편과 아내의 마음은 이심전심 그 이상의 것이었을 것이다. 99칸 대저택인 임청각을 등지고 망명길로 떠났던 이상룡, 김우락 부부의 삶을 되돌아보기 위해 2019년 10월 18일(금) 안동 임청각을 찾았다. 함께한 이들은 '독립포럼(대표 최용규)' 회원들이었다.

1박 2일 동안 종손 이항증 선생의 안내로 유서 깊은 독립운동가를 배출한 '독립포럼' 회원들의 임청각 순례는 근처에 있는 도산서원과 경상북도독립기념관, 이육사문학관 등 안동과 경상북도에서 활약한 독립운동가들의 발자취를 돌아보는 뜻깊은 시간을 가졌다.

민족의 정기가 살아있는 대한민국 구국운동의 성지로 알려진 임청각은 이상룡(1962. 독립장), 김우락(2019. 애족장) 부부를 포함하여 이상동(애족장), 이봉희(독립장), 이준형(애국장), 이형국(애족장), 이운형(애족장), 이광민(독립장), 이병화(독립장), 허은(애족장) 등 16명의 독립운동가를 배출했다. 가히 넘볼 수 없는 명문독립운동가 집안이다.

이상룡, 김우락 지사 가족이 떠나고 난 뒤 임청각은 세인들의 기억에서 오랫동안 사라졌었다. 낡고 쇠락해가는 임청각을 지키기 위해 종손인 이항증 선생(78)은 혼자 외롭게 수십 년을 뛰었다. 다행히도 2017년 문재인 대통령은 제72주년 광복절 경축사에서 '독립운동의 산실이자 대한민국 노블레스 오블리주를 상징하는 공간'으로 임청각을 새롭게 인식시켰다.

임청각의 주인인 종손 이항증 선생은, "남들은 대단한 독립운동가 집안이라고 하지만 정작 나는 고아원에서 자랐다. 해방 후 친일파를 제대로 청산했다면 독립운동가 후손들이 고아원을 전전하는 일은 없었을 것이다. 뒤늦게나마 임청각에 대한 대통령과 국민적 관심에 감사할 따름이다. 내가 살아있는 동안 일제에 의해 철저히 망가지고 훼손된 독립운동가의 본거지인 임청각이 다시 제 모습을 찾게 되었으면 한다."고 했다.

1519년(중종 14)에 지은 임청각은 사당과 별당형인 군자정, 본채인 안채, 중채, 사랑채, 행랑채가 영남산과 낙동강의 아름다운 자연과 조화롭게 배치되어 있는 조선시대 대표적인 한옥이다. 그러나 임청각은 안타깝게도 일제강점기에 일제가 중앙선 철도를 집 앞으로 관통하도록 설계하는 과정에서 집의 부속 건물이 헐려 나가 현재는 60여 칸 만 남아 있다.

임청각의 종손인 이항증 선생이
선열들의 독립운동 이야기를 들려
주었다.

임청각 안내판

임청각(보물 제182호)에서는 '명가의 삶속으로 1박 2일'이라는 체험 프로그램을 운영하고 있다. Mark Iriving 의 저서에 "죽기 전에 꼭 가봐야 할 세계의 건축물 1001"에 실릴 정도로 임청각은 대한민국 노블레스 오블리주의 상징적인 건물이자 조선시대 민간 가옥 가운데 가장 큰 규모의 양반가 집으로 500년을 간직한 국가보훈처 지정 현충시설이다.

독립포럼 회원들과 하룻밤을 이 집에서 묵으면서 밤이 깊어 가도록 많은 이야기를 나눴다. 특히 일제가 부설한 철도 위를 달리는 열차가 한밤중에도 굉음을 내고 달려 새벽에도 몇 번이나 잠을 깼다. 대한민국 최고의 독립운동가 집안의 민족정기를 깨부수려고 부설한 철도지만 이 집의 일가(一家)들은 일제의 흉계를 비웃듯 한국의 독립운동사에 한 획을 긋는 독립운동을 했다. 그 역사의 현장인 임청각 안주인 김우락 지사(2019년 애족장)의 뒤늦은 서훈에 크게 손벽을 쳐 드리며 임청각 순례를 마쳤다. 하늘은 구름 한 점 없이 푸르고 맑고 드높았다.

26 무명지 잘라 혈서 쓴 항일의 화신 "남자현"

"네 맞아요. 이곳이 외국인 묘지가 있던 터입니다." 남자현 지사가 묻혔던 무덤을 찾아 찾아간 것은 2014년 9월 25일 오후로 현재 이곳은 하얼빈 문화공원(文化公園)으로 바뀌어 높다란 관람차가 돌고 있었다. 이곳에서 만난 왕봉의 (王鳳儀, 하얼빈공전대학 수학과 교수, 81살) 씨는 당시 무덤자리를 가리키며 친절한 안내를 해주었다.

왼손 무명지 두 마디를 잘라 조선이 독립을 원한다는 "조선독립원(朝鮮獨立願)"이란 혈서와 자른 손가락을 흰 천에 싸서 당시 하얼빈에 와 있던 국제연맹 조사단에게 보내어 조선의 독립 의지를 호소하던 남자현 지사 (1872~1933) 가 이곳 하얼빈에서 독립운동을 한 것은 지금으로부터 82년 전인 1932년의 일이다.

남자현 지사가 묻혔던 첫번째 무덤 (하얼빈 남강 외국인 무덤 앞에서 도다이쿠코 작가와 필자)이 있던 자리로 1930년 쯤 이장되었다.

1932년 9월 국제연맹조사단(단장 리틀경)이 침략진상을 파악하기 위해 하얼빈에 파견된다는 소식을 접한 남자현 지사는 일제의 만행을 조사단에게 직접 호소하고 조선인의 독립의지를 알리기 위해 혈서를 쓰면서까지 이러한 일을 감행한 것이었다.

어제 연길에서 밤기차를 타고 12시간 만에 도착한 하얼빈은 안중근 의사가 이토히로부미를 처단한 현장으로 한국인에게는 더없이 소중한 독립운동 현장으로 기억되는 곳이지만 이곳에서 활약한 여성독립운동가인 남자현 지사를 떠올리는 사람은 많지 않다.

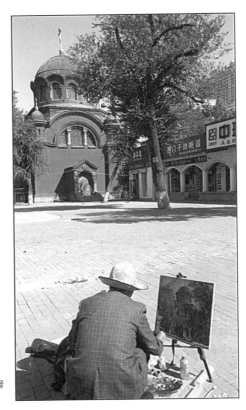

남강 외국인 무덤이 있던 러시아정교회 건물
앞에서 무명 화가가 그림을 그리고 있다.

남자현 지사가 잡혀 6개월간 옥고를 치룬 하얼빈 구 일본영사관 자리에는 화원소학교가 들어서 있다. 이곳은 안중근 의사도 잡혀 있었던 곳이다.

남자현 지사는 영남의 석학인 아버지 남정한(南廷漢)의 3남매 가운데 막내딸로 태어나 아버지로부터 소학(小學)과 대학(大學)을 배웠으며 19살에 경북 영양군 석보면 지경동의 의성 김씨 김영주와 결혼하게 된다. 그러나 남편 김 씨는 결사보국(決死報國) 정신으로 의병에 참여하여 1896년 명성황후 시해 이듬해 유복자를 남기고 순국했다.

그러자 그는 핏덩어리 유복자 아들과 늙으신 시어머니를 봉양하며 때를 기다리다 46살 되던 해에 3·1만세운동이 일어나자 항일 구국하는 길만이 남편의 원수를 갚는 길임을 깨닫고 3월 9일 아들과 함께 압록강을 건너 중국 길림성 통화현(通化縣)으로 이주해 서로군정서(西路軍政署)에 들어갔다.

이후 남자현 지사의 활동은 남성들도 하기 어려운 험한 독립운동의 길로 들어서는데 1925년에는 채찬·이청산 등과 함께 일제총독 사이토(齋藤實)를 암살을 기도하였으며 1928년에는 길림에서 김동삼·안창호 외 47명이 중국경찰에 잡히자 감옥까지 따라가서 지성으로 옥바라지를 할 정도로 그의 독립의지는 확고했고 실천력 또한 강했다.

두 번째 이장지인 하얼빈 유원지에서 중국인 교수에게 남자현 지사의 무덤이 있던 곳을 묻고 있는 도다이쿠코 작가

맨 처음 발을 들여놓은 요녕성과 길림성을 거쳐 하얼빈으로 진출한 남자현 지사는 남자들도 하기 어려운 결심을 하게 되는데 만주국 일본전권대사 무토오(武藤信義)를 처단하자는 일에 뜻을 모으고 거지로 변장, 권총 1정과 탄환, 폭탄 등을 몸에 숨기고 하얼빈으로 잠입한 것이다. 이때가 1933년 초였다. 그러나 하얼빈 교외 정양가(正陽街)에서 미행하던 일본영사관 소속 형사에게 붙잡혀 일본영사관 유치장에 감금되고 말았다.

당시 일본 형사들에게 잡혀 유치장에 구속된다는 것은 곧 죽음을 맞이하는 것과 같은 일로 남자현 지사 역시 이곳에서 모진 고문을 받게 된다. 하얼빈 시내의 구 일본영사관터는 쉽게 찾을 수 있었다. 이곳은 남자현 지사가 잡혀 6개월간 고문을 받던 곳이었으나 구 일본영사관은 헐리고 지금은 화원소학교(花園小學校)가 들어서 있었다.

남자현 지사는 이곳 영사관 유치장에서 다시 살아나갈 길이 보이지 않자 죽기로 결심하고 옥중에서 15일 동안 단식투쟁에 들어갔다. 그러나 이미 6개월간의 혹독한 고문과 옥중 생활로 사경에 이르게 되자 일제는 그제야 겨우 보석으로 석방하게 되지만 이미 그의 몸은 죽음 일보 직전 상태였다.

이 자리가 두 번째 이장한 자리로 지금은 화단만이 덩그러니 남아있다.

그러자 남 지사는 유복자인 아들 영달(英達)에게 중국 화폐 248원을 건네면서 우리나라가 독립이 되면 독립축하금으로 이 돈을 희사하라고 유언하게 되는데 이 유언에 따라 유족들은 1946년 3월 1일 서울운동장에서 거행된 3.1절 기념식전에서 김구, 이승만 선생에게 이를 전달하게 된다.

"사람이 죽고 사는 것이 먹는 데 있는 것이 아니고 정신에 있다. 독립은 정신으로 이루어지는 것이다."라는 말은 남자현 지사가 남긴 유언으로 1933년 8월 22일 그는 60살을 일기로 머나먼 땅 하얼빈에서 숨을 거두었다.

남자현 지사는 중국인들 사이에서 "조선 독립의 어머니"로 불릴 정도로 존경을 한 몸에 받았는데 그가 단식으로 숨지자 당시 하얼빈의 사회유지, 부인회, 중국인 지사들은 그의 죽음을 애도하여 하얼빈 남강외인(南崗外人)묘지에 안장하였다. 그러나 이곳이 신도시로 개발되는 바람에 이장되어 현재의 문화공원(文化公園)으로 옮겨졌다.

조선족 출신으로 자전거를 타고 항일유적지 현장을 찾아 중국 곳곳을 찾아헤맨 강용권 씨는 그의 책 〈죽은자의 숨결, 산자의 발길〉에서 1992년 6월

남강 외국인 무덤이 헐려 두번째로 이전한 무덤자리는 현재 문화공원이 자리하고 있으며 거의 유원지화 되어있다. 이곳 안에 러시아정교회 건물이 남아 있고 이 앞이 외국인 무덤이었으며 1958년에 중국의 〈대약진운동〉에 따라 무덤을 없앤 것으로 보인다.

26일 남자현 무덤을 찾아 하얼빈 남강 무덤을 찾아보았으나 이미 이전했음을 알고 현재 문화공원 쪽으로 발길을 돌렸다고 쓰고 있다. 그러나 당시 문화공원에 이장했다는 무덤은 유원지를 만드는 바람에 제대로 관리가 안되고 있었고 강용권 씨가 나뒹구는 비석들을 훑어보았으나 남자현 지사 비석을 찾지 못했다고 했다.

그가 찾아갔던 1992년으로 부터 22년이 지난 현재(2014.9.24.), 이곳이 무덤이었는지도 알 수 없을 만큼 공원화 되어버렸고 무덤자리에는 화단만 덩그러니 조성되어 있었다. 아무런 팻말도 없이 말이다.

붉은 다알리아 꽃이 곱다. 먼 이국땅에서 조국의 독립을 위해 목숨을 바친 남자현 지사의 넋을 달래주는 것 같아 마음이 찡하다. 두번째 무덤자리지만 지금은 화단으로 꾸며져 있다.

 82년 전 남자현 지사가 맨처음 묻혔던 하얼빈 남강 외국인 묘지는 급격한 개발의 길로 들어섰음을 고층 빌딩들이 말없이 증언하고 있는 가운데 도다이쿠코 작가와 필자는 옛 흑백사진 한 장을 들고 이곳을 찾아 나섰으나 쉽사리 증언해줄 만한 사람은 나타나지 않았다. 그러나 다행히 당시에 있던 러시아정교회(동정교회, 東正敎會)건물이 남아 있어 그 위치를 찾는 데 어려움은 없었다.

문제는 두 번째로 이장한 곳이었다. 두 번째로 이장한 곳은 완전히 유원지화한 공원으로 이곳에 무덤이 있었을 것이란 상상은 하기 어려운 곳이다. 그러나 이곳 역시 러시아정교회 건물이 남아 있어 다행히 무덤자리를 확인하는데 도움이 되었으며 마침 이곳을 지나던 전직 하얼빈공전대학 수학과 교수 출신의 왕봉 씨의 도움으로 예전 이곳이 무덤이었음을 확인할 수 있었던 것이다.

남자현 지사의 발자취를 찾아 하루종일 발품을 판 도다이쿠코 작가와 필자는 구 일본영사관 터와 두 곳의 외국인 무덤자리를 확인하고는 공원 한켠 화단 벤치에 그만 주저앉았다. 다알리아 꽃이 활짝 핀 화단 자리가 외국인 무덤자리였다니 분명 이곳 어딘가에 남자현 지사의 넋이라도 느낄 수 있을 것만 같은 생각에 가슴이 찡하다. 올려다본 가을하늘은 푸르른데 눈앞에는 높디높은 관람차만이 빙글빙글 돌고 있었다.

 흔적 없이 사라진 무덤이 야속하여 화단에 앉아 우리는 "독립은 먹고 마시는 데 있는 것이 아니라 정신에 있다"라고 하던 남자현 지사의 유언을 오래도록 곱씹어 보았다. 할 수 있다면 첫 번째 무덤 터와 두 번째 무덤 터에 작은 팻말이라도 세워놓았으면 하는 아쉬운 마음이 들었다.

27 김좌진 장군과 함께 뛴 만주의 여걸 "오항선"

"제 어머니라서 이런 말씀을 드리는 건 아닙니다. 어머니는 정말 여장부셨습니다. 중국에서 아기를 업은 채 말을 타고 다니며 독립문서를 전달하셨다고 하니 지금 생각해도 여자의 몸으로 어찌 그러한 일을 하셨을까 싶습니다."

오항선(吳恒善, 1910.10.3.~ 2006.8.5.) 지사의 아드님이신 권혁우(74살) 광복회 부산 남부 연합지회장은 필자를 만나자 마자 어머니에 대한 이야기를 실타래 풀 듯 풀어 놓았다. 필자는 2017년 11월 10일 (금) 오후, 오항선 지사의 아드님을 뵙고 이야기를 듣고자 부산 남구 못골로(대연동)에 있는 광복회 연합지회 사무실을 찾았다.

오항선 지사의 건국훈장 애국장 훈장증

안중근 의사 아들 준생 씨의 장례식 모습, 동그라미 표시는 안성녀 씨

"어머님(오항선 지사)은 98살(실제나이)로 돌아가셨습니다만, 돌아가시는 그 날까지 속옷을 빨아 입을 정도로 정정하셨습니다. 몸도 건강하셨지만 정신은 더욱 또렷하셨지요. 저희들에게 자주 당신이 독립운동하던 시절의 이야기를 들려 주셨기에 마치 제가 독립운동을 한 것처럼 그 당시 상황을 자세히 알고 있습니다."

이는 권혁우 지회장 곁에서 부인 이용순(68살) 씨가 시어머님(오항선 지사)에 대해 들려준 이야기다. 사이좋은 고부간의 지난 시간들을 엿볼 수 있는 순간 이었다.

오항선 지사 부모의 고향은 황해도 신천으로 부모님은 일찍이 만주로 진출하여 오항선 지사는 1910년 10월 만주 길림성 석두하자에서 태어났다. 독립군을 돕던 아버지의 영향을 받아 어린 나이지만 조국을 일제에 빼앗기고 망국노로 이국땅에서 살아가고 있는 사실에 일찍 눈을 떴다. 그러나 독립군의 뒷바라지를 하시던 아버지가 조선을 침탈한 일제에 항거하여 자결로 생을 마감하고 말았다. 거기다가 하나밖에 없는 남동생 오해산 역시 독립운동을 하다 목숨을 잃는 아픔을 겪어야했다.

일찍부터 철이 들었던 오항선 지사는 18살 때부터 만주에서 독립운동에 뛰어들었다. 김좌진 장군의 부하가 되어 무기운반과 은닉 및 연락책임을 도맡아 목숨을 내건 독립운동에 전력을 다했다. 오항선 지사는 1929년 1월 신민부 소속 독립운동가 40여 명이 길림성에서 회의를 하고 있을 때, 하얼빈에 있는 일본 영사관원과 중국군의 습격을 받아 유정근 등 12명이 체포되자 숨겨둔 무기를 안전한 곳으로 운반하는 등 독립운동에 앞장섰다.

1930년 김좌진 장군이 죽자 부인 나혜국과 함께 장군 부하 동지들의 경제생활을 지원하였으며 그해 1월에는 암살당한 김좌진 장군의 복수를 모의한 고강산, 김수산 등 6명에게 권총을 전달하였다. 무기를 전달하는 과정은 목숨을 내놓아야하는 위험천만한 일이지만 오항선 지사는 두려움 없이 무기운반의 임무를 완수하였던 것이다.

오항선 지사는 1930년 10월 독립군 활동을 돕던 중, 자신의 집에서 남편 유창덕과 함께 체포되어 혹독한 고문을 당했다. 그는 1930년에 4년 6개월 형을 선고받아 길림성 감옥에서 복역하던 중 7개월 만에 출소하였다. 그러나 그 해 10월 남편 유창덕이 일본군에게 사살되는 불행을 겪게 된다. 그의 나이 31살 때의 일이다.

홀로되어 독립운동을 이어가던 오항선 지사는 1935년 안중근의 누이동생인 안성녀의 아들 권헌 선생과 재혼하여 함께 독립운동에 힘썼다. 권헌 선생은 당시 중국에서 인쇄소와 정미소를 운영하며 독립군에게 군량미를 조달하는 등 조국독립의 물질적인 지원을 아끼지 않았다. 그러나 막상 광복을 맞아 꿈에 그리던 고국 땅을 밟았을 때는 빈털터리였다. 중국 내에서 기반을 잡아 활동하던 모든 것들을 중국 땅에 두고 빈손으로 돌아와야 했기 때문이었다.

평생 고생으로 한 세상을 살아온 오항선 지사의 아드님 내외

방 1칸도 없이 시작한 부산 생활은 꿈에 그리던 조국의 모습이 아니었다. 오
항선 지사는 시어머니인 안중근 의사의 여동생 안성녀 여사와 1남 2녀의 올
망졸망한 아이들을 키우느라 삯바느질 등 온갖 거친 일을 마다하지 않고 닥
치는대로 해야 했다. 그래서일까? 자신의 며느리에게만은 그러한 짐을 조금
이라도 덜어주고자 없는 살림을 도맡아 하면서도 며느리가 사회봉사활동을
할 수 있도록 적극 지원해주었다.

"정말 시어머님(오항선 지사)은 고생을 많이 하셨습니다. 저희들 역시 맨손으
로 고국에 돌아오신 부모님 밑에서 말로 표현할 수 없는 고생을 하며 살아왔
지요. 그러나 가진 것이 없는 생활이었지만 어머님은 당신이 집안 살림을 맡
아하시면서 며느리인 저를 내보내 사회봉사에 전념하도록 후원해주셨습니
다. 수십 년 동안 적십자봉사단 등에서 제가 봉사활동을 할 수 있었던 것은
오로지 시어머님 덕입니다."

독립운동이 국가를 위한 일이라면 적십자 활동 등의 봉사활동은 사회를 돕는
일이다. 시어머니는 독립운동에 평생을 쏟고, 며느리는 사회봉사에 평생을

쏟은 고부간의 헌신이 유달리 돋보였다. 어디 그뿐인가! 오항선 지사의 시어머님인 안성녀 여사는 안중근 의사의 여동생이라는 이유 하나만으로 평생 일본 경찰의 감시를 받아야했으니 오항선 지사로서는 늘 마음이 바늘방석에 앉은 듯했다.

오항선 지사의 아드님인 권혁우 지회장은 안성녀 할머니에 대한 기억을 어렴풋이 하고 있었다. 광복의 기쁨을 안고 건너온 조국 땅에서 너무나 살아갈 길이 막막하여 한번은 안성녀 할머니가 어린 손자 혁우를 데리고 부산시장실을 찾아갔다고 한다. 독립운동을 한 사람이 귀국하여 방 1칸도 없이 살아가서야 되겠느냐고 시장에게 의논 겸 도움을 요청하러 간 것이다.

허름한 옷을 입은 웬 할머니가 어린 손자를 데리고 와서 시장을 면담하겠다고 하니 비서실에서 행색만을 보고 '시장님이 안계신다.'고 한 모양이었다. 그러나 안성녀 할머니는 미동도 하지 않고 그렇다면 시장이 돌아올 때까지 기다리겠다고 했다. 그러나 사실 시장은 시장실 안에 있었던 것이다. 시장실 안에 있던 시장이 문을 열고 밖으로 나오자 안성녀 할머니는 지팡이로 대뜸 시장을 후려쳤다고 했다.

그러면서 "내가 누군지 아나? 시장이 있으면서 왜 없다고 하나? 중국에서 독립운동을 하느라 오만 고생을 하고 돌아와서 방 한 칸도 없이 살아야하는 사정을 말하러 온 늙은이에게 이 무슨 무례한 짓이냐? 고 혼쭐을 냈다고 한다.

독립투사 오라버니 안중근의 당당한 피를 물려받은 여동생답게 안성녀 여사는 정정당당히 시장을 면담하고자 했으나 그들의 졸렬한 처사에 호통을 치고 뒤도 돌아보지 않고 시장실을 나와 버렸다고 한다.

안중근 의사의 여동생인 안성녀 여사의 손자이자 독립운동가 오항선 지사의 아드님인 권혁우 지회장과 부인 이용순 여사는 장시간 동안 당시 할머니와

어머니 오항선 지사의 독립운동과 할머니 안성녀 여사에 대한 이야기를 소상히 필자에게 들려주는 아드님 권혁우 씨 내외

어머니가 살았던 시대의 이야기를 생생하게 들려주었다. 그러면서 자신의 아이들도 오항선 할머니를 존경하고 있다고 대견스러워 했다.

말년의 오항선 지사는 틈나는 대로 "일제에 억압받던 과거의 역사를 후손들이 되풀이하지 않도록 청년들이 정신을 차려야한다. 중국과 일본 사이에서 완전한 자주독립을 위해 독립운동은 지속되어야 한다."고 하셨다고 전했다.

2005년 98살의 일기로 숨을 거두기까지 오항선 지사는 한시도 정신을 놓지 않고 운명하는 그 순간까지 대한민국의 안녕을 기원했다는 이야기를 듣고 있자니 가슴이 뭉클했다. 오항선 지사에게 조국, 대한민국은 목숨 그 자체였음을 대담을 마치면서 가슴으로 느꼈다.

오항선 지사는 국가로부터 독립운동의 공훈을 인정받아 1990년, 건국훈장 애국장을 수여받았다. 그러나 오항선 지사에 앞서 독립운동을 한 시어머니 안성녀 여사는 후손들이 여러 번 독립유공자 서훈신청을 하고 있지만, 번번이 반려되고 있다면서 손자인 권혁우 광복회 부산 남부 연합지회장은 안타까워했다.

두 내외가 내민 빛바랜 사진과 할머니 안성녀 여사와 어머니 오항선 지사의 이야기가 실린 오래된 신문 기사만이 "그날의 활약"을 대변할 뿐 검소한 사무실 창밖은 짧은 늦가을 해가 어느새 지고 있었다.

28 어린 핏덩이 내동댕이친 왜놈에 굴하지 않던 "이애라"

충남 아산에 있는 이애라(李愛羅, 1894.1.7 ~ 1921.9.4) 지사의 충국순의비를 찾아 나선 날은 2012년 11월 22일로, 첫 추위가 전국을 얼어붙게 한 날이었다. 집을 나서기 전 아산시 영인면 월선리까지는 확인이 되었지만, 번지수까지는 아무리 해도 찾을 길이 없어 무작정 월선리로 달려갔다. 국내 일간지에 이애라 지사의 월산리 충국순의비 사진이 올라있고 약도도 대강 나와 있었지만, 그것만을 믿은 것은 실수였다.

이애라 지사의 남편인 이규갑(1888~1970) 지사도 워낙 알려진 독립운동가인지라 근처에 가면 묘소를 안내하는 팻말이 있으려니 했는데 안내 팻말은 안 보이고 '월선리'라고만 찍어 둔 네비게이션은 자꾸만 경로 이탈을 알린다. 하는 수 없이 작은 마을로 들어가 보았지만 사람 하나 구경할 길이 없다. 간신히 마을 안쪽 집 마당에서 가을걷이하는 어르신을 만나 이규갑·이애라 지사 무덤을 물으니 마을 입구의 이장을 찾아가 물어보란다. 아이쿠! 이장집은 또 어딘고? 물어물어 찾아간 이장님은 오리고기 식당을 하는 분인데 방금 읍내로 나들이를 하셨단다. 아뿔사! 오리집 명함에 적힌 번호로 전화를 하니 사모님 때문에 병원에 막 왔는데 다시 가서 안내해주겠다고 하더니 잰걸음에 달려오셨다. 오십쯤 되어 보이는 인심이 후덕해 보이는 이장님은 묘소를 찾기 어려울 것이라며 선뜻 앞장서서 안내를 하신다.

대부분 독립지사 무덤을 찾아가는 길은 안내해주는 분이 없으면 찾기가 어렵다. 묘소 입구에 작은 이정표만 몇 군데 세워 주어도 찾아갈 수 있으련만 이러한 배려가 없다 보니 어려움이 많다. 독립지사들이 모두 국립현충원에 모

이애라 지사의 유일한 사진

셔진 것은 아니다. 국가가 관리하는 곳에 모셨더라면 찾아가 뵙기도 쉽고 관리도 잘 될 텐데 하는 아쉬운 마음으로 마을 뒷산의 제법 경사진 길을 올랐다.

사람의 오고 감이 있는 곳이 아니라서 무덤으로 오르는 좁은 산길의 풀을 베어 놓지 않았다면 도저히 다가갈 수 없는 곳이다. 다행히 잡풀은 사람이 다닐 만큼 깎아놓아 삐죽이 나온 가시나무를 헤치고 무덤에 오를 수 있었다. 야산마루에 도착하니 푸른 하늘이 열려있었고 주변에는 소나무며 잡목들이 빙 둘러 아늑한 곳에 이애라 지사 남편을 비롯한 시댁 식구들의 무덤 여러 기가 보인다. 그 끝 한쪽에 이애라 지사의 이야기가 적힌 충국순의비가 오뚝하니 세워져 있다.

> "… (선생은) 품성이 현숙 효순하여 범사에 관후하였다. 이화학당을 졸업하고 양육사업에 종사하다가 서기 1919년 3·1독립만세 때에 애국부인회를 지도하다가 일경에 체포되어 서울, 평양, 공주에서 옥중생활을 하였다… 그 후에 부군 이규갑 씨가 독립운동을 하는 시베리아로 밀행하다가 함경북도 승가항에서 왜적에게 체포되어 가혹한 고문을 받고… 순국하다"
>
> — 충국순의비(忠國殉義碑)비문 가운데 —

충국순의비는 원래 마을 들머리에 있던 것을 길을 넓히면서 이곳 무덤으로 옮겼다고한다. 그러나 현재 이애라 지사는 이곳에 묻혀있지 않다. 스물일곱 꽃다운 나이로 왜경에 체포되어 가혹한 고문을 받고 1921년 블라디보스톡 에서 숨진 뒤 주검은 고국으로 돌아오지 못한 채 그 소재조차 모르는 상황이 다. 멀리 이국땅에서 고국을 그리며 한 송이 들꽃으로 피어있을 이애라 지사 가 안쓰럽기만하다.

이화학당을 졸업한 이애라 지사는 독립운동가인 이규갑 지사를 만나 스무 살 에 결혼했다. 남편과 함께 공주 영명학교와 평양 정의여학교에서 교편을 잡던 3년 동안이 이 부부의 가장 행복한 시간이었을 것이다. 이후 스물다섯 살이던 1919년, 전국적인 3·1만세운동이 펼쳐지자 남편인 이규갑과 한남수·김사 국·홍면희 등과 비밀 연락을 하면서 1919년 '한성정부'로 알려진 임시정부를 수립하기 위한 국민대회 소집에 직접 관여한다. 또한, 독립운동의 열악한 재정 문제를 해결하고자 1920년 애국부인회에 참여하여 모금운동을 했다.

이 당시 이애라 지사는 어린 딸을 업고 동분서주하였는데 서울 아현동에서 그만 일본경찰에 잡혔다. 이때 어린 딸을 낚아챈 왜놈들은 바닥에 딸을 내동 댕이쳐 죽게 하고 이애라 지사를 잡아다가 가두고 모진 고문을 한다. 출옥 뒤 여러 차례 겪은 고문 후유증 상태에서 온몸이 상처투성이인 채로 독립운동을 하는 남편 대신 생계를 위해 천안 양대 여학교 교사로 취직했으나 사흘이 멀 다 하고 형사들이 찾아와 남편을 찾아내라고 행패를 부리고, 걸핏하면 경찰 서로 연행을 당하자 독립운동에 전념하기 위해 시숙인 이규풍이 사는 러시아 로 망명을 결심한다.

스물일곱 나이로 이 지사는 어린 두 아들과 함께 경원선 열차로 원산으로 갔 다가 배로 함경북도 웅기(雄基)항에 도착했으나 그만 배에서 내리자마자 왜놈 에게 잡히고 만다. 당시 선생은 '요시찰' 인물이었으므로 이미 총독부 경무국 소속 순사가 연락을 받고 기다리고 있었던 것이다. 웅기 경찰서에서 왜놈 순

충남 아산시 영인면 월선리 이애라 지사 충국순의비에서 필자

사들은 이 지사의 짐을 수색하고 독립운동가인 남편의 행방에 대해 추궁을 하는 등 모진 고문을 가한다. 이미 국내에서 여러 차례의 고문과 오랫동안의 투옥생활로 몸이 망가진 지사를 보고 일본순사들은 그가 옥중사망할 때의 책임을 모면하려고 의사를 부르는데 이때 왕진 온 의사는 다름 아닌 큰 시숙 이규풍의 아들이었다. 그는 의사인 조카와의 운명적인 만남으로 구사일생으로 목숨을 건져 블라디보스톡에 도착하였으나 고문 후유증으로 사경을 헤매었다.

선생의 소식을 듣고 달려온 남편을 만난 며칠 뒤 어린 두 아들을 남기고 고문후유증으로 꽃다운 나이인 스물일곱 살을 일기로 머나먼 이국땅에서 순국했다. 당시 남편인 이규갑 지사는 러시아에 창설한 한국 독립군 사관학교 교장으로 일본 마적단과 싸우는 등 무장투쟁의 한 가운데에 있었다. 정부에서는 고인의 공훈을 기리기 위해 1962년 3월 1일에 건국훈장 독립장을 추서하였다. 또한, 2004년 5월에는 이달의 독립운동가로 뽑혀 이애라 지사의 나라사랑 정신을 되새기게 했다.

29 블라디보스톡 한인촌 여장부 "이인순"

잿빛 비를 뿌리던 하늘은 언제 그랬느냐는 듯 푸르렀다. 가슴 시리도록 푸르른 하늘 아래, 블라디보스톡 신한촌 집터를 걸으며 나는 끝내 눈물을 흘렸다. 이인순 지사의 삶의 흔적을 찾아 블라디보스톡 신한촌을 찾은 것은 2018년 10월 24일 저녁 5시 무렵이었다. 아무르바다의 물빛이 회색빛을 띠던 그 시각 신한촌도 서서히 해가 지고 있었다.

신한촌은 1911년 무렵부터 형성된 곳으로 많을 때는 1만 명 이상의 한인들이 살던 곳이다. 이곳은 연해주 독립운동의 중심지 역할을 했으나 1937년 한인 강제이주가 시작된 이후 폐허로 변했다. 그 뒤 아파트촌이 들어서서 현재는 당시 한인들의 흔적을 찾아보기 어렵게 변모해버렸다. 하지만 다행스럽게도 아파트촌 한구석에 '서울스카야 2A'라는 번지를 적은 문패가 남아있어 이곳이 과거 한인들의 집단거주지였음을 알려주고 있다.

이곳이 신한촌이었음을 알려주는 '서울거리(서울스카야2A)' 번지 문패

러시아인들의 아파트촌으로 변모한 과거 한인들이 살던 신한촌 자리. 해 질 녘 벤치에서 할 머니 두 분이 정담을 나누고 있다.

과거 신한촌 거리가 7킬로미터에 이르렀다고 하니 어디를 가도 한인들이 살던 곳이었음이 틀림없다. 현재는 십여 동의 아파트가 들어서 있다.

'서울스카야 2A'라는 문패가 달린 이 집은 아무르바다가 내려다보이는 아무르스카야 언덕에 자리하고 있다. 이 집으로부터 하바롭스카야 거리 끝의 '연해주 신한촌 기념탑'이 설치된 곳까지가 신한촌 지역으로 추정되고 있다. 이곳은 1919년 박은식 선생이 3.1만세운동 때 함께 한 곳이기도 하다. 1909년 블라디보스톡 지도에 표기된 '한국거리(까레이쓰까야 울리짜)'를 통해 현재 지역이 신한촌이라는 것을 추정하고 있는 것이다.

그것은 마치 고대 한국인들이 일본으로 건너가 정착했던 흔적을 남긴 일본 가나가와현 오이소 지방에서 만난 고마쵸(高麗町) 문패를 보는 듯 가슴이 뭉클했다. 문패가 없다고 해서 역사가 사라진 것은 아니지만 '서울거리'라는 작은 문패 하나가 주는 그 정겨움은 돌아가신 친정어머니를 만난 듯 뭉클한 감동 그 자체였다.

이인순 (李仁橓, 1893 ~ 1919. 11.) 지사는 동생 이의순 (1895. ~ 1945. 5. 8)지사와 함께 독립운동에 뛰어든 자매로 이들은 정부로부터 1995년에 건국훈장 애국장과 애족장을 나란히 추서 받았다. 이인순 지사는 대한민국임시정부

뒷줄 아버지 이동휘와 어머니 강정혜, 가운뎃줄 이인순, 이발(할아버지), 이의순, 이경순 맨 앞줄 동생 이우석

중국 연길 국자가(局子街) 소영자(小營子)는 여
전히 소영촌이라는 이름으로 남아있다. 이인순
지사의 발자취를 찾아서 (2014. 9. 14)

에서 국무총리를 지낸 이동휘 선생(1873. 6. 20. ~ 1935. 1. 31.)의 맏딸로
1902년 아버지가 고향인 함경남도 단천에서 경기도 강화의 진위대장으로
활동하게 되자 할아버지 이발 (李發), 동생 의순 등과 함께 서울로 이사와 자
랐다.

이인순 지사의 아버지 이동휘 선생은 함경남도 단천 출신으로 1907년 강화
도에서 의병 투쟁을 모의했으며, 1908년 서북학회(西北學會)를 창립하고 비
밀결사 조직인 신민회(新民會)를 조직하여 계몽운동과 항일투쟁을 전개하던
중 105인 사건으로 함경도에서 잡혀 3년간 유배 생활을 했다. 그 뒤 1912년
북간도로 망명한 이후 광성학교(光成學校)를 설립하여 민족교육을 실시했으
며 1913년부터는 러시아 블라디보스톡의 신한촌을 중심으로 조직된 권업회
(勸業會)에 참가하여 이상설·이갑·신채호·정재관 등과 함께 민족해방투쟁을
위해 적극적으로 뛰었다. 이동휘 선생은 1935년 1월 31일 블라디보스톡 신
한촌에서 62살로 숨질 때까지 대한민국임시정부 군무총장, 국민대표회 집

행위원 등을 맡으며 상해와 연해주를 주 무대로 독립운동에 적극적인 활동을 폈다.

한편 이인순 지사는 한성연동정신학교(漢城連洞貞信學校)를 졸업한 뒤 17살의 나이로 함흥, 성진에서 교사로 활동하다가 아버지가 북간도로 망명길에 오르자 함께 이인순 지사도 중국으로 건너갔다.

아버지가 연길 국자가(局子街) 소영자(小營子)에서 광성학교를 세워 교육 활동을 할 때 이인순 지사도 국자가의 조선여학교에서 교사로 일했다. 아버지의 영향을 받은 이인순 지사는 학생들에게 민족의식을 높이는 교육을 실천했으며 아버지의 독립운동을 지원하면서 여성들의 의식 향상을 위해 힘썼다. 1918년 가을, 가족들이 아버지를 따라 러시아 연해주 블라디보스톡 신한촌에 정착하게 되자, 이인순 지사 역시 남편 정창빈과 함께 블라디보스톡으로 이주하였다.

낯선 땅 블라디보스톡에서 이인순 지사는 이곳에서 독립운동하는 아버지를 경제적으로 돕고자 작은 사업을 시작하였다. 그의 나이 27살 때 일이다. 그러나 3·1만세운동이 일어났던 그해 11월 유행하던 장티푸스에 걸려 사경을 헤매다 그만 숨을 거두고 말았다. 장차 아버지를 도와 독립의 선봉장이 될 지식인 여성이 열악한 환경에서 병마를 만나 꿈을 접어야 했으니 이보다 더 큰 불행한 일도 없을 것이다.

더욱 안타까운 일은 이인순 지사가 숨지고 나자 5살 난 아들 정광우마저 장티푸스로 숨진 사실이다. 그러나 더 큰 불행은 이들 두 모자의 죽음을 지켜보던 남편 정창빈 지사가 이를 비관하여 모자가 숨진 이듬해인 1920년 1월 27일 음독자살하였으니 참으로 가슴 아픈 일이다.

블라디보스톡 하바롭스카야 26A에
세워진 신한촌기념비에서 헌화하는
필자

숨진 이인순 지사의 남편 정창빈 지사는 8살 때 손가락을 잘라 어머니를 구한 효자로 알려진 인물이며, 1907년 계봉우의 추천으로 신민회에 가입하여 이동휘 휘하에서 활동하였다. 1911년 1월, 북간도로 망명하여 계림촌(鷄林村)에서 교사로 활동하였으며, 이어 1916년 12월에는 러시아 연해주 도비허에 있는 화동학교에서 교사로 일하면서 재러동포 자녀들의 민족의식 교육을 담당하였다. (1995년 대통령표창 추서)

한편, 27살로 요절한 이인순 지사의 죽음을 안타까워한 동포사회에서는 1920년 1월 17일 낮 2시 주 상해(駐上海) 대한애국부인회 주최로 작고한 이인순과 김란사·김경희 등의 추도식을 열었다. 이 때 내빈으로 참석한 이는 안창호·김립·윤현진 등 상해 인사 30여 명이었다. 러시아 땅에서 독립운동을 하다 숨진 이인순 지사를 상해에서 추도식을 열 정도로 이인순 지사는 동포 사회에서 이름난 여성독립운동가였다.

과거 한인들이 밀집해 살았던 한인촌은 아파트촌으로 변했고, 단지 내에는 곳곳에 콘테이너들이 놓여있었다. 깊어가는 가을을 말해주듯 나무들은 겨울채비를 하고 있었다.

깊어가는 가을, 낙엽이 쌓인 신한촌 거리를 걸으며 99년 전, 이곳에서 조국의 독립을 위해 푸른 꿈을 펼치다가 27살의 나이로 숨진 이인순 지사를 그려보았다. 이인순 지사의 발자취를 찾아 몇 해 전 중국 연길의 국자가(局子街) 소영자(小營子)에서 느꼈던 그 감회는 블라디보스톡 한인촌으로 이어졌다. 사람은 갔어도 그가 밟았던 땅은 영원히 그 자리에 있는 법, 3·1만세운동 100돌을 앞둔 지금, 이인순 지사를 포함한 블라디보스톡 한인촌에서 독립의 불씨를 활활 지피던 선열들의 추모비 앞에서 국화 한 다발을 바치며 나는 다짐했다.

결코 선열들의 굽힐 줄 모르던 삶의 용기와 광복에의 뜨거운 열정을 잊지 않겠노라고 말이다.

30 아직도 서간도 바람으로 흩날리는 들꽃 "허은"

지금도 귓가를 스치는
서간도 벌판의 바람소리를 들으며
지나온 구십평생 되돌아봐도
여한은 없다
그저 하루하루 연명한 것이 오늘에 이른 것이다
고달픈 발자국이었긴 하나
큰일 하신 어른들 생각하면
오히려 부끄러울 뿐이다.

– 허은 지음 '아직도 내 귀엔 서간도 바람소리가' 가운데서 –

그렇다. 서간도의 추위는 그냥 추위가 아니다. 살을 에는 듯한 그 추위는 서간도에 서본 사람만 안다. 허은 (許銀, 1907.1.3.~1997.5.19) 지사의 발자취를

유하현과 통화현 일대 신흥무관학교 터는 끝없는 옥수수밭이다.

임시정부 초대국무령 이상룡 손자 며느리 허은 지사.(우무철 화백 그림)

찾아 만주 답사를 떠난 것은 2014년 9월 중순이었다. 만주 쪽의 독립운동가들의 발자취를 찾아 나선 사람들은 알겠지만 그 너른 벌판은 황량한 옥수수밭이다. 신흥무관학교가 있던 유하현이 그렇고 통화현, 왕청현 등도 옥수수밭이라 이곳에서 독립운동의 흔적을 찾기란 어렵다.

허은 지사는 대한민국임시정부의 초대국무령(대통령)인 석주 이상룡 선생의 손자며느리이자, 이병화 독립투사의 아내다. 또한 한말 의병장이던 왕산(旺山) 허위 집안의 손녀로 1907년 경북 선산군 구미면 임은동에서 아버지 허발과 어머니 영천 이씨 사이에 3남 1녀 중 외동딸로 태어났다. 8살 때인 1915년 음력 3월 15일, 가족들은 고향을 떠나 배고픔과 굶주림이 기다리는 서간도로의 긴 여정에 올랐다. 그것은 독립운동을 위한 투쟁의 첫걸음이었지만 여덟 살 소녀가 이해하기에는 많은 시간이 흘러야 했다.

열여섯 살 나던 1922년 늦가을 흰 눈송이가 펑펑 내리던 날 하얼빈에서도 천리나 떨어진 영안현 철령허 친정을 떠나 2천8백 리나 떨어진 완령허 화전현으로 시집갔지만 기다리는 것은 역시 가난과 끝없이 몰려드는 독립군들의 내왕이었다. "집에는 항상 손님이 많았는데 땟거리는 부족했다. 삼시 세끼가

녹록치 않았다. 점심준비를 위해 어느 땐 중국인에게서 밀을 사다가 마당의 땡볕에 앉아서 맷돌로 가루를 내어 반죽해서 국수를 해먹었는데 고명거리가 없어 간장과 파만 넣었다. 양식이 없던 어느 해는 좁쌀도 없어 뜬 좁쌀로 밥을 해먹었는데 그것으로 밥을 해놓으면 색깔도 벌겋고 곰팡내가 나서 아주 고약하다."

가족과 함께 망명길에 나선 여성들의 삶은 끼니때가 가장 고역스러웠다. 그것은 허은 지사만 겪은 것은 아니었다. 상해 뒷골목에서 버려진 배추 겉껍질을 주워 독립군의 밥 수발을 해대던 김구 어머니 곽낙원 지사가 그랬고 우당 이회영 부인 이은숙 지사도 입쌀밥은커녕 곰팡내 나는 좁쌀 밥조차 배불리 해먹을 수 없었다고 회상한 데서 당시 망명자들의 극심한 식량난을 이해할 수 있다.

끼니를 때울 식량만이 문제가 아니었다. 땔나무도 부족했던 시절이라 가장이 독립운동 하러 나간 집에서 이러한 일들은 모두 여성들의 몫이었다. 밤낮으로 이어지는 육체노동에 허은 지사는 급기야 쓰러졌다.

"시집온 다음해에 한번은 감기가 들었으나 누워서 쉴 수가 없었다. 무리를 했던지 부뚜막에서 죽 솥으로 쓰러지는 걸 마침 시고모부가 보시고는 얼른 부추겨 떠메고 방에 눕혔는데 다음날도 못 일어났다. 그때가 열일곱 때였다." 그러나 이러한 일들은 한 가족을 먹여 살리기 위한 것만이 아니었다. 집안에 밀려드는 독립투사들을 건사해야 하는 일들이야말로 그들 자신이 독립군이 아니면 안 되었던 것이다.

"매일 같이 회의를 했다. 3월 초 이 집으로 이사 오고부터 시작한 서로군정서(西路軍政署)회의가 섣달까지 이어졌다. 서로군정서는 서간도 땅에서 독립정부 역할을 하던 군정부가 나중에 임시정부 쪽과 합치면서 개편된 조직이다. 통신원들이 보따리를 짊어지고 춥고 덥고 간에 밤낮으로 우리집을 거쳐 갔다. 전 만주 정객(政客)들 끼니는 집에서 해드릴 때가 많았고 가끔 나가서

드실 때도 있었다. 이때 의복도 단체로 만들어서 조직원들에게 배급했다. 부녀자들이 동원되어 흑광목과 솜뭉치를 산더미처럼 사서 대량생산을 했다. 나도 옷을 숱하게 만들었다. 그 중에도 김동삼, 김형식 어른들께 손수 옷을 지어 드린 것은 지금도 감개무량하다."

독립군들에게 밥을 지어주고 옷을 지어 공급했으니 그것은 이미 개인사를 뛰어넘은 독립운동사의 생생한 기록인 것이다. "1910년대 서간도에서 여성문제에 관하여 써놓은 자료는 드물다. 남성중심의 사회이자 준 전투적 집단이어서 주로 일반 주민 모두를 대상으로 하였거니와 남성만을 대상으로 하여 여러 가지 논의가 전개되었기 때문이다."라고 지적한 서중석 교수의 말처럼 당시의 상황을 증언하고 있는 이러한 자료들이야말로 편향된 남성들의 독립운동에서 시각을 돌려 여성들의 숭고한 독립운동사를 되새길 소중한 자료가 아니고 무엇이랴!

99칸 고래등 같은 기와집을 놔두고 빼앗긴 국권을 찾기위해 만주 허허벌판의 풍찬노숙 속에 식구들을 보듬어야 했던 이 시대의 여성들은 그러나 광복

경북 안동시에 있는 보물 182호 임청각. 일제가 독립운동의 산실 임청각을 훼손하기 위해 앞 마당에 중앙선 철도를 부설한 모습. 일제의 침략이 없었다면 허은 지사는 만주로 독립운동을 위해 떠나지 않고 이곳에서 편안한 삶을 누렸을 것이다.

된 조국에서 또다시 역사의 뒤안길에서 허덕여야 했으니 이를 시대상황으로 치부해 버리기엔 너무나 가슴 아픈 역사요, 독립운동 가족에 대한 푸대접이었다.

"초상 때도 식구들은 굶고 있었다. 초상 당하고 법이한테라도 알린다고 애들을 보냈더니 보리쌀 한 말 하고 장과 밴댕이젓 조금을 보내주었다. 송장은 한쪽에 버들쳐 놓고 그걸로 보리쌀 한 솥 삶아 발 뻗고 애들하고 먹었다. 그리고 나니 눈이 조금 떠지더라. 목숨이란 게 참으로 모질다는 생각이 들었다."

이십여 년을 만주벌에서 독립운동을 하고 귀국한 남편(이병화 지사)은 모진 고문 등으로 병을 얻어 약한 첩도 못해 먹이고 1952년 6월 8일 46살의 나이로 끝내 숨을 거두었다. 남겨진 것은 올망졸망한 아이들과 장례 치룰 관하나 살 돈도 없는 가난이었다.

"원수의 육이오 / 피난처 충남에서 / 남편이 병사하니 / 미성년 형제자매 / 누세 종택 큰 문호(門戶)를 / 내 어찌 감당 하리 / 유유창천(悠悠蒼天) 야속하고 / 가운(家運)이 비색(悲色)이라" 허은 지사가 예순여섯에 지은 노래 '회상'에는 얄궂은 운명 속을 헤쳐 나온 이야기가 고스란히 들어 있다.

거센 역사의 소용돌이 속에서도 꼿꼿한 선비 집안의 어머니요, 아내요, 며느리로 흔들림 없는 삶을 살다간 허은 지사의 삶이야말로 광복된 조선을 있게 한 당당한 독립군의 삶 그 이상이었음을 지나쳐서는 안 될 것이다.

*참고로 국가보훈처는 2018년 8월 15일, 제73돌 광복절을 맞아 그동안 외면해왔던 석주 이상룡(李相龍) 선생의 손부 허은(許銀) 여사와 우당 이회영 선생의 부인 이은숙 여사에게 뒤늦게 건국훈장 애족장을 추서했다.

5장

※

미주방면에서
활약한
여성독립운동가

31 하와이에서 임시정부를 적극 도운 "박신애"

"독립운동가 후손으로 자랑스러운 점을 들라 하면 저 자신의 뿌리가 한국인이라는 점입니다. 특히 부모님이 한국의 독립을 위해 큰 노력을 했다는 것이 가슴 뿌듯하며 실제로 그러한 노력의 결과 광복을 맞이했다는 사실은 자손으로서 영광스러운 일이지요." 박신애 지사의 따님인 에스더 천 씨는 2015년 항일영상역사재단과의 대담에서 이렇게 말했다.

사탕수수 농장의 열악한 노동현장에서 피땀을 흘리며 조국광복을 위해 독립자금을 모았던 하와이 여성독립운동가들의 삶의 현장을 취재하기 위해 필자는 2017년 4월 19일 (현지시각), 하와이 와이파후에 있는 하와이 플랜테이션 빌리지(Hawaii's Plantaion Village)를 시작으로 이 땅에 건너온 여성독립운동가의 흔적을 찾아 나섰다.

박신애 지사

하와이로 건너가 하와이 대한부인구제회를 중심으로 대한민국임시정부 (이하 임시정부)의 활동을 지원하면서 독립운동을 전개하였던 박신애 (1889~1979) 지사는 1920년대 말 임시정부 주석 김구로부터 재정 부족으로 매우 어려운 상황에 처해 있다는 한 통의 편지를 받게 된다.

당시 사탕수수 노동자로 하와이 땅을 밟은 사람들의 삶이 그렇게 넉넉하고 여유롭지는 않았지만 임시정부가 재정적으로 큰 어려움에 봉착했다는 소식을 접하자 박신애 지사를 비롯한 여성들은 허리띠를 졸라매는 고통을 감내하면서 독립자금을 모아 임시정부에 보냈다.

어려움 속에서도 임시정부에 독립자금을 보내준 하와이 여성독립운동가들의 고마움을 백범 김구는 그의 자서전에 잊지 않고 그 이름 석 자 를 남겼다.

> "나의 통신(하와이 동포들에게 쓴 편지)이 진실성이 있는 데서 점차 믿음이 생기기 시작하였다. 그리하여 하와이의 안창호(여기 안창호(安昌鎬)는 도산 안창호(安昌浩)와는 다른 인물로 하와이 국민회 계통 인물이다.), 가와이, 현순, 김상호, 이홍기, 임성우, 박종수, 문인화, 조병요, 김현구, 안원규, 황인환, 김윤배, 박신애, 심영신 등 제씨가 나와 (임시)정부에 정성을 보내주기 시작했다."
>
> 《백범일지, 도진순 주해, 돌베개. 320쪽》

박신애 지사를 비롯한 하와이 여성독립운동가들은 1919년 3월 15일 하와이 각 지방 부녀대표 41명이 호놀룰루에서 모여 조국 독립운동을 후원할 것을 결의했다.

이에 3월 29일 2차대회에서 대한부인구제회를 결성하였으며 (회장 황마리아) 이들은 임시정부의 외교선전사업에 동참하여 조선이 독립국임을 국외에 선전하였을 뿐 아니라 3·1 만세 운동 때 순국하거나 부상당한 고국의 가족들을 돕는 구제사업을 지속하였다. 그 한가운데 박신애 지사도 당당히 회원으로 활동하였던 것이다. 박신애 지사가 속한 하와이 대한부인구제회 회원들의 임시정부 후원사업은 일시적인 일이 아니었다. 그를 입증해주고 있는 것이 백범 김구의 편지다. 이 편지를 통해 임시정부 후원이 1919년부터 1941년까지 지속되고 있음을 알 수 있다. 다음은 박신애 지사에게 김구 선생이 보낸 편지로 이때 박신애 지사 나이는 52살이었다. (아래 편지글은 1941년 당시 표기임)

"박신애 누이 보시요. 그간에 편지를 하랴고 하엿지만 먼전에 알튼 각기가 발작이 되여서 고생을 하고 둘제로는 중경에 공습이 심하여서 방공동으로 피란하러 다니고 또는 더위가 백여도까지 더워서 잇때까지 집필을 못하엿소. 그간 집안식구들은 다 무고하신지요. 성경에 이르는 말과 갓치 이 세상은 끝날이 도달한 것 갓소. 사람의 죽엄이 산갓치 쌘다는 글은 봣지만 지난 류월 오일에 중경에서 큰 불행 사건인 수도에서 숨이 맷켜 죽은 시체 수천명의 송장뎅이를 나는 친히봣소. 그때에 우리 동포들도 각각 나노아 몃곤대 방공동의 피란을 햇지만 한사람도 상한 사람이 없으니 만행이라 하겟소. 이제 미국이 참전하는 날이면 세계대전장이 이러나는 날인데 세계락원에서 살던 하와이 동포들도 필경은 우리와 갓치 방공동 생활을 하시리라 생각하오. 한가지 부탁할 것은 공습피란하라는 명령이 날 때에는 명녕대로 남녀노소를 무론하고 꼭 피하기를 바라오. 전 집안 평안하시기를 바라오."

– 1941년 7월 25일 오라비 김구 –

길지 않은 편지글이지만 이 편지를 통해 당시 일제가 저지른 중일전쟁 (中日戰爭, 1937년 7월 7일 일본의 중국대륙 침략으로 시작되어 1945년 제2차 세계 대전이 끝날 때까지 계속된 중국과 일본 사이에 일어난 전쟁)으로 중국에서 독립운동을 하던 임시정부 요인과 동포들의 어려움을 어렴풋하게나마 이해할 수 있을 것이다. 김구 선생은 중경의 공습 등을 겪으면서 하와이 동포들을 걱정하는

박신애 지사 가족(1945). 앞줄 왼쪽 두 번째가 박신애 지사.(대한민국임시정부가념사업회 제공)

편지를 박신애 지사를 통해 남겼다. 지도자로서 남의 나라에서 고통을 받고 있는 동포들의 생활을 걱정하는 모습이 편지에 고스란히 담겨있음을 알 수 있다.

당시 임시정부는 본국뿐만 아니라 만주와의 연락이 모두 끊겨 경제적으로 매우 어려운 상황에 처해 있었다. 황해도 봉산(鳳山) 출신인 박신애 지사는 하와이의 대한부인구제회에서 중심 역할을 하던 중 1937년 중일전쟁이 일어나자 조국독립의 기회로 삼아 중국 관내에서 활동하던 임시정부와 밀접한 관계를 유지하며 독립운동을 펼쳤다. 한편 중국에서는 임시정부를 지지하는 한국국민당·한국독립당·조선혁명당 등 중국 관내 독립운동단체들이 중심이 되어 한국광복진선(韓國光復陣線)을 결성하였는데 여기에는 미주지역의 6개 단체들도 참가하였다. 박신애 지사는 대한부인구제회 대표로 광복진선에 참가하였다. 한국광복진선(韓國光復陣線)은 중일전쟁을 한·중 민족의 생사존망이 걸린 최후의 관건으로 여기고, 중국과 함께 항일전선에 참가할 것을 결의하는 등 한중연대를 강조하던 단체였다.

하와이 사탕수수 자료관인 플랜테이션 빌리지 조선관 부엌의 녹슨은 조선솥을 보며 당시 선열들의 고국을 그리는 마음을 되새겨보았다.

하와이 사탕수수 자료관인 플랜테이션 빌리지 조선관에 걸린 자수로 수놓은 한국지도

"어머님께서 조국의 독립을 위해 한국의 공동체와 긴밀한 연락을 취하면서 상해 임시정부를 적극 도왔던 일은 후손으로서 더 없이 자랑스러운 일입니다"

박신애 지사의 따님인 에스더 천 씨의 말이 아니더라도 우리는 독립운동사에 빛나는 여성들의 활약에 관심을 갖고 그들의 헌신에 큰 손뼉을 쳐야할 것이다.

하와이 사탕수수 자료관인 플랜테이션 빌리지 조선관의 방에 걸린 이름 모를 어느 가족사진

하와이 플랜테이션 빌리지 (Hawaii's Plantaion Village)는 당시 사탕수수 노동자로 건너온 사람들의 생활상을 재현해 놓은 곳이다. 이곳은 한국, 중국, 하와이, 일본, 필리핀, 오키나와, 포르투갈, 푸에르토리칸 8개 소수민족의 이민 선조들의 삶을 한 곳에 엿볼 수 있는 민속박물관으로 한국인 노동자들의 숙소는 "조선인 가옥"으로 소개해 놓고 있다.

노동자 숙소라 초라하기 그지없지만 좁은 공간이나마 조선인 노동자들은 울 밑에 봉숭아를 심고 집안에는 고운 자수로 조선의 지도를 수놓아 걸어두는 등 언제나 마음은 두고 온 고향을 그리고 있었을 것을 생각하니 코끝이 찡했다. 100여 년 전 하와이로 진출한 동포들이 조국의 국난에 눈감지 않고 독립자금을 모아 조국 광복에 초석을 놓았던 역사적 사실을 기억했으면 하는 마음으로 하와이 플랜테이션 빌리지 (Hawaii's Plantaion Village)와 사탕수수 농장이 있던 곳을 돌아보았다.

와이파후의 사탕수수 가공 공장은 지금 관광상품 파는 곳으로 변해 있다. 가게 앞의 커다란 톱니바퀴는 사탕수수 공장에서 쓰던 실제 바퀴로 그 크기는 옆에 세워져 있는 승용차만 하다.

하와이 사탕수수 자료관인 플랜테이션 빌리지 조선관 앞에서 필자

특히 이번 취재에서는 박신애 지사를 비롯하여, 황마리아, 전수산, 심영신 지사 등 하와이 이민사에서 영원히 새겨야 할 인물 중심으로 그 발자취를 돌아보았다.

32 사진신부로 독립운동에 가담한 "심영신"

> "사방을 둘러보아도 임시정부의 사업 발전은 고사하고 이름이라도 보전할 길이 막연함을 느꼈다. 그러던 중 임시정부가 해외에 있는 만큼 해외동포들에게 의뢰할 수밖에 없다는 사실을 깨닫게 되었다."
>
> 《백범일지, 도진순 주해, 돌베개. 318쪽》

백범 김구 선생이 꾸려가던 대한민국임시정부는 세 들어 살던 집세가 밀리기 시작하여 조국 광복의 꿈이 물거품이 될 위기에 처해 있었다. 광복을 이루고자 큰 뜻을 품고 세운 임시정부의 활동은커녕 이제 그 이름조차 사라질 절체절명의 위기에서 이들에게 희망을 준 사람들은 미주, 하와이, 멕시코, 쿠바

1916년 사진신부로 건너가 30년 뒤 대가족을 이루었다. 가운데 부부가 심영신 조문칠 부부다. (1949년, 이덕희 소장 제공)

심영신 지사는 부인구제회에서 활약하였다. (이덕희 소장 제공)

등에 사는 동포들이었다. 이 가운데 특히 하와이의 여성독립운동가 심영신 지사와 박신애 지사의 이름은 《백범일지》에 그 이름이 뚜렷이 남아있다.

백범 김구 선생은 하와이 동포들이 십시일반으로 임시정부에 보내온 독립자금에 대해 고마운 마음을 이름으로 남겼다. 물론 더 많은 동포들이 임시정부에 독립자금을 보냈지만 위 기록 가운데 유독 눈에 띄는 인물이 심영신 지사다.

필자가 하와이 출신 여성독립운동가의 발자취를 찾아 2017년 4월 13일부터 21일까지 하와이에 직접 건너가 그 활동상황을 추적하는 가운데 찾아낸 분이 심영신 지사이기에 《백범일지》에서 '심영신' 이름 석 자 를 찾았을 때의 기쁨은 남달리 컸다.

1997년에 대한민국정부로부터 건국훈장 애국장을 추서 받은 심영신 (沈永信, 1882. 7.20~1975. 2.16) 지사는 이른바 '하와이 사진신부'의 한 사람으로 건너간 분이다. 심영신 지사는 황해도 송화 (松禾) 출신으로 어려서부터 교회에 열심히 다닌 독실한 기독교인이지만 젊은 나이에 어린 아들 하나를 둔 과부가 되었다. 과부의 상태에서 심영신 지사는 하와이에 진출해 있던 조문칠과 사진신부로 맞선을 보고 아들과 함께 하와이 땅을 밟은 것이다.

1916년에 하와이에 건너갈 무렵 심영신 지사는 34살로 결코 적지 않은 나이였을 뿐 아니라 한번 결혼한 경험이 있고 어린 아들까지 딸렸지만 남편 될 조문칠은 선뜻 심영신 지사를 신부로 받아들였다. 그만큼 당시 하와이 사탕수수밭의 노동자들인 노총각의 결혼 문제는 매우 심각한 상태였다. 이러한 사정을 알게 된 농장주들도 한인 노동자들을 안착시키기 위해 미혼 남성들의 결혼을 적극 추진하던 때였다.

하와이지역 사진신부의 첫 기록은 『국민보』 1910년 12월 6일치에 "이내수와 약혼한 한국 부인이 도항하였는데, 민찬호 목사가 이민국으로 가서 혼례식을 하였다."는 기사가 있다. 이 기사로 보아 사진신부의 하와이행은 1910년부터 시작되어 1911년 무렵부터 본격화된 것으로 보인다. 심영신 지사는

당시 사탕수수밭은 더 이상 사탕수수 농사를 짓지 않아 풀만 무성하다.

1920년대 사탕수수 농장을 알 수 있는 양응환, 임옥순 부부와 자녀들(하와
이 그리스도연합 감리교회 제공)

초기 사진신부 보다는 5년 늦은 1916년에 하와이행에 합류하게 되는데 당시
일반적이던 중매쟁이를 통해서였는지 아니면 열심히 다니던 교회를 통해서
였는지는 알 수 없다.

다만, 어렸을 때 백범 김구 선생과 앞 뒷집에 살았던 인연이 있는데 이러한
인연으로 상해 임시정부에서 독립자금이 필요하다는 김구 선생의 편지가 하
와이에 도착했을 때 누구보다도 기쁜 마음으로 독립자금에 앞장선 것은 아닐
까 하는 생각이 든다. 특히 심영신 지사는 하와이 여성단체에서 맹활약했던
만큼 상해 임시정부 주석으로 있던 김구 선생의 활동 을 잘 알고 있었을 것으
로 추정된다.

이 무렵 사진 신부들은 17살에서 24살 정도가 평균 나이였으나 더러는 앳된
소녀티를 갓 벗은 15살 또는 중년의 40살짜리 신부도 있었는데 심영신 지사
는 신부 나이 치고는 좀 많은 편이었다. 당시 하와이 총각과 조선의 사진 신
부를 연결해주는 사람은 중매쟁이들로 그들의 역할은 컸다.

1903년 문을 연 114년 된 하와이 그리스도연합감리교회는 이민의 역사를 고스란히 간직한 곳이다. 교회 벽면에는 당시 이민노동자들의 사진이 빼곡하게 걸려있다.

중매쟁이에 관한 흥미로운 기사를 보면 "우리가 중매쟁이에게 불평을 하기 시작하자 중매쟁이는 주머니에서 계속 사진을 꺼냈는데 그 사진은 아주 젊은 사람부터 늙은 사람까지, 미남에서 추남까지, 날씬한 사람에서 뚱뚱한 사람까지 여러 남자들이었다. 중매쟁이는 우리에게 말했다. 이 사람들 중에서 결혼하고 싶은 사람을 고르면 내가 그 남자에게 네 사진을 갖다 주겠다. 그리고 서로가 결혼에 합의하고 신랑될 사람이 결혼 준비금과 교통비를 제공하면 네가 그 사람과 결혼하기 위해 미국으로 갈 수 있는 것이다." -《하와이 한인 이민 1세 : 그들 삶의 애환과 승리》, 웨인 패터슨 지음, 정대화 번역, 2003, 들녘 -

그렇게 해서 건너간 신부들은 실제 사진과는 다른 신랑들을 만나 더러는 적응을 못하기도 하지만 대개는 억척스레 황무지를 개척하듯 하와이땅에서 뼈를 묻을 각오로 일을 한 결과 나름대로 자리잡아 가면서 생활에 적응해 나갔다. 심영신 지사를 비롯하여 사진신부로 하와이에 건너간 여성들은 대략 1910년에서 1924년 사이에 최대 1천 명 정도로 추정하고 있다.

114년 된 동포들의 애환이 서린 하와이 그리스도연합감리교회의 현재 모습

심영신 지사는 그 어려운 환경 가운데서도 미주 하와이에서 대한인부인회(大韓人婦人會)와 재미한족연합위원회(在美韓族聯合委員會)의 위원으로 활동하면서 조국 독립에 힘을 실어 주었다. 대한인부인회는 심영신 지사가 하와이로 건너가기 3년 전인 1913년 4월 하와이 호놀룰루에서 한인사회의 민족의식 고취를 목적으로 황마리아 등이 세운 여성운동단체다.

대한인부인회는 자녀의 국어교육 장려, 일제용품 구매 거부운동, 교회와 사회단체 후원, 재난동포 구제를 주요 행동지침으로 삼았는데 심영신 지사도 이 단체에서 적극적인 활동을 했다. 특히 1919년 고국에서 3·1 만세운동이 일어나자 심영신 지사는 국내활동을 지원하기 위해 하와이 각 지방의 부녀대표자를 소집하는 부녀 공동대회 개최에 앞장섰다. 그들은 이 대회에서 조국 독립운동에 대한 후원을 결의하였다.

또한 심영신 지사는 1920년대 말 임시정부의 백범 김구 주석으로부터 재정부족을 호소하는 편지를 받고 하와이의 동포들에게 이런 사실을 알리는 한편 자금모집에 앞장섰다. 그러한 내용을 백범 선생은 그의 《백범일지》에 빼놓지 않고 그 고마움을 기록해 놓았던 것이다.

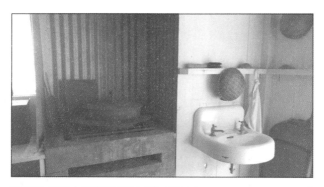
와이파후 사탕수수 자료관의 조선인 가옥 부엌 모습

그뿐만 아니라 1941년 4월 하와이에서 열린 해외한족대회 (海外韓族大會)에 대한부인구제회 대표로 참석하여 이 대회에서 조직된 재미한족연합위원회 의사부 위원으로 뽑혔다. 여기서 심영신 지사는 임시정부 후원을 비롯하여 대미외교와 선전사업을 적극적으로 추진하는 등 독립운동에 솔선수범하는 삶을 살았다.

심영신 지사를 비롯한 초기 하와이 이주자들의 삶의 현장을 보기 위해 와이파후에 있는 하와이 플랜테이션 빌리지 (Hawaii's Plantaion Village)를 찾은 것은 4월 19일 (현지시각)이었다. 이곳은 한국, 중국, 하와이, 일본, 필리핀, 오키나와, 포르투갈, 푸에르토리칸 8개 소수민족의 이민 선조들의 삶을 한 곳에 엿볼 수 있는 민속 박물관이다. 여기에는 당시 각국의 노동이민자들의 집 한 채씩을 지어 이곳에 살던 사람들의 생활상을 엿보게 하고 있는데 조선인 가옥을 재현해놓은 방에 들어서자 가슴이 뭉클했다.

사탕수수 노동자들의 삶이란 것은 구태여 그 현장을 보지 않아도 알 수 있는 것이 아니던가 ! 그를 입증하듯 당시 하와이 노동자들의 생생한 증언이 남아 있다.

"나의 아버지는 1903년에 하와이에 오셨는데 순전히 돈을 많이 모을 수 있다는 소문만 믿고 오셨다. 하와이에는 돈이 주렁주렁 걸려있는 나무가 있다더니 돈나무는 커녕 가보니 사탕수수밭 밖에 없었다. 우리 가족 모두가 열심히 일하여 수입을 모아도 1년에 겨우 50달러에 지나지 않았는데 이는 겨우 5식구가 먹고 지낼 정도였다. 상당수의 한인들은 사탕수수 농장 일의 고단함과 희망이 없는 생활을 청산하고자 본토행을 택했다. 하지만 하와이를 떠나기도 쉬운 일이 아니었다. 호놀루루에서 캘리포니아로 가는 뱃삯 28달러를 구할 길이 없었던 것이다."이런 증언도 있다.

> "쌀값은 고국보다 비쌌고 고기값도 비싸서 그들은 밀가루로 생활하려 했으나 빵굽는 법을 몰라 중국인 요리사에게 배울 때까지 곤란을 겪었다. 비싼 채소값을 해결하기 위해 와이와루아의 카후쿠농장에서 일하던 한인들은 채소를 직접 길러 먹었다. 하지만 죽어라 일하고 받는 월급 16달러 가운데 생활비 12달러 55센트를 빼면 남는 게 없었다. 우리는 희망을 잃었다. 우리가 공부를 하려면 먹는 것을 포기해야했고 고국으로 돌아가려 해도 뱃삯을 마련할 길이 없었다.
>
> 《하와이 한인 이민 1세 – 그들의 삶의 애환과 승리》, 웨인 패터슨 지음, 정대화 옮김》

심영신 지사라고 해서 특별할 수는 없었다. 그럼에도 심 지사를 비롯한 여성 독립운동가들은 조국의 독립을 위해 기꺼이 허리띠를 졸라 매었다. 그리고 그 돈으로 상해 임시정부를 돕고 고국의 지사 가족들을 도왔던 것이다. 그런 그들의 삶을 기억하지는 못한다고 해도 그 발자취라고 돌아보아야 하지 않을까 싶어 하와이 땅을 밟았다. 그러나 고국에서 자료조사를 하지 않고 하와이 땅을 밟는다면 독립운동가들의 발자취를 찾기 어려운 게 하와이의 현실이다. 지금의 하와이에서 100년 전의 흔적을 찾아본다는 자체가 어불성설이지만 그래도 하와이는 초기 이민땅으로 그 역사가 깊을 뿐 아니라 독립운동의 역사에 깊이 관여했던 곳이므로 독립의 역사를 알 수 있는 자료관 하나쯤 있었으면 하는 아쉬운 마음이 들었다.

물론 독립의 발자취를 남겨 놓지 않았다고 해서 역사적 사실이 사라지는 것은 아니다. 지금이라도 그 발자취를 기록해 놓고 기념관이라도 만들어 놓는다면 후손들의 정신적 토양이 되지 않을까 한다. 하와이에서 말없이 독립운동을 한 여성들의 숭고한 삶의 흔적을 더듬으며 필자라도 한 줄의 기록을 남긴다면 언젠가는 와이키키 해변에서 낭만만을 즐기는 철없는 후손들의 마음을 움직일 날이 올 것이라는 생각을 하며 오랫동안 풀만 무성한 와이파후의 사탕수수밭에서 서성거려 보았다.

33 도산 안창호와 함께 부른 독립의 노래 "이혜련"

"오, 혜련! 나를 충심으로 사랑하는 혜련, 나를 얼마나 기다립니까? 나는 당신을 보고 싶은 생각이 더욱 더욱 간절하옵니다. 내 얼굴에 주름은 조금씩 늘고 머리에 흰털은 날로 더 많아 집니다. (중간 줄임) 당신은 나를 만남으로 편한 것보다 고(苦)가 많았고 즐거움 보다 설움이 많았는가 합니다. 속히 만날 마음도 간절하고 다시 만나서는 부부의 도를 극진히 해보겠다는 생각도 많습니다만 나의 몸은 이미 우리 국가와 민족에게 바치었으니 이 몸은 민족을 위하여 쓸 수밖에 없는 몸이라 당신에 대한 직분을 마음대로 못하옵니다."

– 1921년 7월 14일. 당신의 남편 –

이는 도산 안창호(1878~1938) 선생이 중국 상해에서 미국에 남아있는 아내 이혜련(1884~1969) 지사에게 보낸 편지글 가운데 일부다. 2018년 8월 12일 (현지시각) 찾은 LA 코리아타운 한복판에 있는 미 연방우정국 소속 '도산 안창호 우체국(3751 W. 6th St. LA)' 에서 필자는 문득 남편 안창호 선생이 아내 이혜련 지사에게 보냈던 위 편지글이 떠올랐다. (현재 '도산 안창호 우체국'은 한인들의 미주 이민 100주년 기념으로 2004년 6월 연방하원의원 다이안 왓슨이 도산 선생의 생애와 업적을 기리기 위해 이름 붙인 것으로 이 건물이 들어선 자리가 재건축 예정이라 코리아타운 내 다른 곳으로 이전될 것이지만 도산 선생 이름을 딴 우체국 이름은 그대로 따를 예정이다)

도산 안창호 선생이라고 하면 대한제국기의 교육개혁운동가, 애국계몽운동가이자 일제 강점기의 독립운동가, 교육자, 정치가로 알려졌지만 남편 못지 않게 독립운동가로 활약한 아내 이혜련 지사(2008. 애족장)에 대해서는 제대로 아는 이가 드물다.

LA 코리아타운 한복판에 있는 '도산 안창호 우체국' 내부

이혜련 지사는 정신여학교(현 정신여자고등학교)를 나온 지식인으로 18살 되던 해인 1902년 9월 3일 도산과 혼인하여 미국으로 건너갔다. 그러나 36년간 결혼 생활 중 남편과 함께 지낸 시간은 13년 밖에 되지 않을 정도로 이들 부부는 각자의 자리에서 독립운동의 길을 걸었다. 남편 안창호 선생은 미국과 중국, 러시아를 오가며 독립운동에 뛰어들었고 아내 이혜련 지사는 5명의 자녀를 홀로 키우며 미국에서 독립운동의 최일선에서 뛰었다.

로스앤젤레스에 거주하던 이혜련 지사는 부인친애회를 조직하여 독립의연금 모금에 솔선수범하였으며 북미주의 4개 지방 부인단체들이 연합하여 대한여자애국단을 만드는데 주도적으로 활약했다. 이혜련 지사는 대한여자애국단을 중심으로 국민의무금, 21례, 국민회보조금, 특별의연 등의 모금을 주도하였고, 미국적십자사 로스앤젤레스 지부의 회원으로도 활동하였다.

도산 안창호 선생, 아내 이혜련 지사
와 4자녀, 막내아들 안필영(미국이
름은 랄프 안)은 유복자로 태어나 이
사진에는 없다.

　1937년 중일전쟁이 일어나자 대한여자애국단에서는 재난민과 부상병들을
돕기 위하여 약품과 붕대 등을 모집하였다. 또 중국군에게 겨울옷을 보내기
위한 기금 모금에 나서 난민 구제 의연금을 쑹메이링(宋美齡)에게 송금해 주

LA 가든스윗호텔에서 열린 73주년 광복절 행사에서 93살의 나이가 믿기
지 않을 정도로 건강한 모습을 보인 도산 선생의 막내 아드님 안필영(미국
이름 랄프 안)선생과 양인선 기자, 필자

었으며, 일화배척운동(日貨排斥運動)에도 열렬히 참가하였다. 1940년 중국에서 한국광복군 창설 소식이 전해오자 대한여자애국단은 1940년 10월 총부임원회를 개최해 광복군 후원금 500달러를 임시정부 재무총장 이시영 앞으로 송금하였다.

이혜련 지사는 1946년 1월 6일 대한인국민회 총회관에서 열린 신년도 첫 총회임원회에서 대한여자애국단 제6대 총단장에 선출되었다. 쿠바에 거주하는 동포들이 노동정지를 당하고 극심한 생활난으로 구제를 요청해오자 각 지부별 구제금 모금에 나서 121달러를 지원하였다. 한편, 6·25전쟁 동안에도 적십자와 피난민을 돕기 위해 한국구제회(Korea Relief Society)를 조직하여 자원봉사하며 전쟁 중에 있는 고국으로 옷가지, 약품, 담요 등의 갖가지 물건을 보내어 구제활동을 전개하였다.

필자는 미주지역 여성독립운동가 발자취를 취재하기 위해 2018년 8월 7일부터 18일까지 미국 LA에 머물고 있는 가운데 12일(현지시각) 오후 2시, 캘

캘리포니아 리버사이드시 시청 앞에 있는 도산 안창호 선생 동상 옆면, 뒷짐지고 책을 든 모습.

미국 리버사이드 오렌지 농장에서 오렌지 따는 일을 하던 도산 안창호 선생

리포니아 리버사이드에 다녀왔다. LA에서 고속도로를 1시간여 달려야 갈 수 있는 리버사이드를 찾은 것은 도산 선생과 아내 이혜련 지사의 삶의 흔적을 더듬기 위해서였다.

안창호, 이혜련 지사의 리버사이드 시절은 오렌지 농장에서 오렌지를 따주고 받는 돈으로 살아가야 할 정도로 궁핍한 삶이었다. 유학생 신분으로 맏아들 필립이 태어났지만 가난한 생활은 끝나지 않았다.

"내가 지금까지 아내에게 치마 하나, 저고리 한 감 사 준 일이 없었고, 필립에게도 공책 한 권, 연필 한 자루 못 사주었다. 그러한 성의가 없었던 것은 아니나 여러 가지 사정으로 그랬는데, 여간 죄스럽지 않다." 고 고백했던 도산 안창호 선생이 독립운동가의 길을 걷게 된 것은 애오라지 아내 이혜련 지사가 있었기에 가능한 일이었다.

아쉬운 것은 리버사이드에 있는 안창호 선생 동상이 '나홀로 모습'이란 점이다. 뒷짐 진 손에는 책이 한권 들려 있을 뿐이다. 십시일반으로 동포들이 세운 동상이지만 아내 이혜련 지사와 함께 독립운동가의 모습으로 세워졌다면 하는 아쉬움이 들었다. 더 나아가 코리아타운에 있는 '도산 안창호 우체국' 역시 '안창호, 이혜련 우체국'이었으면 더 좋았을 법하다.

 훈장을 주는 것도 남편들보다 항상 몇 십 년 뒤에 주고, 기록 또한 남편들 보다 적게 해 왔다. 연구 논문 수도 남편들보다 적고 이들을 기리는 일에도 소홀하다. 광복 73주년을 앞두고 로스앤젤레스와 리버사이드의 도산 안창호 선생 유적을 둘러보면서 필자는 당당했던 독립운동가 이혜련 지사도 남편 안창호 못지않게 기억되길 새삼 빌었다.

34 하와이 다이아몬드헤드 무덤에 잠든 "전수산"

"할머니(전수산)는 매우 활동적인 분이셨습니다. 제가 어렸을 때로 기억하는데 저에게는 이모님이 되는 두 딸에게 한국의 민속춤과 장구 치는 법들을 가르쳐서 한인의 날 등의 행사에서 춤을 추게 했던 기억이 납니다. 독립운동에도 적극적으로 참여하셨던 할머니는 이모와 어머니 등 여성들이 자립적으로 성장하도록 가르쳤으며 당신이 솔선수범하는 삶을 사셨습니다. 할머니의 독립운동은 명예나 이름을 남기기 위한 것은 아니었습니다. 빛도 없이 음지에서 조국의 독립을 위해 적극적으로 뛰신 할머니의 삶을 존경하며 그 후손이라는 것이 자랑습니다."

2017년 4월 13일 (한국시각 14일) 오후 2시, 전수산 지사의 외손자인 티모시 최 (75살) 선생을 만난 것은 하와이대학 한국학연구소에서였다. 하와이로 출

전수산 지사 형제들, 앞줄 오른쪽 끝이 전수산 지사, 1916년 무렵

전수산 지사가 하와이로 떠나기 전 모습,
1916년으로 추정

발 전에 대담 요청을 했더니 8개월 전 허리 수술을 해서 극히 잠시 동안만 가능하다고 해서 걱정했는데 의의로 건강한 모습을 보니 기뻤다.

 하와이 호눌루루 공항에 도착하자마자 약속장소인 한국학연구소로 달려갔는데 티모시 최 선생은 지팡이를 짚은 채로 벌써 도착하여 필자를 기다리고 있었다. "전수산 지사님은 뭐라고 할까요? 굉장히 꼼꼼하셨던 분이셨습니다. 이걸 보시면 알게 됩니다."

이날 대담에 함께한 이덕희 하와이 한인이민연구소 소장은 전수산 지사님의 유품이 담긴 커다란 상자 속에서 누렇게 빛바랜 각종 졸업장이며 흑백 사진을 꺼내 보여주었다. 한자와 한글이 섞인 평양 진명여학교 졸업장은 융희 2년(1908) 7월 8일 발행으로 되어 있었는데 졸업장에는 생년월일 대신 '15세'라고 쓰여 있다. 그리고는 '독서, 생리(生理), 창가, 산술, 작문, 지지(地誌), 습자(習字), 역사, 수신(修身)을 배운 것으로 기록되어 있었다. 이덕희 소장의 말은 이어졌다.

"전수산 지사님은 평양에서 하와이로 건너오시기 전 여학교에서 받았던 졸업장이며 수업증서(각 학년 진급시에 받는 증서), 성적 우수상장 등을 꼼꼼하게 챙겨 가지고 오신분입니다. 전수산 지사 덕에 우리가 당시 진명여학교에서 이뤄졌던 수업 과목 등을 이해할 수 있게 된 것이지요. 뿐만 아니라 하와이로 건너 오셔서도 당시 하와이에서 발행하던 〈신한국보〉와 〈국민보〉등 신문을 구독하며 꼼꼼하게 모아둔 덕에 오늘날 사료로서 크게 활용되고 있습니다."

개화기 신여성으로 조선에서 제대로 된 교육을 받았던 전수산 지사는 평양 출신으로 1916년 무렵 하와이로 건너왔다. 1919년 상해에서 대한민국임시정부가 수립되어 공채를 발행하게 되자 전수산 지사는 당시 돈으로 15불 상당의 공채를 매입하여 독립운동자금을 지원하였다.

이어 1919년 4월 1일 하와이 호놀루루에서 창립된 하와이 부인단체인 대한부인구제회 회원에 가입하여 국권회복운동과 독립전쟁에 필요한 후원금을 모아

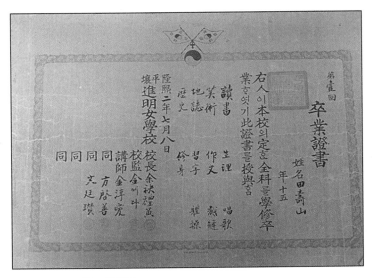

1908년 평양진명여학교 졸업증서

상하이 임시정부를 돕는데 앞장섰다. 대한부인구제회 회원들은 상해 임시정부의 독립자금뿐만 아니라 조국의 애국지사 가족들이 어렵게 사는 것을 보고 그 가족들을 돕는 구제금을 송금하는 등 조국애를 유감없이 발휘하였다.

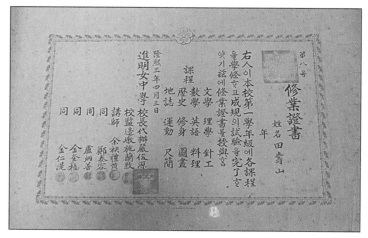

진명여학교에서는 당시 진급을 위해 각 학년 이수 시험이 있었다.

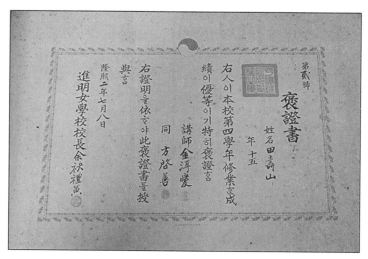

전수산 지사는 성적 우수상을 받았다

하와이대학 한국학연구소 건물

전수산 지사는 1942년부터 1945년 해방이 될 때까지 하와이 호놀룰루에서 대한인부인구제회(大韓人婦人救濟會) 회장으로 있으면서 중경에 있는 대한민국임시정부를 적극 도왔다.

"할머니의 독립운동은 굉장히 적극적이셨는데 특히 독립자금을 억척스레 모아서 임시정부를 지원한 것만 봐도 알 수 있을 것입니다. 할머니가 남기신 유품 가운데는 당시 임시정부에서 받은 각종 증명서 등을 통해서도 알 수 있지요. 저는 할머니의 유품을 모두 한국학 연구소에 기증했습니다."

외손자인 티모시 최 선생은 전수산 지사의 귀중한 자료를 모두 하와이 대학에 기증했다.

티모시 최 선생처럼 한인 3세들은 현지에서 어떻게든지 살아남기 위해 영어 위주의 공부를 할 수 밖에 없었다. 그는 미국 본토로 건너가 펜실바니아 주립대학에서 석박사를 마친 뒤 무어헤드주립대학에서 교수로 정년을 마치고 현재는 할머니가 잠든 땅 하와이로 돌아와 여생을 보내고 있다고 했다.

왼쪽분이 전수산 지사의 외손자인 티모시 최 선생이다. 가운데가 필자이고 오른쪽은 하와이 한인이민연구소 이덕희 소장

75살의 나이가 믿기지 않을 만큼 젊어 보이는 티모시 최 선생은 전수산 할머니와의 추억이 유독 많다고 했다. 그도 그럴 것이 티모시 최 선생의 나이 27살 때까지 살아계셨으니 말이다. 전수산 할머니와는 영어와 한국어를 섞어 대화를 나누었다고 했다. "할머니는 숨지기 전날 까지 일기를 쓰셨습니다. 특별한 내용은 아니었지만 하루하루를 성실히 사셨다는 반증이라고 생각합니다. 제가 기억하는 할머니는 누구보다도 부지런하시고 활동적이셨으며 그리고 우아한 모습을 잃지 않았던 분이셨습니다."

말만 제대로 통한다면 몇 시간이고 전수산 할머니에 대한 대화를 나누련만, 영어가 짧은 필자로서는 통역을 통해서만 알아들어야 하니 안타까울 뿐이었다. 하지만 허리수술로 오래 앉아 있을 수 없는 상황인데도 티모시 최 선생은 고국에서 전수산 할머니에 대한 이야기를 듣고자 달려온 고국의 필자를 위해 1시간여나 되는 장시간의 대담에 응해주었다.

헤어지기 앞서 하와이에 묻혀있는 전수산 지사의 무덤을 찾아 가보고 싶다는 필자의 질문에 그는 'SUSAN CHUN LEE'라는 영문이름과 함께 전수산 지사가 잠들어 있는 메모리얼 파크(공원묘지)의 약도를 그려 주었다.

이수산(전수산 무덤 표지석에는 남편 이씨 성이 들어있다)

전수산 (1898~1969) 지사가 잠든 호놀루루의 다이아몬드헤드 공원 묘지
(DIAMOND HEAD MEMORIAL PARK)를 찾은 시각은 2017년 4월 18일아침
10시(현지시각)였지만 이미 태양은 한여름처럼 뜨거운 열기를 뿜고 있었다.
봉분이라든가 묘지석이 없는 미국의 공원묘지는 그야말로 하나의 공원
(PARK)처럼 평온했다.

언뜻 보기에는 푸른 잔디밭 같지만 자세히 가보면 바닥에 묻힌 사람의 작은
묘지석이 박혀있다. 전수산 지사의 무덤을 찾아가기 위해 하와이에 도착한

전수산 지사의 무덤에 꽃을 바치는 필자

전수산 지사가 묻혀있는 다이아몬드헤드 공원 묘지는 외견상 공원 같았다

날(13일, 현지시각) 외손자인 티모시 최 선생을 만나 무덤의 위치를 알아내었지만, 막상 도착해보니 워낙 넓은 곳이라 찾을 길이 없어 무덤 관리소에 들러 위치를 확인하는데도 시간이 걸렸다.

전수산 지사의 무덤은 남편 이동빈(1898~1947) 선생과 나란히 있었는데 공원묘지의 입구로부터 치면 중간쯤인 섹션 D-79-1과 3에 자리했다. 관리인이 약도에 그려준 위치를 참고하니 의외로 쉽게 찾을 수 있었다.

아! 여기가 전수산 지사의 무덤이런가! 하늘은 높고 푸르렀다.

공원묘지인지라 주변에 꽃을 파는지 알고 빈손으로 달려갔다가 꽃을 팔고 있지 않아 무덤을 확인하고 다시 차로 십여분 거리에 있는 마켓으로 달려가 극락조화 한 다발과 이름 모를 하와이의 아름다운 꽃 한 다발을 샀다.

다이아몬드헤드 공원묘지 정문(왼쪽), 오른쪽은 확대한 묘지 이름

태양은 머리 위에서 빛났다. 독립의 역사에서 비껴있던 하와이의 독립운동가 전수산 지사의 삶이 순간 강렬한 빛으로 다가섰다. 그 빛을 새기며 필자는 무덤 앞에 마련된 작은 물통안에 사온 꽃을 정성껏 바치고 큰절을 두 번 올렸다

두 번의 절 가운데 한번은 먼 이국땅 하와이에 건너와 대한부인구제회 회원으로 상해임시정부와 조국의 지사 후손들을 돕고자 뛴 전수산 지사에게 올리

1911년 이화학당 졸업장 〈이덕희 소장 제공〉

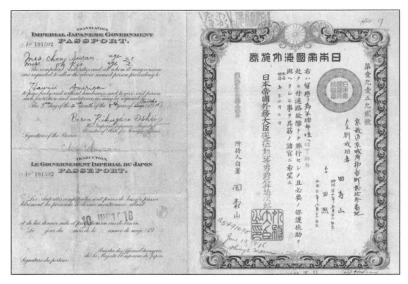

1916년 6월 19일 일본제국 발행 전수산 지사 여권 (이덕희 소장 제공)

는 절이요, 또 한 번의 절은 전수산 지사처럼 국내외에서 독립운동을 하다 이름도 없이 빛도 없이 숨겨간 여성독립운동가들의 삶을 한 분도 빠짐없이 세상에 알리겠다는 각오의 마음이었다.

머나먼 하와이 땅에 건너와 어렵사리 모은 돈으로 조국에 독립자금을 보내던 여성들은 대관절 어떤 절차를 거쳐 하와이에 건너왔을까? 특히 전수산 지사가 하와이로 건너올 무렵에는 이미 대한제국이 1910년 8월 29일에 일본에게 강점당해 대한제국 국민은 일본의 속국이 되어 버린 때였다. 따라서 전수산 지사는 일본 여권을 가지고 하와이를 포함한 미국땅을 밟아야했다.

1910년 무렵 이곳 하와이 땅에는 이른바 남편 얼굴도 모른 채 사진신부로 들어온 여성들이 많았다. 1910년 12월 2일 첫 한인 사진신부 최사라 (당시 23살) 씨가 호놀룰루에 도착하였다. 그러나 전수산 지사는 사진신부는 아니었다. 하와이에 먼저 와 있던 남편 유경상과 합류하기 위하여 서울에서 여권을

호놀루루항에 도착하여 만 2일만에 나온
입국비자를 들고 3살 난 딸 옥희와 함께 한
전수산 지사(이덕희 소장 제공)

발급 받아 온 것이었다. 전수산 지사의 여권은 '일본제국 해외여권'으로 일본
외무성이 1916년 2월 3일에 발급한 것이다.

전수산 지사가 하와이에 건너올 무렵에는 이미 국권이 일제에 넘어간 상태였
기 때문이었다. 여권을 보면 전수산 지사의 주소는 경성부(서울) 초음정 23번
지이며, 유경상의 처라고 되어있고 3살 된 딸 옥희의 이름이 함께 적혀있는
이른바 가족여권을 가지고 있었음을 알 수 있다. 하지만 당시에는 미국의 이
민법(1924년)이 정비되지 않은 시기라 호눌루루 항에 입항하고도 바로 입국
을 하지 못한 채 항구에서 대기해야했다.

이덕희 하와이 한인이민연구소 소장에 따르면 "전수산 지사의 여권에 '일본
배 신요마루 1916년 6월 19일에 호놀룰루에 도착하였다'고 연필로 기입되
었고, 하와이 영토 호놀룰루에 입항 허락이 내려진 날짜가 1916년 6월 21일
로 이민국 직원의 사인이 있다."고 했다. 만 2일만에 입국 심사를 통과한 것
이다.

당시 이민자들은 배에서 작성한 서류에 이민자의 이름, 성별, 나이, 결혼상태, 마지막 주거지, 도착일자, 도착 선박이름, 도착지 등을 적어야 했고, 또한 이민자의 직업, 글을 읽고 쓸 수 있는가, 지참한 돈은 얼마인가, 전에 미국에 입국한 적이 있는지 등등을 기입하도록 되어 있었다. 이렇게 작성된 서류를 토대로 호놀루루항에서 며칠이고 입국 허락이 떨어질 때까지 대기한 뒤에 입국이 허가되었다.

2017년 4월 15일(현지시각) 토요일 오후 10시 하와이 호놀룰루 그리스도연합감리교회 북카페에서는 이덕희 소장의 〈역사세미나(4) 여권(PASSPORT)〉 강좌가 열렸다. 필자도 참석하여 초기 한인이민자들의 여권에 관련된 소중한 이야기를 듣는 기회를 가졌다. 참석자 가운데는 1980년대 까지만 해도 며칠은 아니지만 몇 시간씩 입국허가를 받을 때까지 대기했다고 했다.

지상낙원이라는 하와이 땅은 지금 관광으로 한국인들이 쉽게 찾는 곳이지만 100여 년 전 이 땅을 밟은 사람들은 누구라 할 것 없이 고통의 시간을 보내야 했다. 빼앗긴 조국에서 여권조차 일본외무성 발행 여권으로 입국해야했으니 '한국인으로서의 자존심'은 애초부터 가질 수 없는 환경이었다.

이민114주년 역사세미나(4) 여권(passport)강연을 하는 이덕희 소장

이러한 열악한 초기 이민자들은 그러나 현실에 좌절하지 않고 불굴의 정신으로 일어나 이 땅에 한국인의 의지를 확고히 심었다. 특히 상해임시정부에 아낌없는 후원으로 조국의 독립에 초석을 놓았으니 그 노고와 공로를 어찌 말로 다하랴!

무덤을 돌아보면서 음지에서 묵묵히 독립자금을 모으며 조국독립에 커다란 기틀을 마련한 전수산 지사의 삶을 되새겨 보았다. 또한 전수산 지사와 더불어 하와이 여성독립운동가들의 헌신도 함께 잊지 말아야겠다는 다짐을 해본다. 전수산 지사는 정부로부터 공훈을 인정받아 2002년에 건국포장을 추서받았다.

> * 전수산 지사 무덤: Diamond Head Memorial Park, 529 18th Evenue, Hawaii 96816, 무덤위치 : D-79-1(전수산 지사), 3(남편 이동빈 선생), 전화: 808-734-1954

✱
---

35 대구와 샌프란시스코 독립운동을 이끈 "차보석"

"차리석 선생은 해외 혁명운동자 가운데서도 특히 강력한 정신력을 소유하기로 유명하시었다. 탁월한 사무처리 기능이나 병중에서도 최후일각까지 맡으신 사명을 완수하신 건강한 책임감은 한국 독립운동에 피와 살이 되었다해도 과언이 아니다."

- 백범 김구, 동아일보 1948년 9월 22일자 -

대한민국임시정부 국무위원(장관)을 지낸 동암 차리석 (1881~1945, 1962, 독립장 추서) 선생은 백범이 말했듯이 '한국 독립운동사에 피와 살'이 되었을 뿐더러 '대한민국임시정부의 든든한 버팀목'으로 독립운동사에 한 획을 그은 분이다. 그런데 차리석 선생에게 차보석 (黃寶石, 車寶石, 1892~1932)이라는 여동생이 있었다는 사실을 알게 된 것은 우연한 기회였다.

필자는 차보석 지사의 이야기를 듣고자 2018년 1월 5일, 차보석 지사의 오라버니인 차리석 선생의 아드님 차영조 (74살) 씨를 의왕시의 한 음식점에서 만났다.

"미국에서 활동하신 고모님 (차보석)에 대한 자세한 이야기는 잘 모릅니다. 제가 3살 때 중경에서 어머니 품에 안겨 환국했기에 나이도 어렸지만 이후 한국 생활이 고단하여 미국에서 활동하신 고모님에 대한 소식을 제대로 듣지 못했던 거지요. 그 대신 아버님 (차리석)의 책을 통해 고모님에 대해 조금 알고 있습니다만..."

차영조 씨가 말한 아버님의 책이란《임
시정부 버팀목 차리석 평전》(장석흥지음,
역사공간, 2005)으로 고모님의 기록은 이
책을 통해서 어렴풋이 이해하고 있다고
했다.

미국에서 차보석 지사의 모습(오른쪽), 왼쪽
은 김마리아 선생

　"(차리석의) 여동생 차보석은 1892년
평안남도 맹산 함종 (咸從)에서 태어나
이화학당을 거쳐 일본 고베 (神戶)가사
여자전문학교를 졸업한 뒤 1912,3년
경 대구 신명여학교의 교사로 부임했
다. 차보석은 1907년 기독교 선교학
교로 개교한 신명여학교에서 1915년
까지 재직했으며 재직 동안 교가 (校
歌)를 만드는 한편 경술국치 소식을 접하고는 대성통곡했다는 일화를 남
겨 신명여학교의 귀감이 되었다. 초창기 교풍 확립에 지대한 공헌을 한
차보석은 신명의 참 보석 (寶石)이라는 칭송을 받았다"

－《임시정부 버팀목 차리석 평전》 73~75쪽 －

당시 신명여학교 (현 대구신명고등학교)에는 차보석 선생의 오라버니인 차원
석 (차리석 선생의 형) 선생의 두 딸인 영숙과 영옥도 다녔는데 기독교 학교인
신명학교의 전도에 괄목할 만한 업적을 남겼다고 한다.

차보석 지사가 대구 신명여학교에서 지낸 이야기를 듣기 위해 2018년 1월
26일 금요일, 차보석 지사가 근무했던 대구의 신명고등학교 (교장 장용원)를
방문했다. 사실 내려가기 전에 장용원 교장선생님께 편지를 보냈는데 교장선
생님은 해외 연수를 막 마치고 귀국하여 서울에서 달려간 필자를 반갑게 맞

차보석 선생이 재직하던 때의 대구 신명여학교 제1회 졸업생
(1912년) 사진

이해 주었다. 이 자리에는 김홍구 교감선생님도 함께 하였는데 서울에서 내
려가기 전에 교감선생님은 차보석 지사가 신명여학교에 부임하여 교가(校歌)
를 작사할 때의 이야기가 담긴《신명백년사》의 해당 부분을 전화로 들려주
었다.

> "1911년 5월 둘째 주 수요일에 교가가 완성되었다. 학생들 특히 졸업을
> 앞둔 상급반 학생들은 졸업 전에 교가가 있어야한다고 재삼 요청이 심해
> 지자 교장 부르엔 여사는 평양에서 온 차보석 선생과 3학년 임성례를 교
> 가 제정위원으로 지명하였다. 두 사람은 1주일간 꼬박 기도를 드리면서
> 7절로 된 교가를 지었다. 이들은 목욕재계를 하면서 정성을 드려 교가를
> 작성하였다."
>
> ─《신명백년사》(1907-2007) 55쪽 ─

차보석 선생의 재직 때인 1913년 신명여학교 본관모습, 지금은 헐려 그 모습을 볼 수 없다

차보석 지사가 제자 임성례와 함께 목욕재계하고 지은 교가는 모두 7절로 이 교가는 1920년 전국적으로 통용된 중등음악 교과서 〈창가집〉 46쪽에 학교 사진과 함께 수록되어 있으며 1914년에 4절로 개작될 때까지 불리던 교가다.

지금으로부터 107년 전의 교가는 지금의 교가와는 사뭇 다른 모습으로 서양 선교사에 의해 지어진 학교이기에 교가 역시 그 영향을 많이 받은 느낌이다. 하지만 이 교가가 완성되던 바로 전해인 1910년 8월 29일, 일본에 의해 강제로 조선의 합병 소식을 들은 차보석 지사는 교실에 들어와 교단을 치면서 통곡을 했다고 한다. 이를 본 이복심 외 7~8명의 학생들도 차보석 지사와 함께 엎드려 통곡했다고 당시 상황을 《신명백년사》는 전하고 있다.

명랑하고 야무진 차보석 지사가 대구 신명여학교에 재직한 기간은 약 4년간 으로 초기 교풍(校風)을 세우고 교가를 만들어 학생들에게 애교심을 갖도록 지도하였다. 차보석 지사가 재직한 신명여학교는 3·1 만세 운동 때 주도적 으로 만세운동에 참여한 사람들이 많았는데 그 가운데 교사로 있던 임봉선

(1897~1923)선생은 1990년에 애족장을 추서받았고, 미주지역에서 활약한 이희경(1894~1947)지사는 2002년 건국포장을 추서 받았다.

차보석 선생 재직 때인 1914년 제2회 졸업생

신명여학교 교가(1911.5)

작사 차보석, 작곡 백신철

1. 하나님 사랑 크고 넓으사 우리의 소원 이루시는 중
   대구 동산신명학교 교실을 굉장하게 지었네
   후렴, 만세만세 신명중학교 세상 빛과 주께 영화니
        천지가 진하고 하해 닳도록 신명학교 만세라
2. 천국에 기초된 신명학교 믿음과 구원의 반석터 위에
   주님의 보혈로 굳게 세웠네 신명학교 만세라
3. 택함을 입은 우리학도들 주님의 사랑 모본하여서
   화평과 인내로써 사괴어 신명학교 만세라
4. 우리의 학교 높은 명의로 빛나고 명명하게 전파할일
   실심과 열심히 공부함으로 공부함이니 신명학교 만세라
5. 주 은혜 날개 밑 보호 아래서 천문과 지리 모든 학문을
   주님을 위해서 배우세 신명학교 만세라
6. 광활한 천지 죄악 세상에 사망의 길로 가는 동포들
   우리 손으로 구원합세다 신명학교 만세라
7. 만만세 억만세 신명학교 권능의 주님 재림하실 때
   천국 일꾼을 조성하시오 신명학교 만세라

차보석 지사에 대한 이야기를 필자에게 들려주는 신명고등학교 장용원 교장선생님(오른쪽)과
김홍구 교감선생님, 위 사진은 자료실 모습

차보석 지사는 23살 되던 해에 대구신명여학교를 떠나 평양으로 가서 오라
버니인 차리석 선생과 교육사업을 펼치다가 3·1 만세운동 직후 오라버니와
상해로 망명했다. 상해에서 흥사단에 참가하는 한편 1921년에는 재상해유
일학생회 (在上海留日學生會)를 맡아 활약했다. 차보석 지사가 미국으로 건너

간 것은 30살 때인 1922년으로 그곳에서도 선생의 조국독립을 위한 눈부신 활약은 끊이질 않았다. 그 활동을 보면 1925년 대한여자애국단 (大韓女子愛國團) 샌프란시스코지부 단장을 거쳐 1926에서 1928년까지 대한여자애국단 총단장을 맡아 활약했다.

이듬해인 1929년에는 이 단체의 서기, 재무 등을 맡아 헌신했다. 또한 이 기간 (1925~1928) 동안 샌프란시스코에서 국어학교 교사로 재직하면서 동포 자녀들에게 한국 혼을 심는데 주력했으며 1931년에는 국어학교 재무 (財務) 일을 도맡았다. 1931년 대한인국민회 (大韓人國民會)에 입회하여 1932년 3 · 1절 기념식 준비위원 등으로 활약하였으며 1925년부터 1932년 3월 21일 숨을 거두기까지 여러 차례 독립운동자금을 지원함으로써 조국 독립의 기틀을 다지는데 혼신의 힘을 다했다.

향년 40살로 먼 이국땅에서 숨을 거두기까지 차보석 지사는 교육가요, 독립운동가로서의 삶을 누구보다도 치열하게 살았다. 정부는 고인의 공훈을 기려 2016년 건국훈장 애족장을 추서하였다. 그러나 고모님 (차보석)의 조카는 (차리석 선생의 아드님 차영조 씨는) 서훈 소식도 모르고 있다가 필자와의 대담을 통해 알고는 마치 고모님을 만난 듯 기뻐했다.

2살 때 아버님 (차리석 선생)이 돌아가셨기에 미국으로 건너간 고모님 (차보석)의 생사를 알길이 없었지만 이제서라도 고모님의 서훈 소식은 칠순을 넘은 조카의 마음을 설레게 했다.

차보석 선생의 아버지 차시헌은 슬하에 4남 2녀를 두었는데 아들 4형제는 원석 (1870), 형석 (1874), 리석 (1881, 차영조 씨 아버지), 정석 (1884) 그리고 따님으로 보석 (1892)과 이름이 알려지지 않은 1명을 두었다. 가정이지만 만일 일제의 침략이 없었더라면 이들 형제자매는 오순도순 태어난 고향에서 정

1945년 9월 9일 차리석 선생은 환국 준비중 과로로 쓰러져 중국 땅에서 영결식을 가졌다. 앞줄 가운데 아기를 안고 있는 분이 부인 홍매영 여사이고 품에 안긴 아기는 올해 74살된 차영조 씨다.

답게 살아갔을 것이다. 그러나 빼앗긴 나라를 되찾기 위해 상해로 미국으로 뿔뿔이 흩어져 독립운동을 하는 바람에 서로의 생사도 모른 채 오늘에 이른 것이고 보면 칠순을 넘긴 조카의 고된 삶이 투명한 유리잔 속처럼 들여다보여 가슴이 짠했다.

36 억척스레 모은 돈 아낌없이 군자금 댄 "차인재"

"외할머니(차인재 지사)는 매우 억척스런 분이셨습니다. 외할머니는 새크라멘토에서 식료품 가게를 하셨는데 새벽부터 밤까지 초인적인 일을 하시며 돈을 버셨지요. 그렇게 번 돈을 조국의 독립운동 자금으로 내신 것이지요. 제가 8살 무렵에 한글교실에 다녔는데 이것은 외할머니의 영향이었습니다. 외할머니는 제가 대학을 졸업할 무렵 돌아가셨습니다."

이는 미국에서 독립운동을 하신 차인재(1895~1971, 2018년 애족장)지사의 외손녀딸인 윤자영(미국이름 윤패트리셔, 71살) 씨가 한 말이다. 2018년 8월 13일(현지시각) 저녁 7시, 필자는 차인재 지사의 외손녀 윤자영 씨가 사는 헌팅턴비치의 조용한 단독주택을 찾았다. 윤자영 씨 집은 필자가 묵고 있는 LA 코리아타운으로부터 승용차로 1시간여 거리에 있는 헌팅턴비치 주택가로 이곳은 정원을 갖춘 2층짜리 집들이 즐비한 곳으로 조용하고 깔끔한 모습이 인상적이었다.

차인재(남편 성을 따라 임인재로도 부름) 지사의 외손녀인 윤자영 씨는 외할머니 이야기를 실타래 풀듯 술술 들려주었다

방문 전에 필자는 전화로 미국에서 활동한 여성독립운동가에 대한 유적과 후손들을 만나기 위해 한국에서 왔다고 밝히고 외할머니(차인재 지사)에 대한 이야기를 해줄 수 있느냐고 물었다. 그랬더니 "외할머니 사진은 제가 많이 가지고 있습니다만 외할머니에 대한 이야기는 많이 해드릴 게 없습니다. 취재에 도움이 될지 모르겠습니다."라고 해서 내심 걱정하며 찾아간 윤자영 씨는 칠순의 나이에도 생각보다 달변가였다.

윤자영 씨는 찾아간 필자를 위해 커다란 유리컵에 얼음을 동동 띤 냉수를 내왔는데 유리컵을 테이블 위에 놓자마자 필자는 며칠 전 윤자영 씨의 외할머니(차인재)와 외할아버지(임치호)가 묻혀있는 LA 로즈데일무덤에 다녀와서 찍은 사진을 보여주었다. 그러자 외손녀는 자기도 자주 가보지 못하는 외할머니, 외할아버지 무덤을 다녀왔다며 고맙다는 말을 시작으로 하나둘 외할머니와의 추억에 대한 이야기를 꺼내기 시작했다.

이야기는 주로 외할머니가 자신에게 한국말을 배우게 하려고 현지 '국어학교(한국인학교)'에 보낸 이야기, LA에서 식료품 가게를 하던 외할머니가 억척스

차인재 지사는 외손녀딸에게 한글 공부를 열심히 시켰다(앞줄 왼쪽 두번째가 윤자영 씨)

차인재,임치호 독립운동가 부부는 딸 셋을
낳았다. 왼쪽 첫번째가 필자와 대담을 한
윤자영 씨 어머니다.

럽게 부(富)를 일군 이야기, 당시 미국 여자들도 운전하는 여자가 드물던 시절
에 운전면허를 따서 손수 운전하던 이야기 등등 외할머니에 대한 이야기를
술술 실타래 풀듯 풀어 놓았다.

한 30여 분만 이야기를 나눌 거라고 생각한 대담은 2시간이 넘도록 끝나질
않았다. 이야기를 하다 보니 윤자영 씨는 독립운동가 외할머니에 대해 "아는
이야기 없는 게 아니라 말할 기회가 없었던 것" 같았다. 그도 그럴 것이 외할
머니(1971년 숨짐) 살아생전이나 어머니가 살아 계실 때 고국에서 누군가 찾
아와서 독립운동 이야기를 물어 온 사람이 없었기에 외손녀인 윤자영 씨는
외할머니의 독립운동이 크고 중요한 일인 줄은 잘 몰랐던 것이다.

차인재 지사는 남편 임치호 지사의 성을 따라 미국에서는 임인재로 통하고
있었다. (무덤 표지석에는 림인재) 차인재 지사는 1920년 8월, 25살의 나이로
미국행을 선택했는데 그 계기에 대해서 외손녀인 윤자영 씨도 잘 알지 못하

차인재 임치호 부부독립운동가의 세 따님,
곧 윤자영 씨의 어머니와 이모들이다.

고 있었다. 그뿐 아니라 외할머니가 이화학당을 나온 것 말고는 한국에서 무
엇을 하다 오셨는지 모른다고 궁금해 했다. 오히려 필자에게 외할머니의 '조
선에서의 삶'을 물었다.

필자가 묻고 싶은 말을 되레 후손으로부터 질문을 받은 꼴이다. 차인재 지사
는 이화학당을 나와 수원 삼일학교에서 교사로 근무하다가 1920년 8월, 돌
연 미국행을 택하게 된다. 삼일여학교 교사였던 차인재 지사가 갑자기 미국
으로 건너간 계기에 대해서는 뚜렷한 기록이 남아있지 않으나 미국행을 택한
정황을 생각할 수 있는 자료가 있다. 그 정황이란 다름 아닌 수원의 삼일학교
에서 조직한 비밀결사 조직인 〈구국민단〉에서의 활동이다.

〈구국민단〉은 당시 박선태(1990, 애족장) 지사가 주도로 활동한 독립운동 단
체로 휘문학교에 재학 중이던 박선태 지사는 1919년 9월 독립운동을 위해
중국 상해로 가려다가 삼일학교 교사 이종상을 만나 국내에서 항일투쟁을 펴
기로 계획을 변경하고 1920년 6월 20일 비밀결사 〈구국민단〉을 조직했다.
이 조직에서 차인재 지사는 교제부장을 맡았으며 독립신문, 대한민보 등 독

미주 흥사단에서 활약하던 차인재 지사, 사진 윗쪽에 흥사단이라는 글자가 보인다. 첫줄 왼쪽에서 첫 번째가 차인재 지사

립사상에 관련한 신문을 국내에 배포하는 등 주도적으로 독립운동에 참여하였다. 그러나 이 단체를 주도한 박선태 지사는 얼마 되지 않아 일경에 잡히고 만다.

여기서 한 가지 주목할 점은 1920년 8월 20일 〈동아일보〉에 '학생구국단 검거, 휘문 학생 박선태 외 5명, 그 중에는 차인재 등 여학생도 4명 포함' 이란 제목의 기사 내용이다. 이 기사에는 당시 〈구국민단〉에 깊숙이 관여한 인물들의 검거 소식이 적혀있는데 기록을 보면 차인재 지사는 교제부장으로 되어 있으며 "본년7월래도미(本年7月來渡美)"라고 적혀있다. 궁금한 것은 바로이 대목 '본년7월래도미(本年7月來渡美)'라는 부분이다.

차인재 지사가 검거되기 전에 7월에 미국으로 건너갔다는 것인지, 7월에 검거되어 구류를 살고 8월에 건너갔다는 것인지 이 부분에 대해서는 좀 더 확인을

차인재 지사의 이화학당 시절 모습(앞줄 왼쪽)

해야 할 것이라고 본다. 이러한 사항을 윤자영 씨가 알고 있었다면 좋을 텐데 외할머니(차인재 지사)는 전혀 고국에 대한 이야기를 하지 않으셨다고 한다.

한편 차인재 지사가 미국에 건너가 바로 활동한 기사가 1921년 4월 7일치 미국에서 발행하는 〈신한민보〉에 실려 있어 첫발을 디딘 미국에서의 생활을 어렴풋이나마 이해할 수 있다. 이 기사는 '임치호씨 부인 교육 열심'이라는 제목으로 차인재 지사는 당시 캘리포니아 맥스웰에 살았으며 교포자녀들을 위해 '국어(조선어)학교 교실'을 만들어 교육한 것으로 소개되고 있다.

유달리 차인재 지사는 '국어(조선어)교육'에 열의를 보였는데 그것은 딸과 손녀인 윤자영 씨에게도 고스란히 전해져 8살 무렵 어린 윤자영은 한글을 읽고 쓰는 교육을 받았다고 했다. 그러나 이후 지속적으로 한국어 공부를 이어가지 못한 윤자영 씨는 미국대학에서 약학을 전공하여 약사로 한평생을 지내느라 한국어는 8살 때 배운 실력에서 멈추어 있었다. 통역 없이는 독립운동가 후손과 올바른 의사소통이 불가능한 것이 동포 2세, 3세의 현실이고 보면 안타깝기 짝이 없다. 이날 통역은 샌디에이고에서 교사로 있는 이지영 씨가 맡아 수고해주었다.

"외할머니는 이 집안에 태어나는 자손들이 돌(1살)을 맞이할 때는 언제나 한복을 입히라고 했습니다. 한국의 문화를 이어가길 바라신 거지요. 어려운 이민자의 삶 속에서 외할머니는 식료품 가게 등을 경영하면서도 조국의 광복을 위해 독립기금을 내시고 국어교육을 실천하시는 등 강인한 정신력으로 한평생을 사셨습니다. 나는 그런 외할머니가 존경스럽습니다."

윤자영 씨는 차인재 외할머니에 대한 이야기를 듣겠다고 찾아온 필자를 만나 마음속에 담아왔던 그간의 회한을 쏟느라 시간가는 줄 모르고 있었다. 대담을 마치고는 집안 거실에 놓인 2단 짜리 반닫이 등 집안 구석구석에 장식해 둔 한국 물건에 대해 일일이 설명해주었다. 지금은 외할머니도 어머니도 모두 돌아가시고 자신 역시 칠순의 나이가 되었지만 외할머니는 자신의 정체성을 깨닫게 해준 뿌리임을 잊지 않고 있는 윤자영 씨와의 만남은 필자에게도 뜻깊은 시간이었다.

윤자영 씨의 외할머니 차인재 지사는 1924년 대한인국민회 맥스웰지방회 학무원(學務員), 1933년 대한여자애국단 로스앤젤레스지부 부단장, 1935년 서기, 1936년 재무 및 여자청년회 서기로 활동하였다. 또한 1941년부터 이듬해까지는 대한인국민회 로스앤젤레스지방회 교육위원, 1942년 대한여자애국단 총부 위원, 1943년 대한인국민회 로스앤젤레스지방회 집행위원 및 총무, 1944년 대한여자애국단 로스앤젤레스지부 회장으로 활동하였다.

그 뒤에도 1944년 재미한족연합위원회 선전과장, 1945년 대한여자애국단 로스앤젤레스지부 위원 및 대한인국민회 로스앤젤레스지방회 총무, 재미한족연합위원회 군자금 모금 위원으로 활동하면서 1922년부터 1945년까지 여러 차례 독립운동자금을 지원하였다. 이러한 공로를 인정받아 차인재 지사는 2018년 정부로부터 건국훈장 애족장을 추서 받았다. 한편 남편인 임치호 지사 역시 1908년부터 미국에서 독립운동을 한 공로를 인정받아 2017년 애

로스앤젤레스 외곽에 있는 로즈데일무덤에 묻혀 있는 차인재(임인재,림인재),임치호(림치호) 부부 무덤을 찾아가 헌화했다

족장을 추서 받은 부부독립운동가다. 이 부부는 로스앤젤레스 외곽에 있는 로즈데일무덤에 잠들어 있다.

대담을 마치고 나오는 차인재 지사의 외손녀가 사는 헌팅턴비치의 주택가는 이미 어두워져 있었다. 대문 밖까지 나와 고국에서 찾아온 필자의 손을 놓지 않던 윤자영 씨의 따뜻한 마음을 뒤로 하고 LA코리아타운의 숙소로 돌아오는 차 안에서 필자는 "외할머니의 이 많은 사진을 어떻게 했으면 좋을지 모르겠습니다."라고 하던 외손녀의 말이 생각났다.

그렇다고 말도 안 통하는 상태에서 필자가 두꺼운 앨범을 받아 올 수도 없는 노릇이었다. 가장 좋은 것은 국가보훈처에서 독립운동가의 2세, 3세 집에 보관된 수많은 사진과 자료를 기증받아 보관 정리하면 좋지 않을까 하는 생각을 해보았다.

필자에게 외할머니의 많은 자료들을 보여주며 설명하는 윤자영 씨, 영어로 통역을 해준 이지영 씨, 대담하는 필자(오른쪽 부터)

집안에는 온통 외할머니(차인재 지사)와 관련된 사진을 걸어두고 기념하고 있었다.

37 조국 광복의 어머니 하와이 "황마리아"

와이키키 해변의 고운 백사장에는 (2017년) 4월 16일(하와이 현지시각)인데도 한여름을 방불케 하는 더위 탓인지 비키니 차림의 해수욕객들이 해수욕을 즐기고 있었다. 필자는 하와이에서 독립운동을 한 여성독립운동가 취재차 하와이에 도착하여 와이키키에서 그리 멀지 않은 곳에 자리한 최초의 이민선 갤릭(Gaelic)호가 닿았던 선착장에 들렸다가 와이키키 쪽으로 걸어 보았다.

와이키키해변 주변 공원에서 고기를 구워 먹다가 싫증이 나면 바닷물로 풍덩 뛰어들어 더위를 식히는 하와이 사람들을 바라다보면서 114년 전 이민선을 타고 낯선 땅에 내려 고생길로 접어들 사탕수수 밭으로 향했을 선조들을 떠올렸다.

1903년 1월 13일 하와이 호놀룰루항에 도착한 갤릭호에는 101명의 한인이 타고 있었는데 일본의 제지로 이민이 중단된 1905년까지 총 7,226명의 한인들이 하와이 사탕수수밭 노동을 위해 건너왔다. 첫 이민선이 뜬 지 2년 뒤인 1905년 4월, 여성독립운동가 황마리아 (1865~ 1937)지사도 고국 평양을 떠나 아들과 딸을 데리고 도릭선편으로 하와이 노동이민의 첫발을 내딛었다.

당시 큰딸은 19살(강혜원)이었으며 17살이었던 아들 강영승의 노동이민에 가족이 동반하는 식으로 이민 길에 나선 것이었다. 무려 한 달여의 길고 긴 항해 끝에 황마리아 가족이 하와이에 도착한 것은 5월 13일이었다. 이들은 하와이 가피올라니(Kapiolani) 농장과 에와(Ewa) 농장에 소속되어 고달픈 이국땅에서 사탕수수 노동자로서의 삶을 시작했다.

황마리아 지사

"낮이면 사탕 밭에서 살고 밤이면 농막에 들어가 밤을 지낼 때 피곤한 몸
의 사지가 아프고 결려서 누웠거나 앉았거나 편치 않아서 전전긍긍 하던
것이 그들의 정경이었다. 그러한 형편으로 매일 10시간 일하고 69전을
받아 그날그날을 지냈으며 그같이 한숨과 눈물에 젖은 노력이 재미한인
사회 건설과 조국광복 해외운동의 토대가 되었던 것이다"

‒《재미한인 50년사, 김원용 지음》혜안, 2004 ‒

이국땅 낯선 환경의 사탕수수밭 농장에서 일을 하면서도 이들 이민자들은 고
국을 한시도 잊은 적이 없었다. 그러던 참에 들려온 일제의 조선 침탈소식은
청천벽력의 일이었다. 그러나 이국땅이라해서 조국의 참상에 눈 감을 수는
없는 일이었다. 그래서 황마리아 지사는 경술국치를 당한 3년 뒤인 1913년
4월 19일, 하와이 호놀룰루에서 대한인부인회를 조직하여 회장으로 활약하
면서 조국을 돕는 일에 발벗고 나서게 된다.

▲ Bible women (circa 1920s). *Left to right, front row: third* Chong Nim Lee Cha, *second row: second* Dora Kim Moon, *third* Maria Whang, *back row: fourth* Wilha Moon, *sixth* Hee Kyung Lee Kwon, *seventh* Ur Jin Halm
보사 직원(여전도사들) (1920년대). 앞줄 가운데 이종임, 둘째 줄 왼쪽에서 두 번째 문도라,
세 번째 황마리아, 뒷줄 왼쪽에서 네 번째 문월라, 여섯 번째 이희경, 일곱 번째 함어진 [Chang]

둘째 줄 왼쪽에서 세 번째가 황마리아 지사 1920년

좀 더 적극적인 활동으로 이어진 계기는 1919년 조국의 3.1만세운동이었다. 만세운동 소식이 전해진 2주 뒤 황마리아 지사는 1919년 3월 15일, 하와이 각 지방의 부녀 대표 41명을 모아 호놀룰루에서 공동대회를 열고 조국 독립 운동의 후원을 위한 대한부인구제회를 다시 결성했다. 이들은 3월 29일, 제 2차대회의 결의안을 발표하였는데 그 내용을 보면, 첫째, 조국독립운동 후원 의 목적으로 하와이 각 지방의 한국 부녀를 규합하고 부녀 사회의 운동역량 을 이에 집중한다.

둘째, 조국독립운동에 대하여 부녀로서 할 수 있는 모든 사업에 봉사하되 우 선 독립운동 후원금 모집에 착수할 것이며 항일군사운동이 있을 경우에 출정 군인 구호사업의 준비로 적십자 임무를 연습하며 재난 동포 구제에 노력한 다. 셋째 조국 독립운동과 외교 선전에 대한 후원방침에 대한민국국민회 지 도에 따라서 진행한다. 이 결의안에 따라 하와이에서는 1919년 4월 1일 대

첫 이민선이 도착한 호놀루루항에는 당시의 역사를 기록한 알림판이 있다

한부인구제회가 설립되었다.

이 모임의 재정은 회원으로부터 회비 2달러 50센트를 매년 받아서 경상비로 쓰고 사업경비는 특별의연금으로 충당하였는데 이는 부녀들이 가정 살림을 절약하여 애국사업에 바친 것으로 그 액수는 무려 20만달러에 이르렀다. 이들의 활동은 크게 독립운동자금 지원과 구제사업 활동이었다. 독립운동자금 지원은 임시정부와 외교선전 사업에 후원금을 보내는 한편 군사운동을 위하

현재(2017)의 호놀루루항구 모습

여 만주의 군정서와 대한독립군 총사령부 출정 군인에게 구호금을 보냈다. 또한 중경의 광복군 편성 후원금도 보냈다.

구제사업으로는 3.1만세운동 때 부상 입은 지사의 가족에게 구제금 1500달러를 보냈으며 국내에 재난이 있을 때마다 YMCA와 동아일보, 조선일보를 통해 구제금을 보내 고국 동포들이 겪는 고통을 함께 나눴다.

황마리아 지사는 2017년 3월 국가보훈처로부터 독립운동 사실이 확인되어 건국훈장 애족장이 추서되었다. 그러나 이보다 앞서 황마리아 지사 따님인 강혜원(1886~1982, 1995년 건국훈장 애국장)과 사위 김성권 (1875~1960, 2002년 건국훈장 애족장), 며느리 강원신(1887~1977, 1995년 건국훈장 애족장)이 먼저 서훈을 받았다.

황마리아 지사가 딸이나 사위, 며느리 보다 늦게 서훈자가 된 것은 하와이 여성독립운동가들의 조명이 미주 본토보다 더디게 이뤄지고 있음을 반증하는 것이다.

황마리아 지사가 다니던 하와이 그리스도연합감리교회에서 찰스 신 선생이 당시 자료를 필자에게 보여주고 있다

2017년 3월 현재 하와이 지역 여성독립운동가 서훈자는 황마리아 지사를 포함하여 모두 5명인데 황마리아 지사를 포함하여 전수산(1894~1969, 2002년 건국포장), 박신애(1889~1979, 1997년 건국훈장 애족장, 초기 하와이에서 미 본토로 진출), 강혜원(1886~1982, 황마리아 지사 딸로 후에 미 본토로 진출), 심영신(1882~1975, 1997년 건국훈장 애국장) 등이다.

한편, 따님인 강혜원 지사는 어머니 황마리아 지사와 함께 하와이로 건너와 가피올라니(Kapiolani) 농장에 배치된 뒤 일과 병행하여 하와이 마노아밸리(Manoa Valley) 여학교를 다녔다. 그 뒤 북미 중가주 롬폭(Lompoc)에 거주하는 김성권과 약혼하고 1913년 10월에 북미 캘리포니아(California)로 이주해 12월 9일 혼인, 다뉴바(Dinuba)에 정착하였다.

강혜원 지사는 캘리포니아주 다뉴바 지방으로 먼저 이주한 올케 강원신 지사와 함께 포도농장에서 일하면서 여성독립운동에 참여하기 시작하였다. 1919년 3월 2일 다뉴바 지방에서 강원신·한성선·김경애 등과 함께 신한부인회(新韓婦人會)를 결성하여 다뉴바 지방 한인 부녀자들의 민족정신 고취와 미주 항일민족운동단체인 대한인국민회의 민족해방운동을 적극 후원하였다.

또한 1939년 12월 27일, 제8대 대한여자애국단 총부단장에 선출되어 1942년 1월까지 대한여자애국단을 지도하였다. 한편 중일전쟁 때 송미령에게 중국군 솜옷 지원 의연금을 보내고 광복군 후원금을 모금해 임시정부에 송금했으며 미국 전시공채를 매입하는 등 적극적인 전시공작 활동을 전개하였다.

그리고 1942년 5월에 조선의용대가 임시정부 산하 광복군으로 흡수 통합하자, 남편 김성권과 함께 민족혁명당 미주총지부를 결성하여 진보적 노선 편에서 활동하였다. 1944년 대한여자애국단 참석 대표로 재미한족연합위원회에 가담하여 임시정부 지원 모금과 재정지원 확보 활동을 하는 등 조국의 독립운동에 헌신하였다.

100여년의 역사를 간직한 하와이 그리스도연합감리교회 홍보관 앞에선 필자

뿐만 아니라 황마리아 지사의 사위 김성권은 1904년 하와이 사탕농장 노동자로 이민하여 오하우(Ohau) 에와(Ewa) 농장에 배치되어 일하면서 1906년 5월부터 1년간 기관지 '친목회보(親睦會報)' 주필로 필봉을 휘두르며 한인들의 결속과 애국정신 고취에 힘을 기울였다.

1907년 3월부터 하와이 한인단체 통합운동을 주도적으로 전개하여 같은 해 9월 하와이 호놀룰루에서 하와이 24개 한인단체 합동발기대회를 열고 하와이 한인의 통일기관인 한인합성협회(韓人合成協會)를 창립하는 산파역을 하였다. 그러다가 1908년 2월 미국 샌프란시스코로 이주한 그는 안창호 등이 이끄는 공립협회(共立協會) 찬성원으로 가입하는 한편, 하와이 한인합성협회 대표자격으로 1908년 7월 덴버에서 박용만(朴容萬) 등이 개최한 애국동지대표회(愛國同志代表會)에 참석하는 등 1909년 2월 미주한인의 최고통일기관인 국민회(國民會)를 탄생시켰다.

이와같이 황마리아 지사는 딸과 사위 그리고 며느리에 이르기까지 온 가족이 독립운동에 뛰어들어 조국 독립의 초석을 이뤘다. 척박한 하와이 이민노동자 이면서도 식민지로 전락된 조국을 외면하지 않고 독립자금을 모아 상해임시 정부에 보내는 등 조국 독립에 앞장섰던 황마리아 지사의 하와이에서의 발자취를 더듬으며 필자는 깊은 감격에 젖었다.

한편, 하와이서 돌아와서 2017년 5월 31일, 대전국립현충원 애국지사 묘역 제5-138에 잠들어 계신 강혜원 지사를 찾아뵙고 왔다. 가뭄 속에 잠시 소나기 한줄기가 내린 뒤끝이라 현충원은 어느 때보다도 정갈한 느낌이었다. 이곳에는 하와이로 이민을 떠난 이래 대한부인구제회 등을 조직하여 적극적인 독립운동을 한 황마리아 (1865~ 1937, 2017년 애족장)지사의 따님인 강혜원 (1886~1982, 1995년 애국장)과 사위 김성권 (1875~1960, 2002년 애족장) 지사의 무덤이 있다.

강혜원, 김성권 부부 독립지사의 무덤은 지난 2016년 11월 16일, 미국 땅에 묻힌 지 56년만(아내 강혜원은 34년만)에 고국땅으로 돌아와 안장된 것이다.

대전국립현충원 애국지사 5-138에 잠든 강혜원,김성권 부부 독립운동가 무덤 합장하지 않고 따로 따로 모셔져 있다

강혜원 지사는 평양에서 아버지 강익보와 어머니 황마리아 사이에 2남 1녀 중 맏딸로 태어나 어머니 황마리아 지사와 남동생 강영승 등과 함께 1905년 5월 도릭 선편으로 하와이로 노동이민을 떠났다.

강혜원 지사의 남편 김성권(金聲權, 1875~1960) 지사는 경북 경주 출신으로 1904년 하와이 사탕수수 농장 노동자로 건너가 오하우섬 에와(Ewa) 농장에서 일하였다. 이때 그는 1905년 5월 정원명·강영소·윤병구·김규섭·이만춘 등과 항일운동·일화배척(日貨排斥)·동족상애(同族相愛)를 목적으로 에와친목회를 결성하고 1906년 5월부터 1년간 기관지 '친목회보(親睦會報)' 주필로 활약하며 한인들의 결속과 애국정신 고취에 힘을 기울였다.

1908년 2월 병 치료차 미국 샌프란시스코로 이주한 김성권 지사는 안창호 등이 이끄는 공립협회(共立協會) 회원이 되었고, 1909년 2월에는 미주한인의 최고통일기관인 국민회(國民會)를 탄생시켰다. 1913년 12월 황마리아 지사의 따님인 강혜원 지사와 결혼한 뒤 중가주(中加州) 롬폭·다뉴바 등지에서 포도농장과 점포 서기 등으로 일하면서 독립운동자금을 모집하는 등 적극적인 독립운동에 뛰어들었다.

하와이 여성독립운동의 대모인 황마리아 지사 가족은 따님인 강혜원(애국장, 1995)과 사위 김성권(애족장, 2002), 며느리 강원신(애족장, 1995)이 모두 서훈을 받은 명실공히 독립운동에 헌신한 집안이다.

현재 황마리아 지사의 유해는 돌아오지 않은 상태로 국립대전현충원에는 따님인 강혜원과 사위 김성권 지사의 무덤만 이장된 상태(2016년 11월 16일)다. 부부독립운동가께서 고국의 품안에서 영면하시길 빌며 솔바람 소리 가득한 대전현충원 참배를 마쳤다.

국립대전현충원 애국지사 5-138에 자리한 강혜원 지사 무덤 앞, 필자.

〈강혜원, 김성권 지사 무덤〉

국립대전현충원 애국지사 제5 묘역 138

• 문의: 042-820-7070

6장

*

문화활동·의병·해녀출신
여성독립운동가

38 조선땅에 뼈를 묻은 일본인 "가네코 후미코"

사과의 고장 문경은 지금 온통 사과꽃 향기로 뒤 덮여있다. 차창 밖으로 펼쳐지는 하얀 사과꽃들은 탐스런 열매를 맺기 위해 저 마다 아름다운 향기를 자아내는 것이리라. 그 사과꽃 향기 속에 잠들어 있는 일본인 독립유공자 가네코 후미코 지사의 무덤을 찾아 나선 길은 2019년 4월 28일이었다. 인생의 황금기를 천황제 반대와 조선독립을 위해 뛰다 스물세 살의 나이로 숨겨간 여성, 가네코 후미코 지사는 문경에 잠들어 있었다.

경북 문경시 박열의사기념관 공원 안에 있는 가네코 후미코 무덤, 조선독립을 위해 뛰다가 23살의 나이로 일본에서 순국, 남편 고향에 잠들어 있다.

2년 전 영화 '박열'로 관심을 끌게 된 독립투사 박열(1902~1974)과 그의 부인 가네코 후미코(金子文子, 1903~1926)의 발자취가 남아 있는 경상북도 문경 〈박열의사기념관〉의 오지훈 학예연구사와 약속한 시간은 오전 11시였다. 현대식 건물에 정원 손질이 잘 되어 있는 기념관 내부로 들어서니 오지훈 학예연구사는 전시실 관람에 앞서 사무실서 차 한 잔을 대접한다.

일왕타도를 꾀하다가 대역죄로 22년여동안 일본 감옥에 수감되었던 독립투사 박열 의사(박열의사기념관 제공)

이어 곧바로 박열 의사와 가네코 후미코 지사의 독립운동 발자취가 전시되어 있는 전시실로 향했다. 1층 전시실의 절반은 박열 의사 관련 전시물이고 절반은 가네코 후미코 지사의 전시실로 꾸며져 있었다. 그리고 2층은 천황타도의 선봉에 섰던 박열 의사와 가네코 지사에 관한 한일 양국의 연구 성과물과 박열 의사가 일본의 이치가야 형무소에서 보낸 22년 동안의 옥중생활, 그리고 대법원 공판 모습 등이 모형으로 꾸며져 있었다.

박열 의사의 부인 가네코 후미코의 청순한 모습
(박열의사기념관 제공)

서슬 퍼런 제국주의 심장에서 일본 천황 타도에 앞장섰던 박열, 가네코 후미코 부부! 그들의 용기와 신념은 대관절 어디서 나온 것일까? 박열의사기념관의 오지훈 학예연구사는 이들의 삶의 기록이 낱낱이 전시된 기념관을 공들여 안내해주었다. 사실 전시실을 따로 따로 구분해 놓았지만 이들이 도쿄에서 만나 재일조선인 아나키즘 단체인 흑도회를 결성하고 기관지인 〈흑도〉, 사상잡지 〈후토이센진〉, 〈현사회〉등을 만들면서 천황타도를 기획하여 대역죄로 사형선고를 받을 때까지 박열과 가네코 후미코는 둘이 아닌 한 몸이었다.

그들은 죽어도 함께 죽고 살아도 함께 살 각오로 일본땅에서 대한의 독립을 꿈꾼 혈기 왕성한 젊은 부부였던 것이다. 기념관을 둘러보면서 이참에 현재의 〈박열의사기념관〉은 〈박열・가네코후미코기념관〉으로 바꿔야하지 않을까 하는 생각을 해보았다.

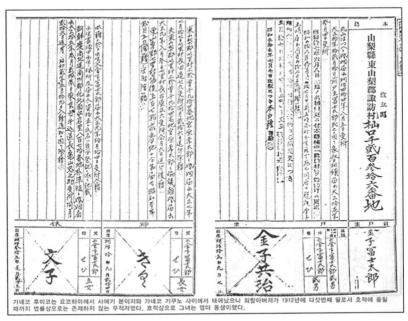

가네코 후미코의 불운한 시절을 말해주는 호적, 엄마의 이혼으로 무호적 상태로 있다가 9살 때 겨우 외할아버지 집 호적에 오른 가네코 후미코 호적(박열의사기념관 제공)

가네코 후미코 나이 스물세 살! 가네코 후미코는 바로 그 스물세 살의 나이로 일본 우쓰노미야형무소(宇都宮刑務所) 도치기지소(栃木支所)에 수감 중 순국의 길을 걸었다. 그는 일본인이라고는 하지만 한국인 그 어느 누구보다도 더 열렬한 반일론자요, 항일투사였다.

가네코 후미코는 1903년 일본 요코하마에서 태어나 어머니가 재혼하는 바람에 9살 때 조선에 살고 있던 고모집에 보내진다. 말이 고모지 새아버지의 여동생 집이었기에 사실상 거의 남이나 마찬가지인 상황이었다. 이곳에 맡겨진 가네코 후미코는 하녀 취급을 받으며 16살이 될 때까지 7년을 보냈다. 이때의 '조선경험'은 훗날 그가 조선에 대한 남다른 애정을 갖게 된 중요한 계기가 된 것으로 보인다. 특히 일본으로 돌아가기 전, 1919년 3.1만세운동을 목격하면서 억압과 압제의 조선인들의 삶을 깊이 인식하는 계기로 자리 잡게 되었음은 형무소에서 기록한 그의 자서전 등에서도 감지된다.

1920년 봄, 도쿄로 돌아간 가네코 후미코는 신문팔이, 가루비누 행상, 식모살이, 식당 종업원 등을 전전하면서도 학업의 끈을 놓지 않았다. 이때 사회주의자, 무정부주의자들과 만나면서 사회주의사상에 눈뜨기 시작했는데 특히 조선인 무정부주의자들과의 만남은 가네코 후미코의 인생을 바꿔 놓는 계기가 되었다.

어린 시절 하녀 취급 받으며 조선에서 지낼 때 가네코 후미코는 일본 제국주의의 희생물로서 고통 받는 식민지 조선인과 가족제도의 희생물로 노예처럼 살아온 자신을 동일하게 여기고 그 정점이 천황제라고 인식하기에 이른다. 가네코 후미코는 1922년 봄부터 박열과 함께 투쟁 노선에 뛰어 드는데 이 무렵 일본 사상계의 효시로 평가되는 흑도회 기관지 〈흑도〉 창간호를 펴냈다.

이어 박열과 함께 무정부주의자 단체인 흑우회를 결성하고 11월에 〈후토이 센징〉을 창간하여 1923년 6월까지 4호를 펴냈다. (이 가운데 3호와 4호는 〈현

박열의사기념관 내부 모습. 모두 2층으로 되어 있으며 1층은 박열, 가네코 후미코 지사의 전시실, 2층은 박열 의사의 옥중 관련 자료와 연구자들의 연구자료 등을 소개하고 있는 전시실

가네코 후미코 고향 마을에 세워진 비와 같은 모형의 비 앞에서 오지훈 학예연구사가 설명하고 있다. 왼쪽은 필자

사회〉로 이름 바꿈) 또한 1923년 4월에는 동지이자 남편인 박열과 함께 대중
단체인 '불령사'를 조직하여 활동하는 등 가네코 후미코의 열성적인 활동은
모두 이 무렵에 이뤄졌다.

가네코 후미코는 자신의 노예적인 삶을 거부하고 모든 것을 걸어 국가와 사
회의 모순, 기존의 제도와 대결하면서 치열한 투쟁을 지속해갔던 것이다. 그
러나 그의 이러한 투사적인 활동은 1923년 9월 1일 관동대지진과 함께 서서
히 막을 내린다. 유례없는 대지진이 휩쓴 도쿄에서 9월 3일, 가네코 후미코
는 남편 박열과 함께 일본 경찰에 잡히는데 이들의 죄목은 천황살해를 기획
한 이른바 '대역죄'다. 이 죄목으로 이들은 1926년 3월 25일 각각 사형선고
를 받았다.

가네코 후미코와 박열은 사형선고 1개월 전에 혼인신고서를 제출하여 정식
부부가 되었으며 영원히 함께 하자고 맹세했다. 하지만 두 사람은 각각 지바

박열 의사의 어록이 전시되어 있다.

(千葉)형무소와 도치키(栃木) 형무소로 이감되었는데 열흘 뒤 '대사면 은사(恩賜)'에 의해 무기징역으로 감형되었다. 그러나 가네코 후미코는 '권력 앞에 무릎을 꿇기 보다는 자신의 의지로 삶을 마감한다'는 뜻을 내비친 뒤 7월 23일, 옥중에서 의문의 죽음을 맞이한다.

천황제 반대와 일왕 살해기도죄로 잡혀 재판정에 들어서는 박열, 가네코 후미코 부부 기사(박열의사기념관 제공)

용수(죄인이 쓰는 모자)를 뒤집어 쓰고 법정에 들어서는 박열, 가네코 후미코 부부(박열의사기념관 제공)

가네코 후미코의 죽음에 대해서는 공식적으로는 '자살'로 발표했으나 일설에는 '타살 의혹'이 제기되어 왔다. 이러한 주장은 후지와라 레이코(藤原麗子) 씨의 〈문경에서, 2017〉이라는 글에서 당시 가네코 후미코가 임신 중이었는데 스스로 목숨을 끊었다고 보기에는 의문이 따른다는 지적으로도 짐작할 수 있다.

또한 야마다 쇼지(山田昭次) 씨도 《가네코 후미코 : 자신·천황제국가·조선인(金子文子 : 自己·天皇制國家·朝鮮人)》이란 책에서 "후미코 유족이 자살을 믿을 수 없다고 조사를 요청했으나 간수측의 방해로 사망 경위가 불명인 채로 남아있다."고 증언한 사실에서도 '자살 처리'는 받아들이기 어려운 상황이다.

가네코 후미코의 주검은 옥사한 그해, 1926년 11월 5일, 남편 박열의 선영(경북 문경)에 안장되었으며 2003년 11월 박열의사기념관 공원 안, 현재 터에 이장되어 영면에 들었다.

한편, 박열 의사는 대역죄명을 쓰고 22여 년 동안의 감옥살이를 해야했다. 특히 1945년 8월, 죄수들의 석방이 대거 이뤄졌지만 일제는 72일이나 지난 10월 27일까지 박열 의사를 대역사범(천황살해기도죄)이라고 풀어주지 않았다. 이에 원심창, 이강훈, 김천해 등 동료들이 맥아더 연합군 총사령부 앞으로 석방탄원서를 제출한 끝에 1945년 10월 홋카이도에서 44살이 되어서야 풀려날 수 있었다. 박열 의사는 석방 뒤 1946년 10월 3일 재일본조선거류민단을 결성하여 초대회장을 맡아 활약했다. 이듬해 장의숙과 재혼하여 조국으로 귀환하였으나 1950년 한국전쟁 때 납북되어 1974년 북한에서 숨을 거두었다.

박열 의사는 1989년 건국훈장 대통령장을 추서 받았고, 가네코 후미코 지사는 2018년 11월 17일, 일본인으로는 두 번째(첫째는 2.8독립선언을 한 유학생

경북 문경에 있는 박열의사기념관 전경. 내부는 매우 알차게 꾸며놓았으나 이제는 〈박열 · 가네코후미코기념관〉이라고 해야 옳을 듯하다.

을 변호한 후세다츠지가 받음)로 대한민국정부로부터 건국훈장 애국장을 추서받았다. 국가보훈처에 문의한 결과, 현재 가네코 후미코 지사의 훈장증은 요코하마영사관에 보관 중이며 곧 후손에게 전해질 예정이라고 한다.

오지훈 학예연구사에게 가네코 후미코 지사의 훈장증을 복사라도 해놓지 않았느냐고 물으니 후손인 가네코 다카시 씨가 7월 23일, 박열의사기념관에 '훈장증'을 기증할 예정이라고 했다. 오지훈 학예연구사는 홀수 해에는 문경에서, 짝수 해에는 가네코 후미코 지사의 연구회가 있는 야마나시에서 각각 가네코 후미코 지사 추모회를 연다고 하면서 올해는 7월 23일 문경의 박열의사기념관에서 제93주기 추도식을 열 예정이라고 했다.

영화 '박열'로 독립투사 박열 의사의 삶이 재조명되어서인지 기념관을 찾는 이들이 부쩍 늘었다고 했다. 오지훈 학예연구사는 한 달에 800명에서 1000여명 정도가 이곳을 방문하고 있으며 연간 16,000명 정도라고 했다. 필자가 찾아간 날도 가족단위의 방문자들이 기념관과 가네코 후미코 지사 무덤을 찾고 있었다. 일본인으로 한국의 독립운동에 앞장섰던 스물세 살의 여성독립운동가 가네코 후미코의 무덤가에는 붉은 영산홍만이 말없이 피어있었다.

39 이화학당 유관순의 스승 "김란사"

꽃샘바람이 아직 옷깃을 여미게 하는 가운데 2017년 2월 27일 오후 3시, 서울교육박물관 (정독도서관 내)에서는 '신여성 김란사 -시대를 앞서간 여성의 위대한 이야기 -'라는 제목의 아주 특별한 전시회 개막식이 있었다.

김란사 (金蘭史, 1872~1919, 그간 남편 성을 따라 하란사 (河蘭史)로 불렸으나 김씨 성을 되찾음)란 이름이 다소 생소하게 들릴 사람도 있을 것이다. 그러나 김란사 지사는 당시로는 드문 미국 유학길에 올라 한국 최초의 문학사 학위를 받았을 뿐 아니라 이화학당 교사 시절 유관순의 스승인 인물이다.

특히 미국 유학에서 갈고 닦은 영어 실력과 이화학당에서 보여준 민족교육 활동 등이 인정되어 고종황제로부터 1919년 6월 파리강화회의(1919년 제1차 세계대전의 종결을 위하여 승전국들이 파리에서 개최한 강화회의로 전쟁에 대한 책임과 영토 조정, 평화를 유지하기 위한 조치 등을 협의함)에 한국대표로 참석하여 '한국의 독립 승인'을 받아오도록 명을 받은 인물이었다.

모바일 아티스트 장홍탁씨가 그린 김란사 지사 (제공: 서울교육박물관)

그러나 1919년 1월 21일 일제의 독살로 알려진 고종의 갑작스런 승하가 있었고 이어 4월 김란사 역시 북경에서 독살로 의심되는 죽음을 당하게 된다. 그의 나이 47살, 아직 조국을 위해 할 일이 남아있던 김란사의 의문의 죽음은 당시 식민지 조선의 크나큰 손실이요, 슬픔이었다.

사실 이번 김란사 전시회의 1등 공신은 김란사 지사 동생의 손자인 김용택 선생이다. 사회의 무관심 속에 버려진 '시대를 앞서간 위대한 여성'인 할머니의 삶이 재조명되기를 바라는 일에 평생을 바쳤기에 이날의 전시회 개막을 할 수 있게 된 것이다. 또한 〈김란사유족회〉 부회장 정성훈 선생은 김란사 지사가 1995년 대한민국 건국훈장 애족장을 받는데 노력했다.

특히 김란사 지사는 남편의 성을 따른 "하란사(河蘭史)"로 알려져 김용택 선생이 이를 바로잡기 위해 발이 부르틀 정도로 뛰어다녔다. 란사(蘭史)라는 이름은 이화학당에서 받은 세례명인 낸시(Nancy)라는 이름을 한자로 란사(蘭史)로 옮긴 것으로 본래 성씨인 김씨를 하(河)씨로 한 것은 미국 유학시 여권을 만들때 남편의 성을 다른데서 비롯된 것이다.

이날 오후 3시, 전시회장인 서울교육박물관 입구에 마련된 조촐한 개막식장에는 유가족과 뜻있는 분들이 모여 시대를 앞서간 신여성으로서, 독립운동가로서의 활약을 되돌아보는 소중한 시간을 가졌다. 김란사 지사 사후 98년 만에 갖는 개막식 치고는 너무나 단출한 느낌이었지만 3 · 1 만세운동 98주년이 되는 해에 '여성독립운동가'로서 그리고 '시대를 앞서간 신여성'으로 일평생을 바친 김란사 일생을 조명하는 자리라 더욱 뜻깊었다.

특히 신여성으로서 민족혼과 독립정신을 실천으로 옮긴 김란사 지사의 일생을 추적하여 헌시 (獻詩)를 쓴 필자는 이날 개막식이 남다르게 가슴에 와 닿았다. 개막식에서 김란사 지사의 손자인 김용택 선생은 "늦었지만 김란사 할머니의 유지를 받들고 그 고귀한 뜻을 새기게 되어 감개무량하다. 앞으로 할머니를 비롯한 여성독립운동가들이 널리 알려지는 계기가 되길 바란다."는 축사가 있었다.

특별전 전시품을 설명하는 〈김란사유족회〉 김용택 선생

개막식의 하이라이트는 김란사 지사의 초상화를 그린 장홍탁 작가의 작품을
선보이는 시간이었다. 흰 헝겊으로 가려놓은 김란사 지사의 초상화가 드러나
자 전시장에 모였던 사람들로부터 큰 환호와 손뼉을 받았다. 야무지게 꼭 다
문 입, 어딘가를 또렷하게 응시하는 눈매와 오똑한 코에 올림머리의 김란사
지사는 장홍탁 작가의 손끝에서 아름답게 다시 피어난 느낌이었다.

당시 김란사 할머니의 머리모양을 하고 나와
카메라 세례를 받은 유족 김용희 여사(손녀
딸)과 필자, 뒤 그림이 김란사 지사로 이번에
공개된 그림

특히 이날 김란사 지사의 유족 가운데 한 분인 김용희 여사 (68세)께서 직접 당시 김란사 할머니의 머리모양을 하고 나와 많은 카메라 세례를 받았다.

경술국치라하면 1910년의 일로 이 무렵 민족지도자들은 대거 사립학교에 포진하여 자라나는 학생들에 대한 희망을 걸고 교육에 온 힘을 쏟았는데 이화(梨花) 하면 김란사 지사를 꼽을 만큼 역량을 한껏 발휘했다. 김란사 지사는 남편 하상기가 인천 감옥소의 별감일 때 어린 나이에 1남 3녀를 둔 하상기의 후처로 들어갔다. 그러나 후처라고 해서 무시당하거나 업신여기는 일이 없었을 뿐 아니라 "우리외가에서는 상하친척이 김란사 할머니에 대한 대접이 극진했어요. 할머니는 엄하시면서도 집안을 화목하고 법도 있게 잘 다스렸다."고 손자는 말했다.

남편의 보살핌과 일찍이 여성도 배워야한다는 자각을 갖고 있던 김란사 지사는 당시 학업을 위해 이화학당 문을 두 번 두드렸으나 기혼여성으로 거절당하자 어느 날 밤 혼자 이화학당을 찾아갔다. 그리고는 프라이 학장 앞에서 촛불을 훅하고 꺼 보이며 "우리가 캄캄한 게 이 등불 꺼진 것과 같으니 우리에게 밝은 학문의 빛을 열어 주시오라고 애원하여 입학시켰다."고 프라이 학장은 수기에서 밝혔다. 김란사 지사는 이화학당을 나와 일본 게이오대학 (慶應大學)에서 1년간 공부한 뒤 남편의 도움으로 1897년 미국 유학길에 올라 1900년 오하이오주의 웨슬리언 대학 문과에 입학하여 우리나라 최초의 문학사 학위를 받는다.

이후 귀국하여 김란사 지사는 애오개여학교를 비롯, 동막여학교, 이화학당 등에서 민족교육을 통해 자라나는 학생들에게 겨레 혼을 심어주는 교육에 매진하였다. 이 무렵 김란사 지사는 덕수궁에 드나들며 고종황제와 엄비의 자문에 따랐는데 고종은 김란사 지사에게 궁중 패물을 군자금으로 주어 의친왕과 함께 나라밖 일을 시작하도록 계획했다. 또한 한일의정서 협약, 합병조약 등의 원문과 외국의원들에게 보낼 호소문을 작성하여 김란사 지사로 하여금 파리강화회의에 보내 윌슨대통령에게 호소하려 했으나 그만 1919년 1월 하순 고종이 갑자기 승하하는 바람에 이 일은 무산되고 말았다.

한국 초대 여기자인 최은희 씨는 이때 일을 두고 "궁중의 발표가 있기 전 김란사 지사가 국상을 먼저 알고 비밀리에 소식을 전한 것을 보면 의친왕을 통해 독립운동가들끼리 긴밀한 연락을 하며 크게 활약한 것임에 틀림없다." 라며 당시 이 이야기를 들은 신흥우 박사를 만나 들었다며 회고하고 있다. 김란사 지사는 교육 현장뿐 아니라 여류 연사로서도 뛰어났다. 1907년 진명학교 주최로 열린 집회에서 여성교육의 필요성을 역설하는 연설을 하였으며, 자혜부인회에서 주최한 집회에서는 김윤식·유길준 등 당대의 이름난 남성들과 어깨를 나란히 연설을 하였다.

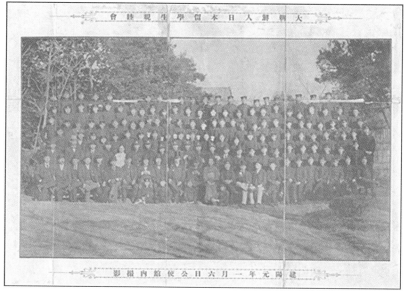

'게이오대 조선인학생 친목회' 사진. 둘째 줄 다섯 번째 흰 옷을 입은 이가 김란사 지사 (제공: 김란사 손자 김용택 선생)

또한, 1910년 신흥우 박사와 함께 미국에서 열린 감리교 집회에 우리나라 여성대표로 참석하였으며, 그 뒤에도 몇 차례에 걸쳐 미국에 가서 우리나라를 소개하는 연설을 하여 받은 돈으로 당시에는 귀중한 풍금을 이화학당에 기증하여 학생들 교육환경 개선에도 힘썼다.

1919년 일제의 강제병합이 단행되자 기독교 전도를 내세워 교인들에게 일본을 배척하는 의식을 심어주었는데 이는 수년 전부터 해오던 일로 서울 교외 9개 교회를 돌아가면서 주일예배에 참석하고 1,400여 호 가정을 방문하는 등 전도를 가장한 민족혼 심기를 했으며 이들을 야학과정에 불러내어 교육을 했다. 이러한 김란사 지사의 국내외 눈부신 활약은 국권상실 직후부터 일본경찰의 요시찰 대상이 되었다. 1919년 파리평화회의에 우리나라 여성대표로 참석하려는 계획이 일본경찰에 알려져 중국으로 망명하였다가 곧바로 북경에서 병으로 객사하는 불운을 겪는데 일설에는 일제간첩 배정자가 미행했다는 이야기도 있는 등 독살 사망설이 있다.

이는 장례에 참석했던 미국 성공회 책임 베커 씨의 "시체가 시커먼 게 독약으로 말미암은 타살로 추측된다"라는 증언이 뒷받침해준다. 국권 상실기의 여성교육자요, 독립운동가인 쉰한 살의 아까운 인재가 일제의 모략으로 희생된 것이다.

40 잠자는 조선여자 깨워 횃불 들게 한 "김마리아"

"이 흰 저고리와 치마는 김마리아 열사께서 돌아가시기 전까지 입었던 옷입니다. 70년이 넘은 옷이지요. 이 저고리를 보십시오. 안섶과 겉섶의 길이가 다르지 않습니까? 이것은 일제 고문으로 한쪽 가슴을 잃으셨기에 정상인들이 입는 저고리를 입을 수 없어 특별히 체형을 고려하여 지은 옷이지요." 이 말은 2019년 6월 18일, 서울 정신여자고등학교(교장 최성이) 내 김마리아회관(kimmaria Hall) 전시실에서 조영호 교감선생님이 한 말이다.

김마리아 열사의 흰 치마저고리가 여러 겹의 포장지 속에서 모습을 드러낼 때 필자도 가슴이 뛰었다. 마치 살아생전의 김마리아 열사를 보는 듯 감격스러웠다. 가슴을 도려내는 고문 속에서도 한 치의 흔들림 없이 꿋꿋하게 지켜낸 조국 독립의 의지에 대해 이날 정신여고를 방문한 우리 모두가 내내 숙연한 마음이었다.

정신여고 김마리아회관 안의 전시실을 찾은 일본 고려박물관 회원들

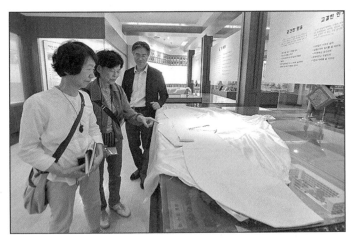

70여 년 전 김마리아 열사가 입었던 흰 치마저고리 앞에 선 도다 미츠코, 하라다 교코 고려박물관 전 이사장 (안쪽부터 조영호 교감선생님, 하라다 교코, 도다 미츠코 씨)

18일(화), 서울 정신여고를 방문한 사람들은 일본 고려박물관 전 이사장인 하라다 교코(原田京子) 씨와 도다 미츠코(戶田光子) 씨였다. 이들은 일본 고려박물관의 조선여성사연구회 회원으로 2박 3일의 짧은 방한 기간 중이었지만 평소 존경해오던 김마리아 열사를 비롯한 수많은 여성독립운동가를 배출한 정신여고 방문을 꿈꾸다가 이번에 오랜 숙원을 이루게 된 것이었다.

"저는 정신여고 출신의 여성독립운동가 가운데 특히 김마리아, 방순희, 김영순 선생에 대해 큰 관심을 갖고 있었습니다. 일본에서 한국의 여성독립운동가에 대한 공부를 하면서 언젠가 한국에 가면 이 분들이 다녔던 정신여고를 꼭 한번 방문해보고 싶었는데 이번에 학교를 찾아 와서 김마리아 열사 관련 전시실과 생전에 입었던 흰 치마저고리를 직접 보고 눈물이 왈칵 났습니다. 특히 저고리 앞섶 길이가 서로 다른 이유를 설명 들었을 때 일제 경찰의 악랄한 고문이 얼마나 심했나를 짐작할 수 있었습니다." 이는 일본 고려박물관 이사인 도다 미츠코(戶田光子) 씨의 말이다.

오른쪽 섶 길이가 짧게 지어진 저고리는 고문으로 한쪽 가슴을 잃고 살아야했던 김마리아 열사의 아픔을 말해주어 보는 이의 눈시울을 자아내었다.

정신여고를 찾은 시각은 18일 아침 10시, 교정에 들어서자마자 눈에 띄는 김마리아회관(kimmaria Hall)과 순국열사 김마리아 동상이 일행을 반긴다. 마침 이날은 최성이 교장이 연수중이라 조영호 교감 선생님이 반갑게 일행을 맞아주었다. 이날 함께 한 이는 정신여고를 졸업한 이양순(대한민국임시정부 기념사업회 이사) 이사였다.

교장실에서 차를 마신 뒤 우리는 곧바로 교감의 안내를 받으며 김마리아 열사 기념전시실로 향했다. 김마리아 열사는 1978년 잠실로 이사한 현재의 교

필자, 도다 미츠코 씨, 하라다 쿄코 씨, 조영호 교감, 이양순 동문(왼쪽부터 시계방향)

사(校舍)가 아니라 종로구 연지동 시절에 학교를 다녔지만 학교의 법통은 끊어지지 않고 면면히 이어져오고 있어 전시실을 둘러보면서 남다른 감회가 느껴졌다.

정신여고에서는 3.1만세운동 100주년 및 김마리아 서거 제75주기 기념학술대회를 2019년 3월 13일 이 학교 김마리아회관 1층 애니엘리스홀에서 열었는데 그때 만든 두툼한 자료집을 조영호 교감선생님은 우리들에게 선물로 주었다. 자료집 속에 눈에 띄는 김마리아 열사의 어록이 가슴에 다가왔다.

> "유무식을 물론하고 빈부귀천 차별 없이 이기심을 다 버리고 국권확장
> 네 글자만 굳건 하온 목적 삼고 성공할 줄 확신하며 장애물을 개의 말고
> 더욱더욱 진력하며 일심 합력하옵시다."
>
> – 1919.9.20. 김마리아 –

김마리아 열사의 후배들이 정신여고 본관 입구에서 이곳을 찾은 일본인들을 위해 함께 사진을 찍어 주었다. 가운데 흰 블라우스 모습이 도다 미츠코, 왼쪽 옆이 하라다 교코 씨, 두 사람 건너 오른쪽 끝이 조영호 교감선생님

학술대회에서 '김마리아 열사의 독립정신과 독립운동' 기조 강연을 한 박용옥(전 성신여대 사학과) 교수는 김마리아 열사의 성장과정과 정신여고를 거쳐 일본 유학 시절 2.8독립 선언에 참여하고 독립선언서를 국내에 가지고 들어온 경위 및 대한애국부인회 등을 통한 활동 상황을 자세히 소개했다. 또한 1928년 9월, 컬럼비아대학원에 입학하여 향학열을 불태우면서도 흥사단 활동과 재미한국학생연맹 부회장 등을 맡아 끊임없는 독립운동을 지속했음을 상기시켰다.

그러면서 박용옥 교수는 "3.1만세운동 100돌을 기리는 올해, 여러 곳에서 유관순 열사 등은 소나기처럼 홍보하고 있는데 우리의 영웅 김마리아 선생은 간간이 이슬비처럼 비추고 있다. 이제 김마리아 영웅을 역사의 중심부에 우뚝 서게 하는 다각적인 사업을 꾸준히 연구 수행해야 할 것"이라고 했다.

김마리아 지사는 황해도 장연 출신으로 아버지 김윤방(金允邦)과 어머니 김몽은(金蒙恩)의 셋째 딸로 태어났다. 증조할아버지와 할아버지가 모두 독자여서

김마리아 열사 전시실에서 이양순 정신여고 동문으로 부터 독립운동 당시의 상황에 대한 설명을 듣는 일본인들

손자를 빨리 보고 싶어 해 아버지 윤방을 아홉 살 연상인 몽은과 결혼시켰는데 이때 아버지 나이 9살 때였다. 그러나 기대와는 달리 태어나는 아이 셋이 모두 딸이었다. 당시 대갓집에서는 독선생을 불러 사랑방에 서당을 차려 아이들을 가르쳤는데 김마리아도 위의 언니 둘과 삼촌, 고모와 함께 '천자문' '동몽선습'들을 배우며 학문에 눈떠갔다. 그러나 김마리아가 세 살 먹던 해에 34살이던 아버지가 갑작스럽게 죽는 바람에 과부가 된 어머니는 99칸 종갓집 맏며느리 자리를 뒤로하고 세 딸의 교육을 위해 따로 이사하는 열성을 보였다.

황해도 연안의 서남쪽 포구에 세운 소래학교는 광산 김씨 집안이 세운 우리나라 최초의 학교로 이곳은 최초의 기독교 전래지이기도 하다. 어린 나이에 아버지를 여의고 어머니의 남다른 가정교육을 받고 자라던 김마리아는 소래학교에 입학한 지 여섯달 만에 상급생을 통틀어 전교에서 1등으로 뽑힐 만큼 총명했으며 2등은 고모인 김필례가 차지했다. 딸들에 대한 사랑과 교육에 남다른 열정을 보이던 어머니는 김마리아가 14살 되던 해 겨울 세상을 떠났다.

어머니는 "세자매 가운데 마리아는 기어코 외국까지 유학을 시켜 달라."라는 유언을 남겼고 이후 마리아는 애국지사들이 드나드는 서울의 삼촌 집에 머물면서 애국사상을 싹 틔운다. 15살이던 1906년, 큰 삼촌의 주선으로 이화학당에 입학하여 기숙사 생활을 시작하였으나 두 언니와 고모가 연동여학교(현, 정신여자중학교)에 다니던 때라 삼촌에게 졸라 연동여학교로 옮기면서 학업에 열중하였다.

1910년에 졸업 뒤 광주 수피아여학교에서 3년간 교사를 지냈고, 1913년 모교인 정신여학교로 전근한 이듬해 일본으로 유학하였다. 일본 히로시마(廣島)의 긴조여학교(錦城女學校)와 히로시마여학교에서 1년간 일어와 영어를 배운 뒤, 1915년에 동경여자학원 대학 예비과에 입학하였다. 1918년 말 동경 유학생 독립단에 들어가 황애시덕 등과 구국동지가 되었다.1919년 2·8독립운동에 가담, 활약하다가 일본경찰에 붙잡혀 조사를 받은 뒤 풀려났는데 이

일본 유학시절 김마리아 지사는 당당하게 한복을 입어 조선인임을 알렸다. 둘째 줄 오른쪽 첫째가 김마리아 지사(정신여고 제공)

때 조국광복을 위해 한 몸을 바치겠다는 굳은 결심을 했다. 이에 스스로 졸업을 포기하고 독립선언서 10여 장을 베껴 변장한 일본 옷인 오비 속에 숨기고 차경신(車敬信) 등과 2월 15일에 부산에 입항했다. 귀국 뒤 대구·광주·서울·황해도 일대에서 독립의 때를 놓치지 않도록 여성계에서도 조직적으로 궐기를 할 것을 촉구하는 등 3·1운동 사전준비운동에 온 힘을 쏟았다.

정신여자고등학교는 1887년 6월 여의사이자 미국 북장로교 선교사였던 엘러스(A. J. Ellers)가 여성계몽을 목적으로 서울 중구 정동에 있던 제중원 사택에 세운 정동여학당(貞洞女學堂)을 시작으로 하여 올해 132년을 맞는다.

독립운동의 산실로 명성을 떨친 이 학교 출신의 독립운동가는 김마리아(독립장) 열사를 비롯하여 도산 안창호의 부인으로 미주에서 독립운동을 지속한 이혜련(애족장), 세브란스 간호사 출신인 이정숙(애족장), 혈성애국부인회를 조직한 이성완(애족장), 대한민국애국부인회 출신 장선희(애족장), 이혜경(애족장), 신의경(애족장), 김영순(애족장), 블라디보스톡 등에서 활동한 이의순(애국장), 김마리아 열사와 함께 비밀리에 2.8독립선언문을 가지고 귀국하여 3.1만세운동에 앞장섰던 차경신(애국장), 상해애국부인회를 조직한 김순애(독립장), 대한민국임시정부 임시의정원에서 활약한 방순희(독립장) 지사 등 일일이 이름을 댈 수 없을 정도로 여성독립운동가로서 활약이 두드러진 분이 많다.

18일(화), 김마리아 지사를 비롯한 수많은 여성독립운동가를 배출한 정신여고를 찾은 고려박물관의 하라다 교코(原田京子) 전 이사장과 도다 미츠코(戶田光子) 이사는 정신여고 방문을 계기로 더욱더 한국의 여성독립운동가에 대한 연구와 공부를 하겠다는 다짐의 말을 남겼다.

이들은 현재 도쿄 한복판 고려박물관 전시실에서 열리고 있는 '3.1독립운동 100년을 생각하며 – 동아시아 평화와 우리들(3.1独立運動100年を考える–東アジアの平和と私たち)–'을 기획하여 열심히 일본인들에게 3.1운동의 의미를 알리는 작업을 하고 있다. 평소 도쿄 고려박물관 조선여성사연구회에서 특별히 여성독립운동가들에 대한 연구를 병행하고 있는 중이라 이번 정신여고 방문은 이들에게 더 없이 소중한 시간이었다고 입을 모았다.

41 용암처럼 끓어 오른 탐라의 횃불 "김옥련"

"어머니(김옥련 지사)는 참으로 조용한 분이셨어요. 저는 어머니의 맑고 고운 영혼을 사랑합니다." 김옥련(金玉連 1907. 9. 2 ~ 2005. 9. 4) 지사의 따님 한인숙 씨는 그렇게 어머니에 대한 운을 떼었다. 김옥련 지사의 이야기를 듣기 위해 따님인 한인숙 씨를 만난 것은 2014년 9월 12일 금요일 점심 무렵이었다.

우리는 서울미술관 안에 있는 구내식당에서 점심을 먹고 역시 미술관 안에 있는 커피숍으로 자리를 옮겼다. 미술관과 어울리는 분위기의 빨간 파라솔 아래서 마주 앉은 우리는 처음 만난 사이였지만 마치 오래전부터 만난 사람들인 양 여성독립운동가에 대한 이야기를 주고받았다. 아니 주고받았다기 보다 내가 여성독립운동가에 대한 이야기를 일방적으로 쏟아 놓은 셈이지만 한인숙 씨는 그런 나의 이야기에 귀를 기울여 주었으며 해녀출신 독립운동가인 어머니 김옥련 애국지사에 대한 말은 무척 아꼈다.

해녀 출신 김옥련 지사 (한인숙 따님 제공)

그것은 내가 만나본 많은 독립운동가 후손 분들과 대동소이한 모습이었다. 왜, 어머니에 대한 이야기를 많이 하고 싶지 않겠는가? 하지만 김옥련 지사의 따님은 무척 겸손했다. 김옥련 지사는 일제강점기 제주에서 해녀생활을 했던 분이다. 1907년 제주시 구좌읍 하도리 서문동에서 태어나 어릴 때부터 애기 상군이라 불릴 만큼 물질이 뛰어났고 부모님을 도와 밭일도 열심히 했기에 주위에서 매우 사랑받는 처녀였다.

당시 하도리에는 야학이 있었는데, 김옥련 지사는 물질을 하면서 촌음을 아껴 야학에서 열심히 신문학을 받아들여 공부했다. 야학에서 한민족의 역사, 지리 등을 배우면서 민족의식이 싹텄고, 야학을 함께 하는 동급생끼리 일제 침략의 부당성 등을 성토하기도 했다. 22살 되던 해인 1929년 하도리에는 여성단체로 부인회, 소녀회 등이 조직되어 있었는데, 부인회 회장은 부춘화, 소녀회 회장은 김옥련이 맡고 있었다. 당시 일제의 수탈이 정점에 달하자 김옥련을 포함한 해녀들은 더 이상 참고 있을 수 없다는 결론에 도달하게 되었다.

마침내 1931년 물질을 생업으로 하던 해녀들은 일본 관리들의 가혹한 대우와 제주도해녀조합 어용화의 폐단이 있자 12월 20일 요구조건과 투쟁방침을 결의하였다. 그리고는 이듬해인 1932년 1월 7일과 12일 김옥련 지사는 구좌면에서 해녀조합의 부당한 침탈행위를 규탄하는 시위운동을 주도하고, 해녀들의 권익을 위해 부춘화 지사 등과 함께 도지사 다구치(田口禎憙)와 담판을 벌여 요구조건을 관철시켰다.

또한 1월 26일에는 제주도 항일운동가의 검거를 저지하려다 잡혀 6개월의 옥고를 치렀다. 이때 김옥련, 부춘화, 부덕량을 대표로, 하도·세화·우도·종달·시흥·오조 등 6개리의 해녀들이 모였다. 제주해녀(잠녀)항쟁에 참가한 숫자만 연인원 1만 7,000명에 이르렀다. 제주잠녀항쟁은 투쟁의 주체가 연약한 여성집단이었고, 한국 최대 규모의 어민투쟁이었다는데 의의가 깊다. 이

제주 해녀 시위 기사 (동아일보 1932. 1. 26 - 29일)

투쟁은 조천지역의 만세운동과 무오년 법정사항일운동(法井寺抗日運動)과 더불어 제주도 3대 항일운동으로 평가받고 있다.

"일제는 우리 해녀들이 목숨을 바쳐 채취한 전복이며 미역 등 각종 해산물을 헐값으로 빼앗고 각종 세금을 부과해 못살게 굴었지. 수 십 년이 지났지만 그 때를 회상하면 지금도 화가 치밀어" 이는 김옥련 지사가 96살 되던 해인 2003년 10월 22일자 〈경남 여성신문〉과의 인터뷰 내용이다. 좀 더 들어 보자 "우리가 들고 일어났던 것은 해녀어업조합에서 은밀하게 브로커들과 결탁해 지정 상인을 정하고 아직 바다 속에서 캐지도 않은 해산물을 결탁상인들에게 내주었는데 죽도록 고생해 캐낸 해산물의 매수가격은 형편없었기 때문이지."

해녀들에 대한 일본관헌들의 가혹한 대우와 해녀권익을 옹호하기 위해 발족된 제주도 해녀조합의 어용화 폐단은 1931년 급기야 하도리에서 거세게 폭발되었고 1932년 1월 세화장날을 기해 대규모 항일운동과 연결된 죽음을 불사한 항일투쟁으로 이어졌던 것이다.

김옥련 지사는 당시 감옥생활을 이렇게 증언했다. "취조과정에서 소 채찍으로 맞고, 두 팔을 뒤로 뒤틀리는 고문을 당했으며, 나무봉 위에 무릎을 꿇리고 짓눌리는 등 떠올리기조차 끔찍한 고문을 받았다." 고 증언했다. 김옥련 지사는 광복직후 제주를 떠나 부산 영도 대교동에 자리를 잡고 3남매를 억척스럽게 키워냈다. 한때는 땔감도 없어 부둣가에 떠내려 오는 나뭇조각으로 불을 지필 정도로 어려운 생활을 해야 했지만 독립운동을 하는 심정으로 억척스런 삶을 살아내며 3남매를 모두 훌륭히 키워내었다. 정부에서는 고인의 공훈을 기려 2003년 건국포장을 수여하였다.

42 안사람 영혼 일깨운 춘천의 여자 의병대장 "윤희순"

우리나라 최초 여자 의병장 윤희순 지사가 살던 춘천시 남면 발산리를 찾은 것은 2012년 6월 1일이었다. 물어물어 찾아간 윤희순(1860~1935.8.1.)지사가 시집와서 살았던 발산리 시댁은 후손이 말끔하게 집을 가꾸고 살고 있었다. 윤희순 지사는 16살 때 고흥 유씨 집안의 유제원과 결혼하여 유씨 문중이 있는 남면 발산리에서 살았다. 남편 유제원은 춘천 의병장 유홍석의 장남이며, 팔도창의대장 유인석의 조카이고 화서학파 제2대 종주인 성제 유중교의 종손이다.

춘천시 남면 발산리에 있는 윤희순 지사가 살던 시댁(2012.6.1.)

시아버지 유홍석과 친정아버지 윤익상은 화서 이항로의 문하에서 수학한 사이로 두 집안은 사돈지간이 되었으며 1895년 을미사변이 일어나자, 이들 위정척사계열의 유생들은 친일내각 타도와 일본세력을 축출하고자 힘을 모으기 시작했다. 이에 1895년 시아버지 의병장 유홍석이 의병을 일으켰다. 시아버지의 거병을 지켜보면서 윤희순 지사는 의병에게 용기를 북돋울 노래를 만들었다.

> "나라없이 살수없네 나라살려 살아보세
> 임금없이 살수없네 임금살려 살아보세
> 조상없이 살수없네 조상살려 살아보세
> 살수없다 한탄말고 전진하여 왜놈 잡아
> 임금앞에 꿇어앉혀 우리임금 분을 푸세"

이와같은 "의병군가(義兵軍歌)"를 비롯하여 "안사람 의병가(義兵歌)", "병정가 (兵丁歌)" 등 8편을 만들어 의병들의 항일독립정신을 고취시켰다. 1907~ 1908년 의병운동 때에는 강원도 춘성군 가정리 여우천 골짜기에서 여자의 병 30여 명을 조직하였으며 군자금을 모아서 의병운동을 지원하였다. 가히 남성들도 넘보지 못할 기개였다.

그 뒤 1911년 시아버지와 남편이 중국으로 먼저 망명길에 오르자 윤희순 지 사는 51살 되던 해 아들 돈상, 민상, 교상 등과 함께 중국으로 건너가 이때부 터 1935년까지 25년 동안 가족들과 함께 요동지구에서 종횡무진 항일운동

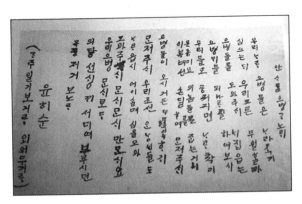

윤희순 지사가 지은 의병가

윤희순 지사

을 전개하였다. 그 무렵 윤희순 지사는 나라를 되찾으려면 항일 인재를 양성하는 것이 급선무라고 생각하여 이회영, 우병렬, 우병렬의 부인 채인산, 중국인 도원훈과 손홍령의 도움으로 환인현 보락보진 남괴마자에 동창학교 분교인 노학당을 세웠다. 이곳에 노학당을 설립한 것은 조선인이 비교적 많이 모여 살았고 항일활동의 근거지였기 때문이다. 학교운영자금은 선생과 학생들이 환인지역의 조선인, 중국인들에게서 모금한 것으로 충당하였다.

이러한 노력의 결과로 1915년까지 김경도, 박종수, 이정헌, 마덕창 등을 비롯한 50여 명의 항일운동가를 양성할 수 있었다. 시아버지 유홍석, 남편 유제원과 아들 유돈상에 이르는 독립군 집안의 윤희순은 여성의 몸으로 초기에는 의병활동을 하고 중국으로 망명한 이후는 독립운동을 돕다가 1935년에 봉천성 해성현 묘관둔에서 75살을 일기로 숨을 거뒀다.

춘천 관천리에 있는 윤희순 지사 무덤에 이르는 길과 표지석(2012.6.1.)

윤희순 지사가 숨진 때에는 일제의 혹독한 고문을 받고 숨진 큰아들 유돈상이 숨진 지 11일 만이어서 주변 사람들의 슬픔은 더욱 컸다. 유해는 1994년 고국으로 봉환해 춘천시 남면 관천리 선영 양지바른 곳에 남편과 함께 합장하였다.

여성 의병장으로 당당한 삶을 산 윤희순 지사의 고귀한 삶을 기리고자 춘천시는 춘천시립도서관에 동상을 세웠고 시집와서 35년 동안 살던 춘천시 발산리에는 해주윤씨의적비를 세웠다. 정부에서는 고인의 공훈을 기리어 1990년에 건국훈장 애족장(1983년 대통령표창)을 추서하였다.

발산리 시댁을 나와 관천리 선영으로 이르는 길에는 노란 애기똥풀이 활짝 피어 있었다. 그리고 어디선가 이름 모를 새들이 속삭이고 있었다. 멀리 홍천강이 그림처럼 내려다보이는 언덕에 윤희순 의병장 무덤이 있었는데 홍천강에서는 아무 일도 없었다는 듯 모토보트를 타는 젊은이들의 물살 가르는 소리만이 들려왔다. 나는 오래도록 무덤가에 앉아서 구국의 일념으로 의병가를 짓고 아녀자들을 모아 의병활동을 진두지휘 했던 윤희순 지사의 나라사랑 정신을 되새겨 보았다. 6월 1일, 오늘 의병의 날을 맞아 더욱 그리워지는 분이 윤희순 의병장이다.

43 이육사 시신을 거두며 항일 맹세한 독립의 불꽃
"이병희"

"어머님(이병희 지사)은 그런대로 이야기를 나눌 수 있지만 간혹 앞뒤가 안 맞을 때도 있을 겁니다." 자신이 모셔야 하는데 여의치가 않아 요양원에 계신 어머님이 안스러운듯 독립운동가 이병희(李丙禧, 1918. 1. 14 ~ 2012. 8. 2) 지사의 며느님은 상냥한 목소리로 어머님의 여러 근황을 알려주었고 약도대로 요양원을 향하는 마음은 설렘과 동시에 건강상태 걱정이 앞섰다.

여성독립운동가 중 몇 안 되는 생존자이신 이병희 애국지사를 만나러 부평 갈산동에 있는 〈사랑마루요양원〉에 찾아가던 날은 2011년 7월 19일로 막바지 장맛비가 쏟아져 우산을 써도 바짓가랑이가 젖을 만큼 퍼부어대던 날이었다. '사랑은 마주 보며 이루어진다.'라는 예쁜 이름의 '사랑마루' 요양원 4층 창가 침대에서 필자를 반갑게 맞이하는 이병희 지사는 바람이 불면 날아가 버릴 듯 몸이 많이 수척해 보였다. 그러나 정신만은 새벽녘 맑은 별처럼 또렷했다.

이병희 지사는 필자가 내민 명함의 작은 글씨를 한자도 틀리지 않고 또렷하게 읽어 내려가면서 '돋보기 없이 글을 읽는다.'라고 했다. 그리고 자신은 1918년생이며 올해로 95살이라는 것과 칠십여 년 전의 항일독립운동 이야기를 또랑또랑한 목소리로 말씀해주시는 모습이 마치 지리산 도인을 만난 듯했다.

이병희 지사의 할아버지 이원식 선생은 동창학교를 설립해 민족교육을 이끈 독립운동 1세대이며 아버지 이경식 선생은 1925년 9월 대구에서 조직된 비밀결사 암살단 단원으로 활약했다. 이러한 굳건한 민족의식을 이어받은 이병희 지사는 동덕여자보통학교를 졸업하고 열여섯 살이던 1933년 5월, 서울의 종연방적주식회사(鍾淵紡績株式會社)에 여공으로 취업하였다.

1936년 회사에서 동료 김희성, 박인선 등 여성동지들을 모아 노동운동을 펼치다 체포되었다. 1939년 4월 경성지방법원에서 이른바 치안유지법으로 징역 1년, 집행유예 3년을 받았다. 2년 4개월간 서대문형무소에서 옥고를 치른 후 출옥하였으나 요시찰인물로 지목되었다. 이후에 삿뽀로 맥주, 기린 맥주회사, 영등포 방직공장 등에서 노동운동을 하여 여러 번 체포, 고문을 받았다.

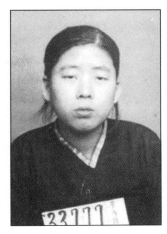

1937년(19세) 서대문형무소에 잡혀갔을 때 모습

그 뒤 1940년 북경으로 건너가 의열단에 가입한 뒤에는 동지 박시목·박봉필 등에게 문서를 전달하는 연락책을 맡아 활동하던 중 1943년 국내에서 북경으로 건너온 이육사와 독립운동을 협의하다 그해 9월 일경에 잡혀 북경감옥에 구금되었고 이어 잠시 국내로 잠입하였던 이육사도 잡혀 함께 옥살이를 했다. 그러나 이병희 지사가 1944년 1월 11일 석방된 뒤 며칠 만에 1월 16일 이육사는 옥중 순국을 하게 되고 유품과 사체 수습을 이병희 애국지사가 맡게 된다.

"그날 형무소 간수로부터 육사가 죽었다고 연락이 왔어. 저녁 5시가 되어 달려갔더니 코에서 거품과 피가 나오는 거야. 아무래도 고문으로 죽은 것 같아"라고 말하면서 자신이 출옥할 때만 해도 멀쩡하던 사람이 죽었다는 것을 믿을 수 없다고 했다. 이병희 지사는 육사의 시신을 화장하여 가족에게 넘겨 줄 때까지 유골 단지를 품에 안고 다녔으며 혹시 일제가 훼손하지는 않을까 전전긍긍해서 심지어는 맞선을 보러 가는 날도 육사의 유골을 품에 안고 나갔다고 했다.

2011년 7월 19일, 요양원에서 이병희 지사와 필자

'광야' '청포도' 같은 육사의 주옥같은 시는 이병희 지사가 없었더라면 우리에게 알려지지 않았을 것이다. 하지만, 이병희 지사는 지난 50여 년간 자신의 독립운동을 숨기고 살아야 했다. 이른바 '사회주의계열' 여성 독립운동가로 낙인 찍혀 조국 광복에 혁혁한 공을 세우고도 그늘진 곳에서 숨죽이며 살아야 했던 것이다. 이병희 지사는 1996년에 가서야 겨우 국가보훈처로부터 독립운동을 인정받아 건국훈장 애족장을 받게 되는데 이렇게 숨죽이며 살았던 여성 애국지사로는 이효정 지사도 있다. 이효정 지사는 이병희 지사의 친정 조카다.

대담을 마치고 나오려는데 구순의 애국지사는 푸른 실핏줄이 선연한 앙상한 손으로 필자의 손을 꼬옥 움켜쥐며 "너는 끝까지 나라를 지켜라. 깨끗이 살다가 죽거라"라고 하시던 아버지의 유언을 전하면서 "젊은이들이 독립운동정신을 잊지 않고 훌륭한 나라를 만들어 주었으면 한다."라는 당부의 말씀을 해주었다. 요양원 벽면에는 이병희 지사가 색칠한 예쁜 꽃 한 송이가 방긋이 웃고 있었다.

44 일제의 여공 착취에 항거한 오뚜기 "이효정"

 필자가 이효정 지사의 아드님인 박진수 화백을 만난 것은 2010년 7월, 비가 몹시 내리던 날이다. 여성독립운동가를 위한 글을 쓰던 중 이효정(李孝貞, 1913.7.28~2010.8.14) 지사의 삶을 추적하는 과정에서 박진수 화백이 아드님임을 알게 되었다. 어머니의 자료를 요청한 필자를 위해 박 화백은 어머니(이효정 지사)시집과 사진을 들고 광화문 사무실로 단걸음에 달려와 주었다. 여성독립운동가 책을 쓰면서 여러 후손을 만나보았지만 박진수 화백처럼 곧바로 자료를 제공해준 사람은 박 화백이 처음이었다. 대개는 6하 원칙을 들어 사진의 용도를 캐묻고도 미심쩍어 선뜻 사진 한 장 주기를 꺼리는 데 그 때 박진수 화백은 용도도 묻지 않고 퍼붓는 빗속을 뚫고 달려와 어머니가 팔순에 쓴 시집을 품에서 꺼내 보여주었다.

> "(앞줄임)그리도 즐기시던 쑥버무리 쑥절편
> 소담하게 담아 놓고
> 싸근한 들나물 무쳐 보리상반 밥에
> 달큰한 고추장 곁들여 비빈 밥
> 어머니와 도란도란 먹어 보고 싶다(뒤줄임)"
>
> – 이효정 시집 '회상' 가운데 –

박진수 화백의 어머니, 독립운동가 이효정 지사의 시들은 하나 같이 한 폭의 수채화 그림 같다. 살기 어려운 시절을 살아내면서도 따스한 인간냄새 물씬 풍기는 그런 시어들에 옷깃을 여몄던 기억이 새롭다. 이효정 지사는 1930년대 초 서울에서 노동운동을 펼치다가 체포되어 옥고를 치렀다. 이효정 지사

이효정 지사(23세), 1936년 1월 6일
서대문형무소 수감 당시 모습

는 동덕여자고등보통학교 1학년 때, 광주학생운동이 일어나자 친구들과 함
께 운동장에 나가 만세를 부르다가 종로경찰서에 구속되었다. 또 한 차례, 3
학년 때는 시험을 거부하는 백지동맹을 주도해 무기정학을 당했다. 졸업 후
에는 노동운동에 참여하였는데 1933년 9월 21일, 종연방적[鐘紡] 경성제사
공장에서 파업이 일어나자, 이효정 지사는 이재유의 지도를 받아 여직공을
선동하여 총파업을 주도하였다.

노동쟁의의 확대를 꾀해 공장 내 조직의 확대를 이루고, 이를 바탕으로 산업
별 적색노동조합을 결성한다는 계획에 따라 파업을 선동하였던 것이다. 종방
파업 이후 1933년 10월 17일 청량리에서 동대문경찰서 고등계 형사에게 붙
잡혀 고초를 겪었다. 1935년 11월, 이효정 지사는 서울에서 이재유·권우성
등이 주도 조직한 '경성지방좌익노동조합 조직준비회'에 가담하여 동지 모
집과 항일의식 고취에 주력하다가 경찰에 검거되어 약 13개월 동안 서대문
형무소에서 옥고를 치렀다.

이효정 지사와 함께 독립운동을 한 이재유는 일제강점기 사회주의 운동을 이
끌었던 독립투사로 1925년 개성의 송도고등보통학교 4학년에 편입하여 연
구회를 조직하고 사회과학 서적을 탐독하다가 동맹휴학을 주도, 퇴학당한 후

1926년 말 도쿄로 건너갔다. 일본에서 일본대학 전문부 사회과에 입학, 중퇴한 후 노동으로 생계를 유지하면서 도쿄 조선노동조합에 가입하는 등 본격적인 노동운동에 뛰어들었다. 1928년 조선공산당 일본총국에 입당한 후 고려공산청년회 일본총국의 선전부책이 되었다.

1933년 8월, 김삼룡, 변홍대, 안병춘 등과 그 유명한 '경성 트로이카'를 결성하여 1935년 '조선공산당재건경성준비그룹'을 결성하고 독립운동을 전개하다 1936년 12월에 체포되어 서대문형무소에서 옥고를 치렀던 인물이다. 이재유는 출옥 후 종래의 파벌에 의한 운동을 배격하고 조선공산당재건을 위한 '경성트로이카'를 조직하여 조선일보사를 통한 언론활동, 공장중심 노동조합 조직, 지방별 농민조합 조직, 독서회를 통한 학생운동 지도 등 부문별 운동을 통해 독립운동의 기반을 조성하고 있었고 이효정 지사는 이들과 함께 독립운동 반열에 섰던 것이다.

이효정 지사는 광복 뒤 한국전쟁이 일어나고 남편이 납북되자 2남 1녀와 함께 남한에 남아 '빨갱이 가족'으로 낙인 찍힌채 어렵게 생계를 꾸려갔다. 요시찰인물이 된 이효정 지사는 수시로 사찰기관에 연행돼 고문과 취조를 당했다. 영장 없이 끌려가기를 수십 차례 반복하고 고문으로 팔목이 부러지는 장애를 입으면서 억울한 옥살이도 감수해야 했다. 1980년대 '6.10 민주항쟁'으로 어느 정도 민주화가 이뤄지자 이효정 지사에 대한 사찰도 수그러들기 시작했다. 그러나 가족이 겪은 말 못할 가슴의 한은 치유되기 어려울 것이다. 이효정 지사의 아드님인 박진수 화백은 그러한 시대의 아픔을 그림으로 표현했다.

2018년 6월 8일, 박진수 화백은 서울 효자동의 한 화랑에서 전시회를 가졌다. 필자도 찾아가 축하 하는 자리에서 박진수 화백은 "나에게 있어 그림은 억압과 해방이라고 생각합니다. 재료로부터의 해방, 색체로부터의 해방, 보이지 않는 끈에 얽혀있는 것으로부터의 해방, 내게 있어 그린다는 행위는 모

박진수 화백, 〈밀다〉, Oil on Canvas, 650×530, 2015

든 것으로부터의 해방, 그 이하도 이상도 아닙니다." 라고 했다. 어쩌면 독립운동가 어머니의 삶을 그림에 그려내는 것이 아닌가 하는 생각이 들었다.

이육사의 시신을 거둔 이병희 지사의 친정 집안 조카인 이효정 지사는 칠순이 넘어서 시 창작에 몰두하며 시름을 달랬는데 〈회상〉, 〈여든을 살면서〉 라는 두 권의 시집을 남기고 97살의 생을 마감했다. 1930년대 경성에서 일제의 착취에 저항하며 궁극적인 독립을 꿈꾸던 사람들의 이야기를 그린 《경성트로이카》를 쓴 작가 안재성 씨는 이효정 지사를 직접 만나본 느낌을 다음과 같이 그리고 있다. "상대방의 영혼을 꿰뚫어 보듯 지그시 바라보는 시선 속에 사려 깊음과 총명함이 서려 있음을 깨닫게 되었다. 젊은 시절에 목숨을 내걸고 민족해방운동에 뛰어듦으로써 완전한 순결을 얻은 그녀의 영혼은 해방과 전쟁의 혼란 그리고 이후의 빈곤과 치욕에도 결코 더럽혀지지 않았다. 낯선 손님을 두려워하거나 경계하지 않고 지나치게 환대하거나 호들갑을 떨지도 않고 똑바로 마주보며 부드러이 웃어 줄 수 있는 기품 속에서 수십 년 동안 화제대상으로 올리는 것조차 금지 되었던 사회주의자들에 대해 거리낌 없는 이야기를 해주는 용기 속에서 한 세기를 살아 온 완성된 영혼을 느낄 수 있었다."

여든을 넘긴 어느 날 마산의 문학인들과 나들이 간 개나리 핀 뜰에서 고운
자태의 이효정 지사(박진수 제공)

이효정 지사의 시집 〈여든을 살면서〉와 〈회상〉 "도서출판 경남"

45 조선 여성을 무지 속에서 해방한 "차미리사"

연일 폭염이 내리쬐는 가운데 2018년 7월 31일 낮 2시, 도봉구 수유리에 있는 덕성여자대학교(한상권 총장 직무대리, 이하 '총장')를 찾았다. 낮 2시에 만나기로 한 한상권 총장과의 약속을 위해 대학본부 건물에 들어서니 1층 정면 벽면 가득히 덕성학원 설립자인 차미리사(1879~1955) 선생의 커다란 흑백사진이 걸려있었다. 그리고 차미리사 선생의 평소 신념인 "살되 네 생명을 살아라, 생각하되 네 생각으로 살아라, 알되 네가 깨달아 알아라"라는 글씨가 필자의 가슴을 뛰게 했다.

이날 한상권 총장을 만난 것은 필자가 쓴 '조선여성을 무지 속에 해방한 차미리사 −덕성은 조선 여자교육의 요람−'이라는 시를 대학본부 건물에 걸게 된 기념으로 초대차 방문한 길이었다. 필자의 시는 대학본부 건물 2층 입구에 걸려있었으며 총장실로 올라가는 2층 계단에는 학생들이 덕성학원의 설립자

독립운동가이자 조선여자교육의 요람으로 덕성여대를 설립한 차미리사
선생 사진 앞에 선 한상권 총장

차미리사 선생의 정신을 기리자는 학생들의 글이 벽면 가득하다

이자, 여성독립운동가인 차미리사 선생을 흠모하고 기리는 다양한 글귀가 벽면을 가득 메우고 있었다.

"100년의 역사, 자랑스러운 덕성여대 우리가 지킬거야"
"100년의 덕성, 우리는 강하다"
"지키자. 자랑스러운 덕성여대"
"차미리사의 정신을 이어받은 이 시대의 여성인재 산실 덕성여대와 미래의 100년을 함께합니다."

총장실로 오르는 계단에 학생들이 빼곡하게 적어 놓은 글귀를 읽으며 총장실에 들어섰다. 바쁜 일정 속에서도 한상권 총장은 우리 일행을 반갑게 맞이해 주었다.

"이윤옥 시인이 지은 독립운동가 차미리사 선생을 위한 헌정시를 〈광복회보, 5월호〉에서 읽었습니다. 마침 제가 총장 직무대리로 부임하면서 덕성의 정신을 잘 드러낸 시라고 판단되어 우리학교에 이 시를 걸기로 했습니다."라며 **이야기를 꺼냈다.**

여성독립운동가이자 교육자인 차미리사 선생을 기리는 '차미리사기념관' 강의동

"아시다시피 덕성여자대학은 3.1만세운동 이듬해에 설립하여 2020년
에 100돌을 맞이합니다. 덕성학원은 독립운동가 차미리사 선생이 3.1
만세운동 정신을 계승하여 설립한 민족사학이지요. 선생은 3.1만세운
동이 일어나자 여성교육에 뜻을 두고 1920년 조선여자교육회를 만들
었지요. 덕성학원의 뿌리인 조선여자교육회는 식민지 암흑시대를 비추
는 조선의 한줄기 광명이었습니다."

역사학자 출신인 한상권 총장은 《차미리사 전집》(전2권, 2009)을 집필하여
여성교육자이자, 독립운동가로 활약한 차미리사 선생의 정신을 널리 알리는
데 앞장섰던 분답게 차미리사 선생의 창학(創學)정신과 덕성학원의 미래에 대
한 이야기를 장시간 들려주었다.

덕성여자대학에는 차미리사 기념관 건물이 있으나 별도의 자료관은 없으며
대학본부 1층 건물에 설립자 차미리사 선생의 사진이 걸린 것도 한상권 총장
이 선임된 뒤의 일이라고 한다.

"(앞줄임) 덕성은 조선 여자교육의 요람 / 더러운 돈 한 푼 섞지 않고/ 깨
끗한 조선의 돈으로만 일구어 / 더욱 값진 학문의 전당 / 청각장애 딛고
일어나/ 조선 독립의 밑거름 키워낸 영원한 겨레의 스승/ 그 이름 차미
리사여!"

– 필자의 시 '차미리사' 가운데 –

차미리사 선생은 기독교에 입문하여 1901년 여선교사의 소개로 중국 유학
의 기회를 얻게 되어 인천에서 떠나는 중국 화물선에 몸을 숨겨 상해로 건너
간 뒤 소주(蘇州)에 있는 버지니아여학교에 입학하였다. 1905년에 이 학교를
졸업하고 미국 샌프란시스코로 건너가 안창호 등과 함께 기울어가는 국운을
만회하기 위하여 『독립신문』을 발간하는 등 여러 활동을 하였다.

그 뒤 캔자스(Kansas) 주의 더스칼대학 신학과를 졸업하고, 1917년 미국 선
교회에서 한국으로 파견하는 선교사 8인 가운데 한 사람으로 귀국하였다. 귀
국과 동시에 배화여학교의 교사와 기숙사 사감에 취임하였고, 1919년 3·1
운동 때는 국내외 비밀 연락의 중요한 역할을 담당하였다. 3·1운동 이후 종
교교회(宗橋敎會)에 여자 야학강습소를 설치, 여성을 대상으로 한 문맹퇴치와
계몽운동에 헌신하였다.

1920년 조선여자교육협회를 조직하고, 이듬해 순회여자강연단을 만들어 전
국적으로 계몽강연을 실시하였다. 이때 4개월간 73개소에서 여성교육의 중
요성을 일깨웠으며, 1921년 10월 강연회에서 얻은 찬조금으로 근화여학교
(槿花女學校)를 설립, 교장에 취임하였다. 1934년 2월 안국동에 재단법인 근
화학원(槿花學園)을 설립하여 재단이사장을 역임하였다.

그 뒤 '근화'라는 명칭이 무궁화를 상징한다는 일제의 시비에 따라 명칭을 덕
성학원(德成學園)으로 바꾸었다. 광복이 되자 그 동안 계획해 왔던 여성 고등

교육기관 설립을 추진, 1950년 덕성여자초급대학(현재의 덕성여자대학교)을 설립하였고, 그 뒤 가톨릭으로 개종하였다.

그 누구도 조선 여성의 교육을 생각하지 못하던 100년 전 그때, 선각자 차미리사 선생은 덕성의 전신인 무궁화학교(槿花)를 만들었다. 그 무궁화학교는 조선 여성교육의 요람으로 자라 오늘의 덕성을 만들어 내었다.

총장과의 대담을 마치고 학교 후문 쪽에 있는 차미리사 선생의 무덤을 찾아가 절을 올렸다. 매미가 우렁차게 울어대는 교정을 걸어나오며 덕성여자대학이 지난 100년의 전통을 살려 새로운 100년을 선도하는 대학으로 거듭나길 빌었다.

차미리사 선생은 조선여자교육의 요람인 덕성여대 뒷산에서 잠들어 있다.

46 심훈의 상록수 주인공 안산 샘골 처녀선생 "최용신"

경기도 안산에 있는 최용신(1909.8.12.~1935.1.23.)지사의 무덤을 찾아가던 날은 2013년 11월 중순으로 노란 은행잎이 떨어져 뒹굴고 바람이 다소 쌀쌀하게 불던 날이었다. 무덤이 자리한 이곳에는 최용신기념관이 들어서 있는데 기념관이 들어서기 훨씬 전부터 최용신 지사의 삶을 흠모하여 자료를 모으고 그의 애국운동을 알리는 일을 하고 있는 최용신기념사업회 전 김명옥 회장과 연락이 닿아 최용신 지사의 무덤과 기념관을 안내받았다.

김명옥 회장은《최용신 양의 생애》를 쓴 유달영 교수와 인터뷰(1997.1.8.) 한 내용을 소개하며 당시 심훈의 〈상록수〉 집필 사정과 최용신 지사에 대한 상세한 이야기를 들려주었다.

> 김명옥 : 그러면 그때 심훈 씨가 샘골에 직접 찾아와서 조사 했나요?
> 유달영 : 그야 물론이지. 샘골에 찾아가서 최용신 양의 활동 상황과 업적을 대강 알아보고 돌아가서 '상록수'를 구상하고 집필한 것이지. 심훈은 상록수로 일류작가가 되었고 동아일보의 현상모집 소설이라 상금으로 많은 돈도 받았지. 그리고 상록수는 그후 장기 베스트셀러가 되었지. 그런데 마을 사람들이 그 소설을 읽어보고 모두들 분개 했어. 상록수의 내용과 최용신 선생의 생애가 전연 다르다고 야단법석들이었어요. 그래서 내가 그랬지 소설이란 재미있게 만들어서 쓰는 것이지 모델이 있다고 해도 사실 그대로 쓰진 않는다. 그러니 그것을 문제 삼지 말라고 샘골동네 사람들을 무마시켰지요.

최용신 지사

그때 유달영 교수는 김명옥 회장과의 인터뷰에서 "한국에 이러한 훌륭한 여성이 있는데 이런 분의 생애는 전기를 써서 많은 조선사람에게 읽혀서 알게 해야 한다. 〈상록수〉가 그분을 모델로 해서 쓰였지만 그것은 실제와는 많이 다르니까 스승인 김교신 선생님께 최용신 선생의 전기를 꼭 쓰십사 했는데 결국은 선생님이 나더러 전기를 쓰라고 하셔서 쓴 것이 이 책이지. 이 책은 일제의 검열을 용케 통과했으나 1942년도에 민족정신을 키우는 고약한 책으로 분류되어 〈성서조선〉에 10년간 연재하던 것을 모두 압수당하고 정규독자 300여 명도 모두 붙잡혀 들어가 취조를 당했다."고 전했다 한다.

최용신 지사 무덤 앞에 새겨진 글

안산 샘골에 있는 최용신 지사 무덤에서 김명옥 최용신기념사업회 회장과 필자

유명한 농촌계몽소설인 심훈의 〈상록수〉 모델이 된 최용신 지사는 함경남도 덕원(德原) 출신으로 식민지 수탈에 의해 피폐한 농촌사회의 부흥을 위해 농촌계몽운동으로 일생을 바친 독립운동가다. 그가 농촌계몽운동에 몸을 바치기로 결심한 것은 1928년 함남 원산의 루씨여고보(樓氏女高普)를 졸업하고 협성여자신학교에 들어가면서부터였다. 이때 그는 "조선의 부흥은 농촌에 있고, 민족의 발전은 농민에 있다."라는 생각에서 농촌계몽운동에 투신하기로 결심한다.

조선여자기독교청년회연합회(YWCA) 총회 때 협성학생기독교청년회(협성학생YWCA)의 대표로 참가한 그는 본격적으로 YWCA의 농촌계몽사업에 참가하였는데 1923년 창립된 조선YWCA가 도시 중심의 활동을 펴다가 농촌계몽사업에 뛰어든 것은 1927년 무렵부터였다. 당시 조선YWCA는 피폐한 식민지 농촌사회 현실을 직시하고 활동의 중심을 농촌으로 옮겨가고 있었다. YWCA의 농촌사업은 농민의 의식계몽을 위한 농촌강습소와 야학 등이 중심을 이루었다. 그는 이러한 YWCA의 농촌사업에 적극적으로 참여하여 1929년에는 황해도 수안(遂安)과 경북 포항에 파견되어 농촌계몽운동을 전개하였다.

최용신 지사가 경기도 안산 샘골 (당시는 경기도 화성군 반월면) 천곡(泉谷;샘골)
으로 온 것은 1931년 10월로 그는 예배당을 빌려 한글 · 산술 · 재봉 · 수예
· 가사 · 노래 · 성경 같은 것들을 가르치기 시작했다. 하지만, 처음부터 순조
로웠던 것은 아니다. 마을 주민들의 몰이해와 냉대 그리고 질시를 참아 내야
했다. 더 참기 어려운 것은 왜경의 감시와 탄압을 이겨내는 일이었으며 거기
에 야학을 운영하기 위한 재정의 어려움도 크나큰 시련이었다.

그러나 최용신 지사의 헌신적 노력으로 현지 주민의 이해를 얻어낼 수 있었
고, 어려운 중에도 학원 운영에 필요한 경비를 YWCA와 현지 유지의 기금으
로 마련할 수 있었다. 그리하여 야학은 샘골에 발을 들여 놓은 지 일곱 달 만
인 1932년 5월 정식으로 강습소 인가를 받았다. 8월에는 천곡학원(泉谷學院)
건축발기회를 조직하고 그곳 유지와 YWCA의 보조로 새로운 교실 건축을
시작하여 1933년 1월 15일 완성 시켜 새 보금자리에서 교육을 할 수 있게
되었다.

조선중앙일보(1935.3.3.) 최용신 양의 일생

그러나 1934년부터 YWCA의 보조금이 끊어지고 천곡학원의 운영이 극도로 어려운 상황에서 그는 이 학원을 살리려고 다방면으로 온갖 노력을 다하던 중 1935년 1월 23일 지나친 과로 탓에 사망하였다. 그의 장례식은 당시로는 드문 사회장으로 치렀는데 이날 무려 500여 명이 상여를 따랐을 정도였다고 한다.

그가 죽자 당시 여러 신문에서 최용신 지사의 헌신적인 삶을 조명하는 글을 대서특필하게 되었고 때마침 동아일보의 농촌계몽소설현상 공모에 심훈이 이를 토대로 한 〈상록수〉를 써서 당선됨으로써 소설 속의 실존인물 최용신은 널리 알려지게 되었다.

"나는 갈지라도 사랑하는 천곡강습소를 영원히 경영하여 주십시오."
이는 스물다섯 꽃다운 나이에 과로로 숨을 거두기 직전 최용신 지사가 한 말이다. 식민지 조국의 피폐한 농촌에서 누구도 돌보지 않는 아이들을 거두어 강습소를 만들고 사랑으로 키우던 최용신 지사! 이날 최용신기념사업회 김명옥 회장과 짧지만 불꽃같은 삶을 살다간 최용신 지사의 기념관과 무덤을 참배하며 새삼 옷깃을 여미었다.

〈끝〉

⟨부록 1⟩ **이달의 독립운동가** (1992년 1월 1일 ~ 2020년 12월 31일)

연도	1월	2월	3월	4월	5월	6월	7월	8월	9월	10월	11월	12월
1992	김상옥	편강렬	손병희	윤봉길	이상룡	지청천	이상재	서 일	신규식	이봉창	이회영	나석주
1993	최익현	조만식	황병길	노백린	조명하	윤세주	나 철	남자현	이인영	이장녕	정인보	오동진
1994	이원록	임병찬	한용운	양기탁	신팔균	백정기	이 준	양세봉	안 무	조성환	김학규	남궁억
1995	김지섭	최팔용	이종일	민필호	이진무	장진홍	전수용	김 구	차이석	이강년	이진룡	조병세
1996	송종익	신채호	신석구	서재필	신익희	유일한	김하락	박상진	홍 진	정인승	전명운	정이형
1997	노응규	양기하	박준승	송병조	김창숙	김순애	김영란	박승환	이남규	김약연	정태진	남정각
1998	신언준	민긍호	백용성	황병학	김인전	이원대	김마리아	안희제	장도빈	홍범도	신돌석	이윤재
1999	이의준	송계백	유관순	박은식	이범석	이은찬	주시경	김홍일	양우조	안중근	강우규	김동식
2000	유인석	노태준	김병조	이동녕	양진여	이종건	김한종	홍범식	오성술	이범윤	장태수	김규식
2001	기삼연	윤세복	이승훈	유림	안규홍	나창헌	김승학	정정화	심 훈	유 근	민영환	이재명
2002	곽재기	한 훈	이필주	김 혁	송학선	민종식	안재홍	남상덕	고이허	고광순	신 숙	장건상
2003	김 호	김중건	유여대	이시영	문일평	김경천	채기중	권기옥	김태원	기산도	오강표	최양옥
2004	허 위	김병로	오세창	이 강	이애라	문양목	권인규	홍학순	최재형	조시원	장지연	오의선
2005	최용신	최석순	김복한	이동휘	한성수	김동삼	채응언	안창호	조소앙	김좌진	황 현	이상설
2006	유자명	이승희	신홍식	엄항섭	박차정	곽종석	강진원	박 열	현익철	김 철	송병선	이명하
2007	임치정	김광제 서상돈	권동진	손정도	조신성	이위종	구춘선	정환직	박시창	권득수	주기철	윤동주
2008	양한묵	문태수	장인환	김성숙	박재혁	김원식	안공근	유동열	윤희순	유동하	남상목	박동완

연도	1월	2월	3월	4월	5월	6월	7월	8월	9월	10월	11월	12월
2009	우재룡	김도연	홍병기	윤기섭	양근환	윤병구	박자혜	박찬익	이종희	안명근	장석천	계봉우
2010	방 한	민감상덕	차희식	염온동	오광심	김익상	이광민	이중언	권 준	최현배	심남일	백일규
2011	신현구	강기동	이종훈	조완구	어윤희	조병준	홍 언	이범진	나태섭	김규식	문석봉	김종진
2012	이 갑	김석진	홍원식	김대지	지복영	김법린	여 준	이만도	김동수	이희승	이석용	현정권
2013	이민화	한상렬	양전백	김봉준	차경신	김원국 김원범	헐버트	강영소	황학수	이성구	노병대	원심창
2014	김도현	구연영	전덕기	연병호	방순희	백초월	최중호	베 델	나월환	한 징	이경채	오면직
2015	황상규	이수흥	박인호	조지 루이스쇼	안경신	류인식	송헌주	연기우	이준식	이 탁	이 설	문창범
2016	조희제	한시대	스코필드	오영선	문창학	안승우	이신애	채광묵 채규대	나중소	나운규	이한응	최수봉
2017	이소응	이태준	권병덕	이상정	방정환	장덕준	조마리아	김수만	고운기	채상덕	이근주	김치보
2018	조지애쉬 모어피치	김규면	김원벽	윤현진	신건식 오건해	이대위	연미당	김교헌	최용덕	현천묵	조경환	유상근
2019	유관순	김마리아	손병희	안창호	김규식 김순애	한용운	이동휘	김구	지청천	안중근	박은식	윤봉길
2020	정용기	조지 새년 맥퀸	김세환	오광선 정현숙	유찬희 유기문 유기석	임병극	강혜원	이석영	채원개	박영희	유도발 유신영	윤창하

* 별색은 여성독립운동가임.

〈부록 2〉 포상받은 여성독립운동가 (1962년 ~ 2020년 3월 1일)

이름	한자	태어난날	숨진날	포상일	훈격	독립운동 계열
가네코 후미코	金子 文子	1903.1.25	1926.7.23	2018	애국장	일본방면
강경옥	姜敬玉	1851	1927.9.17	2019	건국포장	국내항일
강명순	姜明順	1904.12.14	모름	2019	대통령표창	국내항일
강사채	姜四采	1915.2.3	1999.11.24	2019	대통령표창	학생운동
강영파	姜英波	모름	모름	2019	애족장	임시정부
강원신	康元信	1887	1977	1995	애족장	미주방면
강의순	姜義順	1912	모름	2019	대통령표창	학생운동
강정순	姜貞順	1899	모름	2019	대통령표창	3·1운동
강주룡	姜周龍	1901	1932. 6.13	2007	애족장	국내항일
강지성	康至誠	1900.8.6	모름	2019	대통령표창	3·1운동
강평국	姜平國	1900.6.19	1933.8.12	2019	애족장	일본방면
강혜원	康蕙園	1886.11.21	1982. 5.31	1995	애국장	미주방면
강화선	康華善	1904.3.27	1979.10.16	2018	대통령표창	3·1운동
고수복	高壽福	1911	1933.7.28	2010	애족장	국내항일
고수선	高守善	1898. 8. 8	1989.8.11	1990	애족장	임시정부
고순례	高順禮	1911	모름	1995	건국포장	학생운동
고연홍	高蓮紅	1903	모름	2019	대통령표창	3.1운동
공백순	孔佰順	1919. 2. 4	1998.10.27	1998	건국포장	미주방면
곽낙원	郭樂園	1859. 2.26	1939. 4.26	1992	애국장	중국방면
곽영선	郭永善	1902.3.1	1980.4.8	2018	애족장	3·1운동
곽진근	郭鎭根	1861	모름	1995	대통령표창	3·1운동
곽희주	郭喜主	1903.10.2	모름	2012	대통령표창	학생운동
구명순	具命順	1900.3.26	1950.3.1	2019	대통령표창	3·1운동
구순화	具順和	1896. 7.10	1989. 7.31	1990	애족장	3·1운동
권기옥	權基玉	1903. 1.11	1988.4.19	1977	독립장	중국방면
권애라	權愛羅	1897. 2. 2	1973. 9.26	1990	애국장	3·1운동
권영복	權永福	1878.2.28	1965.4.4	2015	건국포장	미주방면
김건신	金健信	1868	모름	2018	대통령표창	국내항일

이름	한자	태어난날	숨진날	포상일	훈격	독립운동 계열
김경순	金敬順	1900.5.3	모름	2016	대통령표창	3·1운동
김경신	金敬信	1861	모름	2018	대통령표창	국내항일
김경화	金敬和	1901.7.18	모름	2018	대통령표창	학생운동
김경희	金慶喜	1888	1919. 9.19	1995	애국장	국내항일
김계정	金桂正	1914.1.3	모름	2018	대통령표창	국내항일
김계향	金桂香	1909.12.8	모름	2019	대통령표창	학생운동
김공순	金恭順	1901. 8. 5	1988. 2. 4	1995	대통령표창	3·1운동
김귀남	金貴南	1904.11.17	1990. 1.13	1995	대통령표창	학생운동
김귀선	金貴先	1913.12.19	2005.1.26	1993	건국포장	학생운동
김금남	金錦南	1911.8.16	2000.11.4	1995	건국포장	학생운동
김금연	金錦嬿	1911.8.16	2000.11.4	1995	건국포장	학생운동
김나열	金羅烈	1907.4.16	2003.11.1	2012	대통령표창	학생운동
김나현	金羅賢	1902.3.23	1989.5.11	2005	대통령표창	3·1운동
김낙희	金樂希	1891	1967	2016	건국포장	미주방면
김난줄	金蘭茁	1904.6.1	1983.7.15	2015	대통령표창	3·1운동
김대순	金大順	1907	모름	2018	건국포장	미주방면
김덕세	金德世	1894.12.28	1977.5.5	2014	대통령표창	미주방면
김덕순	金德順	1901.8.8	1984.6.9	2008	대통령표창	3·1운동
김도연	金道演	1894.1.28.	1987.8.12	2016	건국포장	미주방면
김독실	金篤實	1897. 9.24	1944.11.3	2007	대통령표창	3·1운동
김동희	金東姬	1900.	모름	2019	대통령표창	학생운동
김두석	金斗石	1915.11.17	2004.1.7	1990	애족장	문화운동
김두채	金斗采	1912.10.18	1947.3.7	2019	대통령표창	애족장
김락	金洛	1863. 1.21	1929. 2.12	2001	애족장	3·1운동
김란사	金蘭史	1872.9.1	1919.3.10	1995	애족장	국내항일
김마리아	金馬利亞	1903.9.5	1970.12.25	1990	애국장	만주방면
김마리아	金瑪利亞	1892.6.18	1944.3.13	1962	독립장	국내항일
김마리아	金瑪利亞	1903.3.1	모름	2018	대통령표창	학생운동
김반수	金班守	1904. 9.19	2001.12.22	1992	대통령표창	3·1운동
김병인	金秉仁	1915.6.2	2012	2017	애족장	중국방면

이름	한자	태어난날	숨진날	포상일	훈격	독립운동 계열
김보원	金寶源	1888.3.11	1971.7.27	2019	대통령표창	국내항일
김복선	金福善	1901.7.27	모름	2015	대통령표창	3·1운동
김복희	金福熙	1903.10.20	1987.3.14	2019	대통령표창	3·1운동
김봉식	金鳳植	1915.10. 9	1969. 4.23	1990	애족장	광복군
김봉애	金奉愛	1901.11.18	모름	2015	대통령표창	3·1운동
김상녀	金上女	1912	모름	2019	대통령표창	학생운동
김석은	金錫恩	모름	모름	2018	대통령표창	미주방면
김성모	金聖姆	1891.3.24	1967.10.12	2019	대통령표창	국내항일
김성심	金誠心	1883	모름	2013	애족장	국내항일
김성일	金聖日	1898.2.17	1961	2010	대통령표창	3·1운동
김성재	金成才	1905.10.14	모름	2019	대통령표창	학생운동
김세지	金世智	1866	모름	2019	대통령표창	국내항일
김수현	金秀賢	1898.6.9	1985.3.25	2017	애족장	중국방면
김숙경	金淑卿	1886. 6.20	1930. 7.27	1995	애족장	만주방면
김숙영	金淑英	1920. 5.22	2005.12.13	1990	애족장	광복군
김숙현	金淑賢	1913	모름	2019	대통령표창	학생운동
김순도	金順道	1891	1928	1995	애족장	중국방면
김순실	金淳實	1903	모름	2018	대통령표창	3·1운동
김순애	金淳愛	1889. 5.12	1976. 5.17	1977	독립장	임시정부
김순이	金順伊	1903.7.18	1919.9.6	2014	애국장	3·1운동
김신희	金信熙	1899.4.16	1993.4.23	2010	대통령표창	3·1운동
김씨	金氏	1899	1919. 4.15	1991	애족장	3·1운동
김씨	金氏	1877.10.13	1919. 4.15	1991	애족장	3·1운동
김안순	金安淳	1900.3.24	1979.4.4	2011	대통령표창	3·1운동
김알렉산드라	金알렉산드라	1885.2.22	1918.9.16	2009	애국장	노령방면
김애련	金愛蓮	1906.8.30	1996.11.5	1992	대통령표창	3·1운동
김양선	金良善	1880	모름	2018	대통령표창	국내항일
김연실	金蓮實	1898.1.16	모름	2015	건국포장	미주방면
김영순	金英順	1892.12.17	1986.3.17	1990	애족장	국내항일
김영실	金英實	모름	1945.10	1990	애족장	광복군

이름	한자	태어난날	숨진날	포상일	훈격	독립운동계열
김오복	金五福	1897	모름	2018	대통령표창	국내항일
김옥련	金玉連	1907. 9. 2	2005.9.4	2003	건국포장	국내항일
김옥선	金玉仙	1923.12. 7	1996.4.25	1995	애족장	광복군
김옥실	金玉實	1906.11.18	1926.6.2	2012	대통령표창	학생운동
김온순	金溫順	1898.3.23	1968.1.31	1990	애족장	만주방면
김용복	金用福	1890	모름	2013	애족장	국내항일
김우락	金宇洛	1854	1933.4.14	2019	애족장	만주방면
김원경	金元慶	1898.11.13	1981.11.23	1990	애족장	임시정부
김윤경	金允經	1911. 6.23	1945.10.10	1990	애족장	임시정부
김응수	金應守	1901. 1.21	1979. 8.18	1995	대통령표창	3·1운동
김인애	金仁愛	1898.3.6	1970.11.20	2009	대통령표창	3·1운동
김자현	金慈賢	1905.8.24	모름	2019	대통령표창	학생운동
김자혜	金慈惠	1884.9.22	1961.11.22	2014	건국포장	미주방면
김점순	金点順	1861. 4.28	1941. 4.30	1995	대통령표창	국내항일
김정숙	金貞淑	1916. 1.25	2012.7.4	1990	애국장	광복군
김정옥	金貞玉	1920. 5. 2	1997.6.7	1995	애족장	광복군
김조이	金祚伊	1904.7.5	모름	2008	건국포장	국내항일
김종진	金鍾振	1903. 1.13	1962. 3.11	2001	애족장	3·1운동
김죽산	金竹山	1891	모름	2013	대통령표창	만주방면
김지형	金芝亨	1911	모름	2019	대통령표창	학생운동
김진현	金鎭賢	1909.5.18	모름	2019	대통령표창	학생운동
김추신	金秋信	1908	모름	2018	건국포장	국내항일
김치현	金致鉉	1897.10.10	1942.10. 9	2002	애족장	국내항일
김태복	金泰福	1886	1933.11.24	2010	건국포장	국내항일
김필수	金必壽	1905.4.21	1972.12.4	2010	애족장	국내항일
김필호	金弼浩	1903.8.29	모름	2019	대통령표창	3·1운동
김해중월	金海中月	모름	모름	2015	대통령표창	3·1운동
김향화	金香花	1897.7.16	모름	2009	대통령표창	3·1운동
김현경	金賢敬	1897. 6.20	1986.8.15	1998	건국포장	3·1운동
김화순	金華順	1894.9.21	모름	2016	대통령표창	3·1운동

이름	한자	태어난날	숨진날	포상일	훈격	독립운동 계열
김화용	金花容	모름	모름	2015	대통령표창	3·1운동
김화자	金花子	1897	모름	2018	대통령표창	국내항일
김효숙	金孝淑	1915. 2.11	2003.3.24	1990	애국장	광복군
김효순	金孝順	1902.7.23	모름	2015	대통령표창	3·1운동
남남덕	南男德	1911	모름	2019	대통령표창♂	국내항일
나은주	羅恩周	1890. 2.17	1978. 1. 4	1990	애족장	3·1운동
남영실	南英實	1913.1.16	모름	2019	대통령표창	국내항일
남윤희	南潤姬	1912	모름	2019	대통령표창	학생운동
남인희	南仁熙	1914.7.7	모름	2019	대통령표창	국내항일
남자현	南慈賢	1872.12.7	1933.8.22	1962	대통령장	만주방면
남협협	南俠俠	1913	모름	2013	건국포장	학생운동
노보배	盧寶培	1910	모름	2018	대통령표창	학생운동
노순경	盧順敬	1902.11.10	1979. 3. 5	1995	대통령표창	3·1운동
노영재	盧英哉	1895. 7.10	1991.11.10	1990	애국장	중국방면
노예달	盧禮達	1900.10.12	모름	2014	대통령표창	3·1운동
동풍신	董豊信	1904	1921.3.15	1991	애국장	3·1운동
두쥔훼이	杜君慧	1904	1981	2016	애족장	독립운동지원
문또라		1877	모름	2019	건국포장	미주방면
문복금	文卜今	1905.12.13	1937. 5.22	1993	건국포장	학생운동
문복숙	文福淑	1901. 3. 8	모름	2018	대통령표창	3·1운동
문봉식	文鳳植	1913	모름	2019	대통령표창	학생운동
문응순	文應淳	1900.12.4	모름	2010	건국포장	3·1운동
문재민	文載敏	1903. 7.14	1925.12.	1998	애족장	3·1운동
미네르바구타펠	M.L.Guthapfel	1873	1942	2015	건국포장	미주방면
민금봉	閔今奉	1913.1.7	모름	2019	대통령표창	학생운동
민부영	閔富寧	1913	모름	2019	대통령표창	학생운동
민영숙	閔泳淑	1920.12.27	1989.3.17	1990	애국장	광복군
민영주	閔泳珠	1923.8.15	생존	1990	애국장	광복군
민옥금	閔玉錦	1905. 9. 5	1988.12.25	1990	애족장	3·1운동
민인숙	閔仁淑	1912	모름	2019	대통령표창	학생운동

이름	한자	태어난날	숨진날	포상일	훈격	독립운동 계열
민임순	閔任順	1913	모름	2019	대통령표창	학생운동
민함나		모름	1952.9.4	2019	애족장	미주방면
박계남	朴繼男	1910. 4.25	1980. 4.27	1993	건국포장	학생운동
박계월	朴桂月	1909.5.12	1997.5.2	2019	대통령표창	학생운동
박금녀	朴金女	1926.10.21	1992.7.28	1990	애족장	광복군
박금덕	朴金德	1912	모름	2019	대통령표창	학생운동
박금숙	朴錦淑	1915	모름	2019	대통령표창	학생운동
박금우	朴錦友	모름	모름	2019	애족장	미주방면
박기옥	朴己玉	1913.10.25	1947.6.2	2019	대통령표창	학생운동
박기은	朴基恩	1925. 6.15	2017.1.7	1990	애족장	광복군
박덕실	朴德實	1901.3.4	1971.3.1	2018	대통령표창	국내항일
박복술	朴福述	1903.8.30	모름	2012	대통령표창	학생운동
박선봉	朴先奉	1910	모름	2019	대통령표창	학생운동
박성순	朴聖淳	1901.4.12	모름	2016	대통령표창	3·1운동
박성희	1911	1911	모름	2018	대통령표창	3.1운동
박순애	朴順愛	1900.2.2	모름	2014	대통령표창	3·1운동
박승일	朴星嬉	1896.9.19	모름	2013	애족장	국내항일
박시연	朴時淵	모름	모름	2018	애족장	3·1운동
박신애	朴信愛	1889. 6.21	1979. 4.27	1997	애족장	미주방면
박신원	朴信元	1872	1946. 5.21	1997	건국포장	만주방면
박애순	朴愛順	1896.12.23	1969. 6.12	1990	애족장	3·1운동
박양순	朴良順	1903.4.13	모름	2018	대통령표창	학생운동
박연이	朴連伊	1900.2.20	1945.4.7	2015	대통령표창	3·1운동
박영숙	朴永淑	1891.7.20	1965	2017	건국포장	미주방면
박옥련	朴玉連	1914.12.12	2004.11.21	1990	애족장	학생운동
박우말례	朴又末禮	1902.3.13	1986.12.7	2011	대통령표창	3·1운동
박원경	朴源炅	1901.8.19	1983.8.5	2008	애족장	3·1운동
박원희	朴元熙	1898.3.10	1928.1.15	2000	애족장	국내항일
박유복	朴有福	1869.9.10	1919.4.2	1995	애국장	3·1운동
박은감	朴恩感	1857	모름	2018	대통령표창	국내항일

이름	한자	태어난날	숨진날	포상일	훈격	독립운동 계열
박음전	朴陰田	1907.4.14	모름	2012	대통령표창	학생운동
박자선	朴慈善	1880.10.27	모름	2010	애족장	3·1운동
박자혜	朴慈惠	1895.12.11	1944.10.16	1990	애족장	국내항일
박재복	朴在福	1918.1.28	1998.7.18	2006	애족장	국내항일
박정금		모름	모름	2018	애족장	미주방면
박정선	朴貞善	1874	모름	2007	애족장	국내항일
박정수	朴貞守	1901.3.8	모름	2015	대통령표창	3·1운동
박차정	朴次貞	1910. 5. 7	1944. 5.27	1995	독립장	중국방면
박채희	朴采熙	1913.7.5	1947.12.1	2013	건국포장	학생운동
박치은	朴致恩	1886. 6.17	1954.12. 4	1990	애족장	국내항일
박하경	朴夏卿	1904.12.29	모름	2018	대통령표창	학생운동
박현숙	朴賢淑	1896.10.17	1980.12.31	1990	애국장	국내항일
박현숙	朴賢淑	1914.3.28	1981.1.23	1990	애족장	학생운동
방순희	方順熙	1904.1.30	1979.5.4	1963	독립장	임시정부
백신영	白信永	1889.7.8	모름	1990	애족장	국내항일
백옥순	白玉順	1913.7.30	2008.5.24	1990	애족장	광복군
백운옥	白雲玉	1892.1.14	모름	2017	대통령표창	국내항일
부덕량	夫德良	1911.11.5	1939.10.4	2005	건국포장	국내항일
부춘화	夫春花	1908. 4. 6	1995. 2.24	2003	건국포장	국내항일
서귀덕	徐貴德	1913.6.16	1969.3.6	2020	대통령표창	학생운동
성혜자	成惠子	1904.8.27	모름	2018	대통령표창	학생운동
소은명	邵恩明	1905.6.12	모름	2018	대통령표창	학생운동
소은숙	邵恩淑	1903.11.7	모름	2018	대통령표창	학생운동
손경희	孫慶喜	1912	모름	2019	대통령표창	학생운동
손영선	孫永善	1902.3.3	모름	2019	대통령표창	학생운동
송계월	宋桂月	1912.12.10	1933.5.31	2019	건국포장	학생운동
송금희	宋錦姬	모름	모름	2015	대통령표창	3·1운동
송명진	宋明進	1902.1.28	모름	2015	대통령표창	3·1운동
송미령	宋美齡	1897.3.5	2003.10.23	1966	대한민국장	독립운동지원
송성겸	宋聖謙	1877	모름	2018	건국포장	국내항일

이름	한자	태어난날	숨진날	포상일	훈격	독립운동계열
송수은	宋受恩	1882.9.12	1922.7.5	2013	대통령표창	국내항일
송영집	宋永潗	1910. 4. 1	1984.5.14	1990	애국장	광복군
송정헌	宋靜軒	1919.1.28	2010.3.22	1990	애족장	중국방면
신경애	申敬愛	1907.9.22	1964.5.13	2008	건국포장	국내항일
신관빈	申寬彬	1885.10.4	모름	2011	애족장	3·1운동
신마실라	申麻實羅	1892.2.18	1965.4.1	2015	대통령표창	미주방면
신분금	申分今	1886.5.21	모름	2007	대통령표창	3·1운동
신순호	申順浩	1922. 1.22	2009.7.30	1990	애국장	광복군
신애숙	申愛淑	1910	모름		대통령표창	학생운동
신의경	辛義敬	1898. 2.21	1997.8.11	1990	애족장	국내항일
신일근	辛一槿	1913	모름	2019	대통령표창	학생운동
신정균	申貞均	1899	1931.7	2007	건국포장	국내항일
신정숙	申貞淑	1910. 5.12	1997.7.8	1990	애국장	광복군
신정완	申貞婉	1916. 4. 8	2001.4.29	1990	애국장	임시정부
신준관	申俊寬	1913	모름	2019	대통령표창	학생운동
신창희	申昌喜	1906.2.22	1990.6.21	2018	건국포장	중국방면
신특실	申特實	1900.3.17	모름	2014	건국포장	3·1운동
심계월	沈桂月	1916.1.6	모름	2010	애족장	국내항일
심상순	沈相順	1911	모름	2019	대통령표창	학생운동
심순의	沈順義	1903.11.13	모름	1992	대통령표창	3·1운동
심영식	沈永植	1896.7.15	1983.11.7	1990	애족장	3·1운동
심영신	沈永信	1882.7.20	1975. 2.16	1997	애국장	미주방면
안갑남	安甲男	1901.8.7	1992.8.28	2019	대통령표창	학생운동
안경신	安敬信	1888.7.22	모름	1962	독립장	만주방면
안맥결	安麥結	1901.1.4	1976.1.14	2018	건국포장	국내항일
안애자	安愛慈	1869	모름	2006	애족장	국내항일
안영희	安英姬	1925.1.4	1999.8.27	1990	애국장	광복군
안옥자	安玉子	1902.10.26	모름	2018	대통령표창	학생운동
안인대	安仁大	1898.10.11	모름	2017	애족장	국내항일
안정석	安貞錫	1883.9.13	모름	1990	애족장	국내항일

이름	한자	태어난날	숨진날	포상일	훈격	독립운동계열
안혜순	安惠順	1903.1.6	2006.4.15	2019	건국포장	중국방면
안희경	安喜敬	1902.8.10	모름	2018	대통령표창	학생운동
양방매	梁芳梅	1890.8.18	1986.11.15	2005	건국포장	의병
양순희	梁順喜	1901.9.9	모름	2016	대통령표창	3·1운동
양애심	梁愛心	모름	1990	2019	대통령표창	국내항일
양제현	梁齊賢	1892	1959.6.15	2015	애족장	미주방면
양진실	梁眞實	1875	1924.5	2012	애족장	국내항일
양태원	楊泰元	1904.8.29	모름	2019	대통령표창	3·1운동
양학녀	梁鶴女	1912	모름	2019	대통령표창	학생운동
어윤희	魚允姬	1880. 6.20	1961.11.18	1995	애족장	3·1운동
엄기선	嚴基善	1929. 1.21	2002.12.9	1993	건국포장	중국방면
연미당	延薇堂	1908. 7.15	1981.1.1	1990	애국장	중국방면
오건해	吳健海	1894.2.29	1963.12.25	2017	애족장	중국방면
오광심	吳光心	1910. 3.15	1976. 4. 7	1977	독립장	광복군
오수남	吳壽男	1910	모름	2019	대통령표창	학생운동
오신도	吳信道	1852.4.18	1933.9.5	2006	애족장	국내항일
오영선	吳英善	1887.4.29	1961.2.8	2016	애족장	중국방면
오정화	吳貞嬅	1899.1.25	1974.11.1	2001	대통령표창	3·1운동
오항선	吳恒善	1910.10. 3	2006.8.5	1990	애국장	만주방면
오형만	吳亨萬	1913	모름	2019	대통령표창	학생운동
오희영	吳姬英	1924.4.23	1969.2.17	1990	애족장	광복군
오희옥	吳姬玉	1926.5.7	생존	1990	애족장	중국방면
옥순영	玉淳永	1856	모름	2018	대통령표창	국내항일
옥운경	玉雲瓊	1904.6.24	모름	2010	대통령표창	3·1운동
왕경애	王敬愛	1863	모름	2006	대통령표창	3·1운동
왕종순	王宗順	1905.11.18	1994.3.13	2019	대통령표창	학생운동
유경술	兪庚戌	1911	모름	2019	대통령표창	학생운동
유관순	柳寬順	1902.12.16	1920.9.28	1962	독립장	3·1운동
유순덕	劉順德	1913	모름	2019	대통령표창	학생운동
유순희	劉順姬	1926.7.15	생존	1995	애족장	광복군

이름	한자	태어난날	숨진날	포상일	훈격	독립운동 계열
유예도	柳禮道	1896.8.15	1989.3.25	1990	애족장	3·1운동
유인경	兪仁卿	1896.10.20	1944.3.2	1990	애족장	국내항일
유점선	劉點善	1901.11.5	모름	2014	대통령표창	3·1운동
윤경열	尹敬烈	1918.2.29	1980.2.7	1982	대통령표창	광복군
윤경옥	尹璟玉	1902.11.27	모름	2019	대통령표창	학생운동
윤마리아	尹馬利亞	1909.6.28	1973.3.20	2019	대통령표창	학생운동
윤복순	尹福順	1911	모름	2019	대통령표창	학생운동
윤선녀	尹仙女	1911. 4.18	1994.12.6	1990	애족장	국내항일
윤순희	尹順嬉	1912	모름	2019	대통령표창	학생운동
윤악이	尹岳伊	1897.4.17	1962.2.26	2007	대통령표창	3·1운동
윤오례	尹五禮	1913.2.12	1992.4.21	2018	대통령표창	학생운동
윤옥분	尹玉粉	1913.12.1	모름	2019	대통령표창ㄷ	학생운동
윤용자	尹龍慈	1890.4.30	1964.2.3	2017	애족장	중국방면
윤을희	尹乙姬	1911	모름	2019	대통령표창	학생운동
윤찬복	尹贊福	1868.1.5	1946.6.19	1990	애족장	국내항일
윤천녀	尹天女	1908. 5.29	1967. 6.25	1990	애족장	학생운동
윤형숙	尹亨淑	1900.9.13	1950. 9.28	2004	건국포장	3·1운동
윤희순	尹熙順	1860.6.25	1935. 8. 1	1990	애족장	의병
이갑문	李甲文	1913.8.28	모름	2018	건국포장	학생운동
이갑술	李甲述	1906	모름	2019	대통령표창	학생운동
이겸양	李謙良	1895.10.24	모름	2013	애족장	국내항일
이경희	李敬希	1907	모름	2019	대통령표창	학생운동
이계원	李癸媛	1906	모름	2019	대통령표창	학생운동
이고명	李高命	1905	모름	2019	건국포장	국내항일
이관옥	李觀沃	1875	모름	2018	대통령표창	학생운동
이광춘	李光春	1914.9.8	2010.4.12	1996	건국포장	학생운동
이국영	李國英	1921. 1.15	1956. 2. 2	1990	애족장	임시정부
이금복	李今福	1912.11.8	2010.4.25	2008	대통령표창	국내항일
이남규	李南奎	1903.2.15	모름	2019	대통령표창	학생운동
이남숙	李南淑	1903.6.17	모름	2019	대통령표창	3·1운동

이름	한자	태어난날	숨진날	포상일	훈격	독립운동 계열
이남순	李南順	1904.12.30	모름	2012	대통령표창	학생운동
이다애	李多愛	1904.12.30	모름	2019	대통령표창	학생운동
이도신	李道信	1902.2.21	1925.9.30	2015	대통령표창	3·1운동
이동화	李東華	1910	모름	2018	대통령표창	학생운동
이명시	李明施	1902.2.2	1974.7.7	2010	대통령표창	3·1운동
이벽도	李碧桃	1903.10.14	모름	2010	대통령표창	3·1운동
이병희	李丙禧	1918.1.14	2012.8.2	1996	애족장	국내항일
이봉금	李奉錦	1903.12.3	1971.7.5	2019	대통령표창	3.1운동
이부성	李斧星	1908	모름	2019	대통령표창	학생운동
이살눔 (이경덕)	李살눔	1886. 8. 7	1948. 8.13	1992	대통령표창	3·1운동
이석담	李石潭	1859	1930. 5	1991	애족장	국내항일
이선경	李善卿	1902.5.25	1921.4.21	2012	애국장	국내항일
이선희	李善希	1896.11.17	1926.3.6	2010	대통령표창	3·1운동
이성례	李聖禮	1884	1963	2015	건국포장	미주방면
이성실	李誠實	1894.4.3	모름	2019	대통령표창	국내항일
이성완	李誠完	1900.12.10	1996.4.4	1990	애족장	국내항일
이소선	李小先	1900.9.9	모름	2008	대통령표창	3·1운동
이소열	李小烈	1898.8.10	1968.10.15	2018	대통령표창	3·1운동
이소제	李少悌	1875.11. 7	1919. 4. 1	1991	애국장	3·1운동
이소희	李昭姬	1886	모름	2016	대통령표창	3·1운동
이송죽	李松竹	1910	모름	2019	대통령표창	학생운동
이수복	李壽福	1911	모름	2019	대통령표창	학생운동
이수희	李壽喜	1904.10.21	모름	2018	대통령표창	학생운동
이숙진	李淑珍	1900.9.24	모름	2017	애족장	중국방면
이순	李 順	1913.9.1	1991.11.21	2019	대통령표창	학생운동
이순길	李順吉	1891.3.15	1958.1.7	2019	대통령표창	국내항일
이순승	李順承	1902.11.12	1994.1.15	1990	애족장	중국방면
이순옥	李順玉	1913.3.18	모름	2019	대통령표창	국내항일
이신애	李信愛	1891.1.20	1982.9.27	1963	독립장	국내항일

이름	한자	태어난날	숨진날	포상일	훈격	독립운동계열
이신천	李信天	1903.3.24	모름	2019	대통령표창	학생운동
이아수	李娥洙	1898. 7.16	1968. 9.11	2005	대통령표창	3·1운동
이애라	李愛羅	1894.1.7	1922.9.4	1962	독립장	만주방면
이영신	李英信	1908	모름	2019	대통령표창	학생운동
이영희	李英嬉	1912	모름	2019	대통령표창	학생운동
이옥진	李玉珍	1923.10.18	2003.9.4	1968	대통령표창	광복군
이용녀	李龍女	1904.12.28	모름	2019	대통령표창	학생운동
이월봉	李月峰	1915.2.15	1977.10.28	1990	애족장	광복군
이은숙	李恩淑	1889.8.8	1979.12.11	2018	애족장	만주방면
이의순	李義橓	1895	1945. 5. 8	1995	애국장	중국방면
이인순	李仁橓	1893	1919.11	1995	애족장	만주방면
이정숙	李貞淑	1896.3.9	1950.7.22	1990	애족장	국내항일
이정숙	李貞淑	1898	1942	2019	애족장	중국방면
이정현	李貞賢	1909.12.24	1990.3.26	2020	대통령표창	국내항일
이충신	李忠信	1911	모름	2019	대통령표창	학생운동
이태옥	李泰玉	1902.10.15	모름	2016	대통령표창	3·1운동
이헌경	李憲卿	1870	1956.1.30	2017	애족장	중국방면
이혜경	李惠卿	1889.2.22	1968.2.10	1990	애족장	국내항일
이혜근	李惠根	모름	모름	2019	애족장	노령방면
이혜련	李惠鍊	1884.4.21	1969.4.21	2008	애족장	미주방면
이혜수	李惠受	1891.10.2	1961. 2. 7	1990	애국장	의열투쟁
이화숙	李華淑	1893	1978	1995	애족장	임시정부
이효덕	李孝德	1895.1.24	1978.9.15	1992	대통령표창	3·1운동
이효정	李孝貞	1913.7.28	2010.8.14	2006	건국포장	국내항일
이희경	李희경	1894. 1. 8	1947. 6.26	2002	건국포장	미주방면
임경애	林敬愛	1911.3.10	2004.2.12	2014	대통령표창	학생운동
임메불	林메불	1886	모름	2016	애족장	미주방면
임명애	林明愛	1886.3.25	1938.8.28	1990	애족장	3·1운동
임배세	林培世	1897.11.7	1999.12.15	2020	대통령표창	미주방면
임봉선	林鳳善	1897.10.10	1923. 2.10	1990	애족장	3·1운동

이름	한자	태어난날	숨진날	포상일	훈격	독립운동 계열
임성실	林成實	1882.7.19	1947.8.30	2015	건국포장	미주방면
임소녀	林少女	1908. 9.24	1971.7.9	1990	애족장	광복군
임수명	任壽命	1894.2.15	1924.11.2	1990	애국장	의열투쟁
임진실	林眞實	1899.8.1	모름	2015	대통령표창	3·1운동
장경례	張慶禮	1913. 4. 6	1998.2.19	1990	애족장	학생운동
장경숙	張京淑	1903. 5.13	1994.12.31	1990	애족장	광복군
장매성	張梅性	1911.6.22	1993.12.14	1990	애족장	학생운동
장상림	張相林	1913	모름	2019	대통령표창	학생운동
장선희	張善禧	1894. 2.19	1970. 8.28	1990	애족장	국내항일
장성심	張成心	1906.11.26	1981.12.20	2019	대통령표창	국내항일
장태화	張泰嬅	1878	모름	2013	애족장	만주방면
전금옥	全金玉	1914	모름	2019	대통령표창	국내항일
전수산	田壽山	1894. 5.23	1969. 6.19	2002	건국포장	미주방면
전어진	全於眞	1911	모름	2019	대통령표창	학생운동
전연봉	全蓮峯	1912.10.21	모름	2019	대통령표창	학생운동
전월순	全月順	1923. 2. 6	2009.5.25	1990	애족장	광복군
전창신	全昌信	1900. 1.24	1985. 3.15	1992	대통령표창	3·1운동
전흥순	田興順	1919.12.10	2005.6.19	1963	대통령표창	광복군
정귀완	鄭貴浣	1913	모름	2019	대통령표창	학생운동
정금자	鄭錦子	모름	모름	2018	대통령표창	학생운동
정남이	鄭南伊	1912	모름	2019	대통령표창	학생운동
정막래	丁莫來	1899.9.8	1976.12.24	2008	대통령표창	3·1운동
정복수	鄭福壽	1903	모름	2018	대통령표창	3·1운동
정수현	鄭壽賢	1887	모름	2016	대통령표창	국내항일
정영	鄭瑛	1922.10.11	2009.5.24	1990	애족장	중국방면
정영순	鄭英淳	1921. 9.15	2002.12.9	1990	애족장	광복군
정월라	鄭月羅	1895	1959.1.1	2018	대통령표창	미주방면
정정화	鄭靖和	1900. 8. 3	1991.11.2	1990	애족장	중국방면
정종명	鄭鍾鳴	1896.3.5.	모름	2018	애국장	국내항일
정찬성	鄭燦成	1886. 4.23	1951.7	1995	애족장	국내항일

이름	한자	태어난날	숨진날	포상일	훈격	독립운동계열
정태이	鄭泰伊	1902	모름	2019	대통령표창	학생운동
정현숙	鄭賢淑	1900. 3.13	1992. 8. 3	1995	애족장	중국방면
제영순	諸英淳	1911	모름	2018	건국포장	국내항일
조계림	趙桂林	1925.10.10	1965.7.14	1996	애족장	임시정부
조마리아	趙마리아	1862.4.8	1927.7.15	2008	애족장	중국방면
조복금	趙福今	1911.7.7	모름	2018	애족장	국내항일
조순옥	趙順玉	1923. 9.17	1973. 4.23	1990	애국장	광복군
조신성	趙信聖	1873	1953.5.5	1991	애국장	국내항일
조아라	曹亞羅	1912.3.28	2003.7.8	2018	건국포장	국내항일
조애실	趙愛實	1920.11.17	1998.1.7	1990	애족장	국내항일
조옥희	曹玉姬	1901. 3.15	1971.11.30	2003	대통령표창	3·1운동
조용제	趙鏞濟	1898. 9.14	1947. 3.10	1990	애족장	중국방면
조인애	曹仁愛	1883.11. 6	1961. 8. 1	1992	대통령표창	3·1운동
조종옥	趙終玉	1912.7.14	모름	2019	대통령표창	학생운동
조충성	曹忠誠	1895.5.29	1981.10.25	2005	대통령표창	3·1운동
조화벽	趙和璧	1895.10.17	1975. 9. 3	1990	애족장	3·1운동
주말순	朱末順	1915.2.13	2000.3.16	2019	대통령표창	학생운동
주세죽	朱世竹	1899.6.7	1950	2007	애족장	국내항일
주순이	朱順伊	1900.6.17	1975.4.5	2009	대통령표창	국내항일
주유금	朱有今	1905.5.6	1995.9.14	2012	대통령표창	학생운동
지복영	池復榮	1920.4.11	2007.4.18	1990	애국장	광복군
지은원	池恩源	1904.8.9	모름	2019	대통령표창	학생운동
진신애	陳信愛	1900.7. 3	1930.2.23	1990	애족장	3·1운동
차경신	車敬信	1892.2.4	1978.9.28	1993	애국장	만주방면
차미리사	車美理士	1880. 8.21	1955. 6. 1	2002	애족장	국내항일
차보석	車寶錫	1892	1932.3.21	2016	애족장	미주방면
차은애	車恩愛	1914	모름	2019	대통령표창	학생운동
차인재	車仁載	1895.4.26	1971.4.7	2018	애족장	미주방면
채애요라 (채혜수)	蔡愛堯羅	1897.11.9	1978.12.17	2008	대통령표창	3·1운동

이름	한자	태어난날	숨진날	포상일	훈격	독립운동계열
천소악	千小岳	1913	모름	2019	대통령표창	학생운동
최갑순	崔甲順	1898. 5.11	1990.11.22	1990	애족장	국내항일
최금봉	崔錦鳳	1896. 5. 6	1983.11.7	1990	애국장	국내항일
최금수	崔金洙	1899	모름	2018	대통령표창	3·1운동
최덕임	崔德姙	1912	모름	2019	대통령표창	학생운동
최문순	崔文順	1903	모름	2018	대통령표창	국내항일
최복길	崔福吉	1894	모름	2018	애족장	국내항일
최복순	崔福順	1911.1.13	모름	2014	대통령표창	학생운동
최봉선	崔鳳善	1904.8.10	1996.3.8	1992	애족장	국내항일
최서경	崔曙卿	1902.3.20	1955.7.16	1995	애족장	임시정부
최선화	崔善嬅	1911.6.20	2003.4.19	1991	애국장	임시정부
최성반	崔聖盤	1914.12.22	모름	2018	대통령표창	학생운동
최수향	崔秀香	1903.1.27	1984.7.25	1990	애족장	3·1운동
최순덕	崔順德	1897	1926. 8.25	1995	애족장	국내항일
최애경	崔愛敬	1902	모름	2018	대통령표창	3·1운동
최영보	崔永保	1899.2.28	모름	2019	애족장	국내항일
최예근	崔禮根	1924. 8.17	2011.10.5	1990	애족장	만주방면
최요한나	崔堯漢羅	1900.8.3	1950.8.6	1999	대통령표창	3·1운동
최용신	崔容信	1909. 8.12	1935. 1.23	1995	애족장	국내항일
최윤숙	崔允淑	1912.9.22	2000.6.17	2017	대통령표창	학생운동
최은전	崔殷田	1913	모름	2018	대통령표창	학생운동
최은희	崔恩喜	1904.11.21	1984. 8.17	1992	애족장	3·1운동
최이옥	崔伊玉	1926. 6.16	1990.7.12	1990	애족장	광복군
최정숙	崔貞淑	1902. 2.10	1977.2.22	1993	대통령표창	3·1운동
최정철	崔貞徹	1853.6.26	1919.4.1	1995	애국장	3·1운동
최현수	崔賢守	1911.12.24	모름	2019	대통령표창	학생운동
최형록	崔亨祿	1895. 2.20	1968. 2.18	1996	애족장	임시정부
최혜순	崔惠淳	1900.9.2	1976.1.16	2010	애족장	임시정부
탁명숙	卓明淑	1900.12.4	1972.10.24	2013	건국포장	3·1운동
하상기	何尙祺	1921	모름	2020	건국포장	독립운동지원

이름	한자	태어난날	숨진날	포상일	훈격	독립운동계열
하영자	河永子	1903. 6.27	1993.10.1	1996	대통령표창	3·1운동
한덕균	韓德均	1896	모름	2018	대통령표창	국내항일
한도신	韓道信	1895.7.5	1986.2.19	2018	애족장	중국방면
한독신	韓篤信	1891.8.23	모름	2019	대통령표창	국내항일
한보심	韓寶心	1912.1.12	1988.7.24	2019	대통령표창	학생운동
한성선	韓成善	1864.4.29	1950.1.4	2015	애족장	미주방면
한연순	韓連順	1898.12.26	모름	2019	대통령표창	3·1운동
한영신	韓永信	1887.7.22	1969.2.20	1995	애족장	국내항일
한영애	韓永愛	1920.9.9	2002.2.1	1990	애족장	광복군
한이순	韓二順	1906.11.14	1980.1.31	1990	애족장	3·1운동
함애주	咸愛主	1913	모름	2019	대통령표창	학생운동
함연춘	咸鍊春	1901.4.8	1974.5.25	2010	대통령표창	3·1운동
함용환	咸用煥	1895.3.10	모름	2014	애족장	국내항일
허은	許銀	1909.5.9	1997.5.19	2018	애족장	만주방면
현덕신	玄德信	1896.1.12	1962.11.27	2020	건국포장	국내항일
현도명	玄道明	1875	모름	2018	대통령표창	국내항일
현호옥	玄好玉	1913.5.5	1986.9.28	2019	애족장	일본방면
홍금자	洪金子	1912	모름	2019	대통령표창	학생운동
홍매영	洪梅英	1913.5.15	1979.5.6	2018	건국포장	중국방면
홍순남	洪順南	1902.6.13	모름	2016	대통령표창	3·1운동
홍승애	洪承愛	1901.6.29	1978.11.17	2018	대통령표창	3·1운동
홍씨	韓鳳周妻	모름	1919.3.3	2002	애국장	3·1운동
홍애시덕	洪愛施德	1892.3.20	1975.10.8	1990	애족장	국내항일
홍옥인	洪玉仁	1909	모름	2019	대통령표창	학생운동
황금순	黃金順	1902.10.15	1964.10.20	2015	애족장	3·1운동
황마리아	黃마리아	1865	1937.8.5	2017	애족장	미주방면
황보옥	黃寶玉	1872	모름	2012	대통령표창	국내항일
황애시덕	黃愛施德	1892.4.19	1971.8.24	1990	애국장	국내항일
황혜수	黃惠壽	1877.4.4	1984	2019	대통령표창	미주방면

* 이 표는 국가보훈처 공훈전자사료관의 독립유공자 자료를 바탕으로 글쓴이가 정리한 것임

46인의 여성독립운동가 발자취를 찾아서

ⓒ이윤옥, 단기 4353(2020)

초판 1쇄 펴낸 날 4353(2020)년 7월 24일

지 은 이 | 이윤옥
디 자 인 | 명 크리에이티브
박 은 곳 | 명 크리에이티브
펴 낸 곳 | 도서출판 얼레빗
등록일자 | 단기 4343년(2010) 5월 28일
등록번호 | 제000067호
주   소 | 서울시 영등포구 영신로 32 그린오피스텔 306호
전   화 | (02) 733-5027
전   송 | (02) 733-5028
누리편지 | pine9969@hanmail.net
I S B N | 979-11-85776-17-0

값 17,000원